本书系国家社科基金项目（16BZZ063）、河南省高校哲学社会科学研究优秀学者资助项目（2018-YXXZ-16）、河南省高校青年骨干教师培养计划支持项目（2018GGJS011）成果。

县级政府治理能力现代化研究

何水 著

中国社会科学出版社

图书在版编目（CIP）数据

县级政府治理能力现代化研究/何水著.—北京：中国社会科学出版社，2021.11
ISBN 978-7-5203-8923-5

Ⅰ.①县… Ⅱ.①何… Ⅲ.①县—地方政府—行政管理—现代化管理—研究—中国 Ⅳ.①D625

中国版本图书馆CIP数据核字（2021）第163213号

出 版 人	赵剑英
责任编辑	姜阿平
责任校对	韩海超
责任印制	张雪娇
出　　版	中国社会科学出版社
社　　址	北京鼓楼西大街甲158号
邮　　编	100720
网　　址	http://www.csspw.cn
发 行 部	010-84083685
门 市 部	010-84029450
经　　销	新华书店及其他书店
印　　刷	北京明恒达印务有限公司
装　　订	廊坊市广阳区广增装订厂
版　　次	2021年11月第1版
印　　次	2021年11月第1次印刷
开　　本	710×1000 1/16
印　　张	14
插　　页	2
字　　数	220千字
定　　价	88.00元

凡购买中国社会科学出版社图书，如有质量问题请与本社营销中心联系调换
电话：010-84083683
版权所有　侵权必究

目 录

引 论 …………………………………………………………（1）
  一 研究缘起 ……………………………………………（1）
  二 研究思路 ……………………………………………（5）
  三 研究方法 ……………………………………………（7）

第一章 县级政府治理能力现代化：文献综述 …………（9）
  第一节 国外文献综述 …………………………………（9）
    一 治理理论的西方流变 ……………………………（10）
    二 地方治理的相关研究 ……………………………（15）
    三 治理能力的相关研究 ……………………………（17）
  第二节 国内文献综述 …………………………………（24）
    一 政府治理的研究脉络 ……………………………（24）
    二 治理能力的相关研究 ……………………………（29）
    三 治理现代化相关研究 ……………………………（40）
  第三节 已有研究评析 …………………………………（44）
    一 国外研究评析 ……………………………………（44）
    二 国内研究评析 ……………………………………（46）

第二章 县级政府治理能力现代化：理论阐释 …………（48）
  第一节 基本概念 ………………………………………（48）
    一 政府治理能力 ……………………………………（48）

二　县级政府治理能力 …………………………………… （53）
　　三　县级政府治理能力现代化 ……………………………（56）
　第二节　理论基础 ………………………………………………（57）
　　一　指导思想 ………………………………………………（57）
　　二　理论依据 ………………………………………………（62）
　　三　理论工具 ………………………………………………（72）
　第三节　分析框架 ………………………………………………（75）
　　一　分析框架构建 …………………………………………（75）
　　二　影响因素阐释 …………………………………………（76）

第三章　县级政府治理能力现代化：中央举措 ……………（81）
　第一节　开展省直管县改革 ……………………………………（81）
　　一　政策变迁 ………………………………………………（82）
　　二　改革目标与原则 ………………………………………（87）
　　三　改革内容与配套举措 …………………………………（88）
　第二节　推进"放管服"改革 …………………………………（90）
　　一　政策变迁 ………………………………………………（91）
　　二　改革目标与原则 ………………………………………（95）
　　三　改革内容与配套举措 …………………………………（96）
　第三节　深化机构改革 …………………………………………（98）
　　一　政策变迁 ………………………………………………（99）
　　二　改革目标与原则 ……………………………………（103）
　　三　改革内容与配套举措 ………………………………（104）

第四章　县级政府治理能力现代化：地方样本 ……………（107）
　第一节　顺德改革 ……………………………………………（107）
　　一　改革历程 ……………………………………………（108）
　　二　推进举措 ……………………………………………（109）
　　三　基本经验 ……………………………………………（119）

四　有益启示……………………………………………… (122)
　第二节　江阴探索…………………………………………… (124)
　　一　探索历程……………………………………………… (124)
　　二　推进举措……………………………………………… (127)
　　三　基本经验……………………………………………… (132)
　　四　有益启示……………………………………………… (135)

第五章　县级政府治理能力现代化：制约因素……………… (138)
　第一节　外部因素…………………………………………… (139)
　　一　政治环境：纵向层级压力传导，横向竞争
　　　　压力凸显…………………………………………… (139)
　　二　经济环境：县域经济发展失衡，经济下行
　　　　压力较大…………………………………………… (141)
　　三　社会环境：县域利益结构复杂，社会公众
　　　　参与不足…………………………………………… (144)
　　四　文化环境：县域文化多元交织，民众有限
　　　　信任政府…………………………………………… (147)
　第二节　内部因素…………………………………………… (150)
　　一　治理理念存在偏差…………………………………… (151)
　　二　治理结构权责失衡…………………………………… (153)
　　三　治理资源供给不足…………………………………… (157)
　　四　治理机制不够健全…………………………………… (162)
　　五　治理文化氛围欠缺…………………………………… (164)
　　六　治理工具效用不高…………………………………… (167)

第六章　县级政府治理能力现代化：推进路径……………… (170)
　第一节　革新治理理念……………………………………… (171)
　　一　坚持人民至上理念，落实中央部署………………… (171)
　　二　牢记执政为民理念，明确治理目标………………… (172)

三　贯彻五大发展理念，推动全面发展 …………………（173）
第二节　优化治理结构 ……………………………………（175）
　　一　合理划分权责，优化层级结构 …………………（175）
　　二　强化合作治理，优化横向结构 …………………（176）
　　三　厘清权责边界，优化条块结构 …………………（178）
第三节　开发治理资源 ……………………………………（179）
　　一　加大培训引进，积累人才资源 …………………（179）
　　二　优化收支结构，增加财政收入 …………………（180）
　　三　推动产业发展，加快要素集聚 …………………（181）
第四节　壮大治理主体 ……………………………………（182）
　　一　强化担当意识，提高领导能力 …………………（183）
　　二　提升参与意愿，培养协作能力 …………………（184）
第五节　完善治理机制 ……………………………………（186）
　　一　健全内部机制，推动高效运转 …………………（186）
　　二　完善合作机制，促进多元协同 …………………（187）
第六节　建构治理文化 ……………………………………（188）
　　一　注重价值引领，增强文化认同 …………………（189）
　　二　坚持依法治理，树立组织权威 …………………（190）
　　三　转变沟通方式，营造合作氛围 …………………（191）
第七节　改进治理工具 ……………………………………（192）
　　一　完善政策法规，注重执行落实 …………………（192）
　　二　推动技术应用，促进信息共享 …………………（193）
　　三　创造良好环境，提升工具效能 …………………（194）

结　语 ……………………………………………………（196）

参考文献 …………………………………………………（200）

后　记 ……………………………………………………（219）

引　论

国家治理现代化是国家现代化的重要维度[①]，政府治理现代化是国家治理现代化的重要组成部分。新中国成立七十余年来的发展成就证明，拥有强大治理能力的党和政府是国家进步发展的根本保证[②]。习近平总书记指出："郡县治，天下安。在我们党的组织结构和国家政权结构中，县一级处在承上启下的关键环节，是发展经济、保障民生、维护稳定、促进国家长治久安的重要基础。"[③] 在推进国家治理体系与治理能力现代化进程中，在开启全面建设社会主义现代化国家新征程之际，如何推进县级政府治理能力现代化，夯实治国理政的重要根基，是一个重大现实问题。从理论研究看，目前学界有关政府治理能力的一般性讨论较多，针对县级政府治理能力现代化的切题性研究较少，这为本研究的展开提供了启示、留下了空间。

一　研究缘起

推进国家治理现代化是一项宏大且复杂的系统工程，需要"不断改革不适应实践发展要求的体制机制，使中国特色社会主义制度

[①] 李海青：《新时代的国家治理现代化：变革与方向》，《人民论坛》2020年第29期。
[②] 何水、郑晓莹：《国内政府治理研究热点与趋势可视化分析》，《行政论坛》2020年第2期。
[③] 习近平：《在会见全国优秀县委书记时的讲话》，《人民日报》2015年9月1日第2版。

更加成熟更加定型。"① 改革开放特别是中共十八大以来,以习近平同志为核心的党中央对国家治理现代化进行顶层设计、全面谋划、整体推动,国家治理日益凸显成为整个社会最为重大的焦点问题和实践课题,在理论创新与实践探索上均取得了重大成果②。

中共十八届三中全会明确指出,"全面深化改革的总目标是完善和发展中国特色社会主义制度,推进国家治理体系和治理能力现代化"③,国家治理现代化的重大命题正式提出,具有中国特色的社会主义现代化道路日益完善。在此基础上,中共十九大作出中国特色社会主义进入新时代的重大政治论断,为我国新的历史方位下的新发展提供了宏观引领和总体统筹,提出了分两个阶段实现国家治理体系和治理能力现代化的目标。中共十九届四中全会立足"两个一百年"奋斗目标的历史交汇点,聚焦国家制度和国家治理问题,进一步明确了国家治理体系与治理能力现代化的战略目标、重点任务和具体举措。中共十九届五中全会则站在党和国家事业发展全局高度,强调步入新发展阶段、贯彻新发展理念、构建新发展格局,必须促进"国家治理效能得到新提升",努力"到二〇三五年基本实现国家治理体系和治理能力现代化"④。在此背景下,作为国家行政系统中的基础治理单元和县域公共事务的核心治理主体,县级政府必须主动融入国家治理现代化的时代潮流中,以治理能力现代化为切入点,进而加快推进县域治理现代化。

习近平总书记指出:"县域治理是推进国家治理体系和治理能力现代化的重要一环。"⑤ 截至 2019 年 12 月 31 日,我国共有县级

---

① 欧阳康:《国家治理如何实现现代化》,《人民日报》2018年10月26日第7版。
② 陈金章、黄茂兴:《国家治理体系与治理能力现代化的现况与展望》,《中国社会科学报》2020年4月24日第3版。
③ 《中共中央关于全面深化改革若干重大问题的决定》,《人民日报》2013年11月16日第1版。
④ 《中共中央关于制定国民经济和社会发展第十四个五年规划和二〇三五年远景目标的建议》,《人民日报》2020年11月4日第1版。
⑤ 习近平:《做焦裕禄式的县委书记》,中央文献出版社2015年版,第52页。

行政区划单位2846个,其中市辖区965个、县级市387个、县1323个、自治县117个[①]。县域作为一个相对独立和完备的行政单元,在整个国家行政系统和治理体系中发挥着重要的基础性作用,是一个不可忽视的基础层次和治理单元,具有基础性、根本性、独立性和繁复性的显著特征[②]。基础性指县域在土地面积、人口数量和经济总量等方面占全国比重大,处于国家的基础层面,县域治理现代化也是国家治理现代化的基础和前提;根本性指县域治理的现实状况是我国社会深度转型能否成功的重点和关键,是政策自上而下落实和民意自下而上反映的交汇点,是政府治理改革创新、积极探索的主要场域;独立性指县域是一个相对独立完整的行政单元,具有完备的政府管理机构和完整的社会生态系统,县级政府作为一个独立主体可以在特定的空间和范围内行使职权、发挥功能;繁复性指县域是纵向"县—乡—村"金字塔式结构和横向"县党委—机关—人民团体与社会组织"同心圆式结构的结合体,是"五位一体"建设功能的具体执行区间,治理任务复杂多样。县域治理的基本特点要求县级政府必须立足县域治理现实状况,探索有效的能力提升路径,加快推进治理能力现代化,更好更充分地发挥其在县域治理中的功能作用。

实际上,县级政府作为国家行政系统中的基础治理单元,既是中央全面深化改革部署的落实者,又是改革先行先试的探路者,在全面深化改革中扮演着不可替代的重要角色,在新时代"两阶段目标"实现中肩负着重要的历史使命。而县级政府治理能力现代化是重构县域"政府—市场—社会"关系的"核心所在"[③],是建设县级有为政府、服务型政府的必由之路,是新时代里县级政府有效履

[①]《中国统计年鉴2020》,国家统计局门户网站:http://www.stats.gov.cn/tjsj/ndsj/2020/indexch.htm,2021年1月15日。

[②] 潘治宏、贾存斗编著:《地方治理体系、治理能力现代化样本:地方改革创新实践案例研究》,中国经济出版社2020年版,第112—113页。

[③] 丁志刚、陆喜元:《论县级政府治理能力现代化》,《甘肃社会科学》2016年第4期。

行职能、实现自身使命的迫切需要。推进县级政府治理能力现代化，充分发挥县级政府在推进治理现代化总体进程中的"桥头堡"和"主战场"作用，充分发挥县域治理在国家治理体系中的"稳定器"和"平衡器"作用①，意义重大。特别是在全面建设社会主义现代化国家新征程开启之际，以县级政府治理能力现代化为抓手，进一步凸显制度优势、提升县域治理效能，显得尤为关键。

"县域治理最大的特点是既'接天线'又'接地气'"②，是实现顶层设计与基层治理良性互动的关键节点，是宏观政策指引与基层活力释放的重要场域。自上而下来看，县级政府治理能力现代化有利于提升县级政府执行力，更好地实现党和国家政策落地生根，保证中央政令畅通无阻、政策意图充分贯彻；自下而上来看，县级政府治理能力现代化有利于县级政府更好地回应人民群众需求期盼，推动县城高质量发展，增强人民群众获得感、幸福感、安全感，夯实治国理政根基。然而，当前县级政府在一定程度上表现出"弱地方政府治理"特征③：一方面受行政层级制约和制度影响，县级政府权能边界不够清晰，在由管理到治理过渡过程中，政府与市场关系处理失当；另一方面当前法律法规建设总体滞后于县级政府改革创新实践，且部分地区尤其是相对落后地区思想保守、因循守旧、改革动力不足，等等④。这一系列的难题直接反映出县级政府治理能力还不适应高质量发展要求和深刻复杂的发展环境，县级政府治理能力现代化依然任重道远。为了更好地适应新发展格局带来的新要求和新特点，本研究立足县级政府治理能力现代化在实践层面的中央举措和地方样本，透视剖析县级政府治理能力现代化面临的制约因素，进而提出对策建议，以期助推县级政府治

---

① 彭炼才：《县级政府治理能力建设的关键何在》，《中国乡村发现》2016年第2期。
② 习近平：《做焦裕禄式的县委书记》，中央文献出版社2015年版，第52页。
③ 肖振南：《完善治理体系 提高地方政府治理能力》，《中国社会科学报》2020年4月23日第4版。
④ 潘治宏、贾存斗编著：《地方治理体系、治理能力现代化样本：地方改革创新实践案例研究》，中国经济出版社2020年版，第113—114页。

理能力现代化。

二 研究思路

本研究在推进国家治理体系和治理能力现代化背景下，围绕"如何推进县级政府治理能力现代化"这一重大现实问题，以阐释县级政府治理能力现代化的相关概念为切入点，以描述县级政府治理能力现代化的实践进展和剖析县级政府治理能力现代化的制约因素为重点，以探寻县级政府治理能力现代化的推进路径为落脚点，对县级政府治理能力现代化展开系统研究。研究思路图如下：

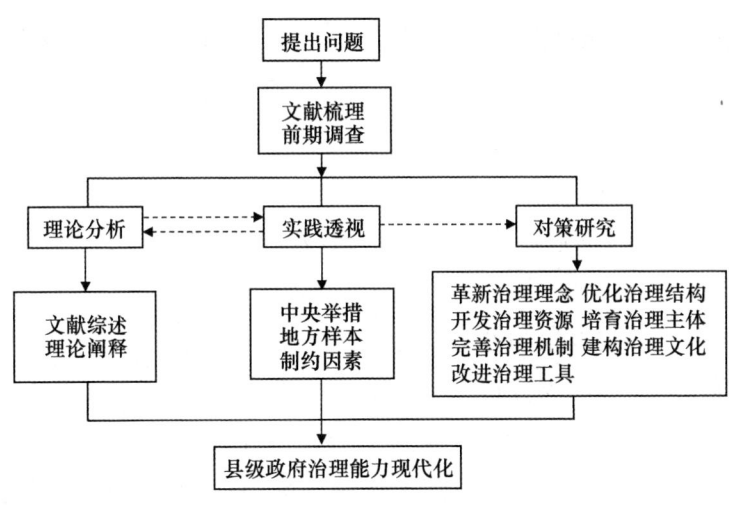

图 0.1 研究思路

首先，在国家治理现代化视域下，系统梳理总结相关文献，阐明政府治理能力、县级政府治理能力和县级政府治理能力现代化等基本概念，进而融合行政生态理论、治理理论等相关理论，搭建本研究的分析框架。

其次，立足实践探索，宏观层面从中央举措描述县级政府治理能力现代化的总体布局和改革举措，对相关政策依据和总体发展要求进行梳理,为探明县级政府治理能力现代化的重点内容和关键环节提供指引;微观层面从典型地方样本透视县级政府治理能力现代化的成功经验和现实成效,对在更大范围内推进县级政府治理改革创新、提升县级政府治理能力提供启示借鉴。

最后,基于前述研究剖析县级政府治理能力现代化面临的现实制约因素,进而提出推进县级政府治理能力现代化的现实路径和对策建议。

遵循上述研究思路,本书在结构安排上分为引论、六个主体章和结语。

引论部分,介绍了研究背景和研究意旨,并对研究思路、研究方法进行说明。

第一章为文献综述。在国家治理体系和治理能力现代化视域下,立足研究需要系统梳理国内外相关理论研究成果并进行评析。

第二章为理论阐释。立足现有研究阐释并界定"政府治理能力""县级政府治理能力"和"县级政府治理能力现代化"三个核心概念,系统梳理习近平总书记关于县域治理的重要论述以及治理理论、政治系统理论和动态能力理论等理论,进而运用行政生态理论、治理理论等作为分析工具,搭建分析框架。

第三章为中央举措。立足我国单一制国家结构制度的基本特点,从中央宏观层面对与县级政府治理能力建设密切相关的省直管县改革、"放管服"改革和机构改革等代表性改革举措进行梳理,重点梳理分析其政策变迁、改革目标与原则、改革内容与配套举措,为探明县级政府治理能力现代化的重点内容和关键环节提供指引。

第四章为地方样本。选取县域改革和发展的两个典型代表——广东顺德和江苏江阴,总结和借鉴作为"微观"执行层面、体现地方能动性的县级政府改革创新的实践和经验,透视县级政府治理能力现代化的前沿进展和实践成效,为推进县级政府治理能力现代化奠定实践基础。

第五章为制约因素。运用行政生态理论和治理理论，结合有关调研访谈所获一手资料及相关文献资料，从政治环境、经济环境、社会环境和文化环境四个方面探析县级政府治理能力现代化面临的外部制约因素，从治理理念、治理结构、治理资源、治理机制、治理文化和治理工具六个方面剖析县级政府治理能力现代化面临的内部制约因素。

第六章为推进路径。基于前述研究，立足现实环境约束条件，从革新治理理念、优化治理结构、开发治理资源、壮大治理主体、完善治理机制、建构治理文化、完善治理工具七个方面入手，研究提出县级政府治理能力现代化的推进路径。

结语部分，对本研究进行简要总结，并梳理了本研究的创新所在与不足之处。

三　研究方法

本研究在马克思主义指导下，立足研究意旨和研究需要，综合运用文献研究、田野调查、案例研究等方法展开研究。

（一）文献研究

系统收集和梳理国内外有关政府治理能力的学术著作、论文和报告以及国内相关政策文件、统计年鉴和发展报告等资料，追踪本领域研究前沿，研究政府治理的相关理论，理清研究思路，搭建分析框架，为研究的展开奠定基础、提供支撑。

（二）田野调查

运用深度访谈等田野调查方法，选取并收集有关县（市）政府领导、社会组织工作人员和城乡居民等的意见和建议，为研究积累一手资料，为分析挖掘县级政府治理能力现代化的内外部制约因素提供材料支撑，提高研究的现实性与可靠性。

（三）案例研究

选取县域改革和发展的两个典型代表广东顺德和江苏江阴作为

样本展开深入案例分析，剖析和总结其推进县级政府治理能力现代化的经验和启示。同时运用实地调研和文献梳理所获案例材料分析县级政府治理能力现代化面临的现实障碍。

第一章

县级政府治理能力现代化：
文献综述

国内外已有的相关理论研究成果是本研究的重要基础和资料来源。本章立足研究需要对国内外相关研究进行梳理和简要评析，以进一步明确本研究的切入点和研究重点，并为后文分析奠定基础。

第一节　国外文献综述

治理作为一种理论进入学术研究视野是在 20 世纪 80 年代末，而其兴起的直接原因在于西方专家学者"在社会资源的配置中既看到了市场的失效又看到了国家的失效"[①]。为了有效应对西方发达国家以新公共管理为导向的政府改革中出现的新问题和广大发展中国家的经济增长危机，政府需要重新定位自身角色并调整职能履行方式。治理理论一定程度上回应了这一现实需要，试图解答"如何在日益多样化的政府组织形式下保护公共利益，如何在有限的财政资源条件下以灵活的手段回应社会公共需求"[②]，其目的在于"更好地协调和实现政府、市场和社会三者之间的有效互动"[③]。这一过程

[①] 俞可平：《引论：治理与善治》，《马克思主义与现实》1999 年第 5 期。
[②] 陈振明、薛澜：《中国公共管理理论研究的重点领域和主题》，《中国社会科学》2007 年第 3 期。
[③] 何翔舟、金潇：《公共治理理论的发展及其中国定位》，《学术月刊》2014 年第 8 期。

中，国外专家学者以及从事公共治理实践的国际组织和机构，围绕治理及相关问题展开了积极研究和热烈探讨，产出了一系列研究成果。

一 治理理论的西方流变

"治理"（governance）这一概念受到全球关注并研究，缘起于1989年世界银行报告《撒哈拉以南非洲：从危机到可持续增长》（*Sub-saharan Africa: from Crisis to Sustainable Growth*）。1992年世界银行发布年度报告《治理与发展》（*Governance and Development*），联合国同年成立"全球治理委员会"（Commission on Global Governance）并创办《全球治理》（*Global Governance*）杂志。此后，"治理"概念迅速成为诸多学科领域的专家学者和有关组织探讨的热点，引发持续至今的研究热潮[①]。其间，不同领域的学者从不同的视野出发演绎出了许多不同的观点和众多的理论分支。哈罗德·孔茨（Harold Koontz）曾用"管理理论的丛林"形容西方管理理论错综复杂、纵横交错的发展状况[②]，同样，治理理论也是一个拥有众多分支、盘根错节的理论丛林。

国外学者基于对治理的理解从不同角度对治理的阶段进行了划分。其中较具有代表性的观点主要有：罗伯特·罗茨（R. Rhodes）的新旧治理论，认为治理与统治所表达的含义相同，"旧治理"是政府主导的统治，"新治理"是指社会秩序由政府管制转变为依靠多元行动者互动来获得[③]；皮埃尔·卡蓝默（Pierre Calame）的治理两阶段论，将1989年世界银行首提"治理危机"把治理引入国际政治经济生活视为"第一阶段"即"引入治理的概念"阶段，

[①] 何翔舟、金潇：《公共治理理论的发展及其中国定位》，《学术月刊》2014年第8期。
[②] Harold koontz, "The Management Theory Jungle", *The Journal of the Academy of Management*, Vol. 4, No. 3, 1961, pp. 174–188.
[③] ［英］罗伯特·罗茨：《新的治理》，木易编译，载俞可平主编《治理与善治》，社会科学文献出版社2000年版，第86—106页。

将主张"重新定义思想的框架、新的指导原则,构建一种新的治理形式"视为"第二阶段"即"治理的革命阶段"[①];唐纳德·凯特(Donald F. Kettl)的管理与治理阶段论[②],将政府改革的实践划分为"公共管理"和"公共治理"两个阶段,其中公共管理阶段以政治—行政二分法为基础,公共治理阶段等同于新公共管理[③]。

历史地看,大体上可以将治理理论的发展归纳为三个发展阶段或者划分为三代治理理论:第一阶段(1989—1997年)或第一代治理理论。这一时期的治理理论可分成两派:一派将"新公共管理"视为治理的一种(Rhodes,1996;Kooiman,1993);另一派则主张"没有政府的治理"(Rosenau,1995;Rhodes,1996)。代表性理论主要有"没有政府的治理"(Rosenau,1995)、公共治理(Rhodes,1997)与民主治理(March & Olsen,1995)。第二阶段(1997—2006年)或第二代治理理论。这一时期出现的治理理论在一定意义上开始中和早期的两种极端主张,强调和突出以公众为中心、政府体制机制创新、整体主义,开始重视信息技术对治理的作用。代表性理论主要有整体性治理(Perri 6,2002)、协同治理(Ling,2002)、参与式治理(Baiocchi,2003)、合作治理(Emerson,Nabatchi & Balogh,2011)等。第三阶段(2006年至今)或第三代治理理论。新兴的治理理论回应互联网时代的治理,重点强调最新的信息技术尤其是移动互联网技术、智能技术、云计算技术等在治理中的价值,代表性理论有网络化治理(Goldsmith 等,2008)、网络治理(Sørensen & Torfing,2008)、新公共治理(Os-

---

① [法]皮埃尔·卡蓝默:《破碎的民主:试论治理的革命》,高凌瀚译,生活·读书·新知三联书店2005年版,第4—11页。
② [美]唐纳德·凯特:《有效政府——全球公共管理革命》,张怡译,上海交通大学出版社2005年版。
③ 韩兆柱、翟文康:《西方公共治理前沿理论述评》,《甘肃行政学院学报》2016年第4期。

borne，2010）、数字治理（Dunleavy，2006）等[1]。鉴于治理理论体系繁杂、分支众多，在此重点梳理其中的整体性治理理论、网络化治理理论、数字治理理论。

整体性治理理论。整体性治理（Holistic Governance）在不同国家有不同称呼或表述，如英国称之为"协同型政府"（Joined-up Government）或跨部门议题（Cross-cutting Issues），美国表述为"合作政府"（Collaboration Government），其他北美和欧洲国家有称为"服务整合"（Service Integration），澳大利亚则表述为"整体政府"（Whole of Government）等。整体性治理的提出主要基于新公共管理的衰微和信息技术的发展，旨在解决20世纪80年代世界范围内新公共管理运动带来的政府治理碎片化、信息不对称、目标冲突、效率低下等问题[2]。英国约克大学的安德鲁·邓瑟尔（Andrew Dunsire）在1990年发表的《整体性治理》一文中首次提出"整体性治理"的概念[3]。随后英国学者佩里·希克斯（Perri 6）等人进行了系统论证，其中《整体政府》（1997）、《全观型治理：整体政府的战略》（1999）和《走向整体治理：新的改革议程》（2002）三部著作最具代表性，成功推动整体性治理理论的逻辑体系不断丰富和完善，成为一个以协作、整合为基本特征的跨部门协同的理论模式。希克斯认为21世纪的政府应通过制度化以强化政府各个部门之间的沟通协调，推进整体性治理，而不该继续放任政府各个不同功能、不同专业的部门单打独斗；提出了识别和理解整体性治理的三个维度，即层级整合、功能协调和部门整合，并以目标和手段作为基本变量将政府类型划分为渐进式政府、贵族式政府、碎片化

---

[1] 翁士洪：《数字时代治理理论：西方政府治理的新回应及其启示》，《经济社会体制比较》2019年第4期。

[2] 韩兆柱、单婷婷：《网络化治理、整体性治理和数字治理理论的比较研究》，《学习论坛》2015年第7期。

[3] Andrew Dunsire, "Holistic Governance", *Public Policy and Administration*, Vol. 5, No. 1, 1990, pp. 4 – 19.

政府和整体政府①。克里斯托弗·波利特（Christopher Pollitt）认为，整体性治理是指一种通过系统协调（包括纵向协调和横向协调）的思想与行动来实现预期利益的政府治理范式，具体内容包括：协调政策间的矛盾，增加政策效力；整合所需资源；促进政策领域中利益主体间的协同和合作；为顾客提供无缝隙服务②。此后，帕特里克·邓利维（Dunleavy）等人进一步通过对英国、美国、澳大利亚、新西兰、加拿大、荷兰和日本等发达国家公共管理体系的研究，批判了新公共管理所造成的危机，并提出了整体性治理在数字化时代的必要性和可行性③。

网络化治理理论。网络化治理缘起于对20世纪80年代新公共管理分权化、市场化、民营化改革带来的市场失灵和政府失灵的社会现实的反思和批判。唐纳德·凯特（Donald Kettl）认为治理就是"政府与社会力量通过面对面的合作方式组成的网状管理系统"④。盖伊·彼得斯（B. Guy Peters）通过研究各国政府治理模式的探索过程和改革实践，总结出市场式政府、参与式政府、弹性化政府和解制型政府等四种未来的政府治理模式，并提出网络治理应当成为与科层制、市场和社群并存的治理结构和过程⑤。瓦尔特（Walter）等人则更明确地指出，"作为治理的公共管理，遇到的主要挑战是处理网络状即相互依存的环境，公共管理因而是一种网络管理"⑥。

---

① Perri 6, Diana Leat, Kimberly Seltzer and G. Stoker, *Towards Holistic Governance: The New Reform Agenda*, New York: Palgrave, 2002, pp. 29 – 35.

② Christopher Pollitt, "Joined-up Government: A Survey", *Political Studies Review*, Vol. 1, No. 1, 2003, p. 35.

③ Patrick Dunleavy & Helen Margetts, Simon Bastow, Jane Tinkler, "New Public Management Is Dead—Long Live Digital-Era Governance", *Journal of Public Administration Research and Theory*, Vol. 16, No. 3, 2006, pp. 467 – 494.

④ Donald F. Kettl, *Sharing Power: Public Government and Private Markets*, Washington: Brookings Institution, 1993, p. 22.

⑤ [美] B. 盖伊·彼得斯：《政府未来的治理模式》，张成福等译，中国人民大学出版社2001年版，第23页。

⑥ Walter J. M. Kickert, Erik-Hans Klijn & Joop F. M. Koppenjan, *Managing Complex Networks: Strategies for the Public Sector*, London: Sage Publications ltd, 1997, p. 3.

进入21世纪后,治理理论研究成为国外公共管理理论研究的重点,作为治理理论重要组成部分的网络化治理也引起了专家学者们更多的关注。这其中,斯蒂芬·戈德史密斯和威廉·D.埃格斯(Stephen Goldsmith & William D. Eggers)所著的《网络化治理:公共部门的新形态》是网络化治理的权威之作,网络化治理被作为理论体系较为完备地提出。该书从政府与其他公共管理主体的关系的角度批判了新公共管理在面对多元、异质的管理主体时失效的问题,并详尽阐释了网络化治理的定义、优劣势、网络设计框架以及未来发展方向等,认为"深深地依赖伙伴关系,能够平衡各种非政府组织以提高公共价值的哲学理念,以及种类繁多的、创新的商业关系"①。

数字治理理论。数字治理(Digital Governance)理论产生于20世纪90年代末,缘起于信息技术的蓬勃发展、经济全球化的加速以及网络社会的崛起,是治理理论与互联网技术结合的时代产物。曼纽尔·卡斯特(Manuel Castells)在《网络社会的崛起》(*The Rise of the Network Society*,1996)一书中较早地将公共管理治理体系所面对的更高要求和挑战与信息时代背景相结合,初建了数字治理理论的雏形。他认为,"作为一种历史趋势,信息时代的支配性功能与过程日益以网络组织起来。网络建构了我们社会的新社会形态,而网络化逻辑的扩散实质地改变了生产、经验、权力与文化过程中的操作和结果"②。2006年,帕特里克·邓利维(Patrick Dunleavy)出版了《数字时代的治理》一书,对数字治理理论进行系统阐释。他指出早在韦伯的官僚制体制时期人们就已经意识到更大更系统的书面记录对现代组织来说是十分重大的变革,随着信息技术的发展,电子化储存和访问能力不断突破,催生了记录集体记忆方

---

① [美]斯蒂芬·戈德史密斯、威廉·D.埃格斯:《网络化治理:公共部门的新形态》,孙迎春译,北京大学出版社2008年版,第6页。
② [美]曼纽尔·卡斯特:《网络社会的崛起》,夏铸九等译,社会科学文献出版社2001年版,第569页。

式的工具性变革，信息技术的专业化对政府运作的重要性呈现出波动式增长[1]。邓利维认为，数字时代治理的核心在于强调服务的重新整合，整体的、协同的决策方式以及电子行政运作广泛的数字化，其主要内容包括：（1）重新整合，涉及逆部门化和碎片化、协同式治理、重新政府化、恢复或重新加强核心流程、极大地降低行政成本、重塑支撑公务的供给链、集中采购和专业化、以"混合经济模式"为基础、网络简化等九个方面；（2）以需求为基础的整体主义，涉及互动地搜寻和提供信息、以顾客和功能为基础的组织重建、一站式服务、数据库、重塑结果取向的服务、灵活的政务流程、可持续性等七个方面；（3）数字化变革，涉及电子服务交付、以网络为基础的效用处理、国家指导的集中信息技术采购、新形式的自动化流程、减少中间层、渠道分流和顾客细分、减少受控渠道、加强自主管理以及走向开放式管理等九个方面[2]。

二 地方治理的相关研究

随着治理理论的兴起，一场以地方政府改革为基础的地方治理变革在英国轰轰烈烈地展开。此后，地方治理这一理论逐渐向欧洲大陆、北美和大洋洲等国家扩展，并且在以世界银行和联合国为代表的一些国际组织的推动下，地方治理的理念和实践经验被当作改进国家治理的一剂良药输入到亚非拉的发展中国家。在全球化的背景下，地方治理理论和实践方面的研究成为治理理论研究的重要组成部分。

英国是较早开展地方治理研究的国家。斯托克（G. Stoker）认为地方治理就是关于地方服务的委托、组织和控制，这些地方服务

---

[1] Patrick Dunleavy, *Digital Era Governance: It Corporations, the State, and E - Government*, Oxford University Press, 2006, p. 4.

[2] Patrick Dunleavy, *Digital Era Governance: It Corporations, the State, and E - Government*, Oxford University Press, 2006, pp. 227 - 233.

包括地方区域内卫生、教育、治安、基础建设和经济发展等[1];博瓦德和罗夫勒(Tony Bovaird & Elke Loeffler)将地方治理定义为地方行为主体彼此互动以便影响公共政策的方式,认为地方治理是一套包含正式与非正式的规则、结构及过程,其决定了个人与组织行使权力的方式,这种方式除了超越一般利害关系人所作出决策的力量之外,也会影响个人或组织在地方层次上的福利[2]。此外,美国学者皮埃尔和彼得斯(Pierre & B. Peters)将地方治理进一步分为"作为结构的治理""作为过程的治理"和"作为分析框架的治理"分别予以定义。当地方治理被视为一种"结构"时,即是假定不同的政治制度和经济制度是被创设出来的结构,代表了一系列组织化集体行动和某种行为规则;当地方治理被视为一种"过程"时,即是假定治理是政府与社会互动的一种动态过程;当地方治理被视为一种"分析框架"时,即是认为机构之间的互动性与公共政策的制定过程是相连接的,同时也可以表明社会与治理之间的关系[3]。

西方地方治理的理论研究主要基于现代民主社会的发展和以民主政府为主导的地方发展之上。"大量学术研究得出这一结论:中央集权的、等级制的、官僚制的行政管理模式已经失败。"[4] 罗杰·基宾斯(Roger Gibbins)认为,"地方政府其实在联邦体制中的作用正日益增大;在各类政治体制中,地方政府及其所服务的社区都越来越重要"[5]。斯托克(G. Stoker)提出了"新地方主义"(New

---

[1] G. Stoker, *The New Management of British Local Governance: Association with the ESRC Local Governance Programme*, New York: St Martin's Press, 2000, p. 1.

[2] Bovaird, T & Loeffler E, "Evaluating the Quality of Public Governance: Indicators, Models and Methodologies", *International Review of Administrative Science*, Vol. 69, No. 3, 2003, pp. 313 - 328.

[3] [瑞典]乔恩·皮埃尔、[美]B. 盖伊·彼得斯:《治理、政治与国家》,唐贤兴、马婷译,格致出版社2019年版,第13—25页。

[4] [美]迈克尔·麦金尼斯:《多中心治道与发展》,毛寿龙译,上海三联书店2000年版,第310页。

[5] [加]罗杰·基宾斯:《地方治理与联邦政治体制》,周子平译,《国际社会科学杂志》(中文版)2002年第1期。

Localism），认为地方治理应当"在达成某种国家最低标准和政策优先权的共识框架内，将权力和资源从中央集中控制向一线管理者、地方民主实体和地方消费者及社区转移"①，确保地方决策的空间，在地方治理面对复杂情况时提供弹性空间，同时一定程度上解决公民直接参与所造成的治理难题。随着民众对行政管理者政策实施和管理行为的不满与批判，以及政府改革运动的开展，西方国家对地方治理问题进行了深刻反思，一些学者们提出应当以"公民中心"的治理模式取代"官僚中心"的传统行政模式，地方治理的变革和创新将中央政府的部分权力下放给了地方政府和一些非营利机构，使权力得以适度的平衡，由此产生出了诸多民主治理形式，以公民参与为侧重点的网络化治理在地方治理研究中逐渐盛行起来。博克斯（Richard C. Box）认为，21世纪是公民治理的时代，公民参与是公民治理的核心机制；具备现代公民意识和健全公民资格的公民不仅仅是"纳税人"和公共服务的"消费者"，更是社区的"治理者"②。

三　治理能力的相关研究

能力研究在公共管理领域历久弥新，政府能力被认为是影响政府绩效的重要因素③。20世纪七八十年代以来，政府能力在公共管理领域愈加受到重视，甚至被认为是行政改革中的核心主题④。随着世事变迁，治理理论兴起，"治理能力"逐渐成为流行话语。从文献梳理来看，国外有关治理能力的研究主要集中于治理能力内

---

① ［英］格里·斯托克、游祥斌：《新地方主义、参与及网络化社区治理》，《国家行政学院学报》2006年第3期。
② ［美］理查德·C. 博克斯：《公民治理：引领21世纪的美国社区》，孙柏瑛等译，中国人民大学出版社2014年版，第2—3页。
③ 楼苏萍：《地方治理的能力挑战：治理能力的分析框架及其关键要素》，《中国行政管理》2010年第9期。
④ Hood, C. & Lodge, M., "Competency, Bureaucracy, and Public Management Reform: A Comparative Analysis", *Governance*, Vol. 17, No. 3, 2004, p. 313.

涵、国家治理能力和政府治理能力三个方面。

(一) 治理能力内涵研究

国外学者基于不同角度对"治理能力"的概念进行了阐释，归纳起来，主要有以下三种代表性观点。

一是资源论，认为治理能力是治理主体内部多种资源相互作用的过程。如 Innes 和 Booher 认为组织能力是指在一个特定组织内部的人力资本、组织资源和社会资本的相互作用，这种作用可以被用来解决共同的问题、提高或保持特定组织的福利，它可通过非正式的社会过程和/或有组织的努力来操作[①]。

二是过程论，认为治理能力是治理主体尤其是政府的有效运行过程。如 Arnold M. Howitt 看来，政府的治理能力是指发现初期问题，制定和评估政策的可选方案，进而实施政策方案的能力[②]；Beth Walter Honadle 认为能力即预测和影响变化、做出明智决策、制定执行政策方案、吸引和吸纳资源、管理资源、评估当前的活动以指导今后的行动[③]。

三是要素论，认为治理能力由多种维度的能力要素构成。如 Daniel Kaufmann 等人认为治理包括选择、监督和更替政府的过程，政府有效制定和实施健全政策的能力，以及公民和国家对管理经济、社会互动的机构的尊重，其中政府有效制定和实施健全政策的能力包括"政府效率"和"监管质量"两个指标要素[④]；Brinkerhoff 认为治理能力具有外部维度和内部维度之分，前者包括外部资金的支持、关系网络、培训资源、政治上的支持等，后者包括政府

[①] Innes, J. E. & Booher, D. E., *The Impact of Collaborative Planning on Governance Capacity* (working paper), Berkeley: University of California, Institute of Urban & Regional Development, April, 2003.

[②] Arnold M. Howitt, "Improving Public Management in Small Communities", *Southern Review of Public Administration*, Vol. 2, No. 3, 1978, p. 325.

[③] Honadle, B. W., "A Capacity-building Framework: A Search for Concept and Purpose", *Public Administration on Review*, Vol. 41, No. 5, 1981, p. 577.

[④] Daniel Kaufmann, Aart Kraay, Massimo Mastruzzi, "The Worldwide Governance Indicators: Methodology and Analytical Issues", *Hague Journal on the Rule of Law*, Vol. 3, No. 2, 2011, p. 223.

雇员的人数、他们的专业技能以及领导的力量和素质等①；Bas Arts 和 Henri Goverde 将治理能力区分为指示性的能力和表述性的能力，前者是指潜在的政策安排治理能力，后者是指它们实际的表现②。

(二) 国家治理能力研究

国外学者对国家治理能力的研究最初主要集中于从应然和规范层面讨论国家的角色定位及其实现形式。迈克尔·曼（Machael Mann）将国家权力区分为专制权力（despotic power）和基础权力（infrastructural power）。其中，专制权力即针对市民社会的国家个别权力，是指国家精英可以在不必与市民社会群体进行例行化、制度化讨价还价的前提下自行行动的范围（range）；基础权力即一个中央集权国家的制度能力，是国家事实上渗透市民社会并在其统治的地域内有效贯彻其政治决策的能力（capacity）③。亨廷顿注重国家的制度化能力对政治稳定的重要价值，强调"现代性产生稳定性"④。蒂利（Charles Tilly）、斯考切波（Theda Skocpol）则关注国家能力与制度环境之间的关系，如斯考切波就认为国家能力必然受到国家的制度结构的影响⑤。阿尔蒙德（Gabriel A. Almond）主要从适应和应对外部环境的角度理解国家能力，认为国家能力即从国内外环境中提取资源，进行利益分配，并且管制国内人民的行为或提供安全及防止外来威胁的能力⑥。托马斯·海贝勒则认为国家能力

---

① Derick W. Brinkerhoff, *Organizational Legitimacy, Capacity, and Capacity Development* (Discussion Paper), University of Kansas, Public Management Research Association, June, 2005.

② Bas Arts & Henri Goverde, "The Governance Capacity of (new) Policy Arrangements: A Reflexive Approach", *Institutional Dynamics in Environmental Governance*, No. 47, 2006, pp. 75–76.

③ ［美］迈克尔·曼：《社会权力的来源（第二卷·上）》，陈海宏等译，上海人民出版社2007年版，第68—71页。

④ ［美］塞缪尔·亨廷顿：《变动社会的政治秩序》，张岱云等译，上海译文出版社1989年版，第45页。

⑤ ［美］西达·斯考切波：《找回国家——当前研究的战略分析》，载［美］彼得·埃文斯、迪特里希·鲁施迈耶、西达·斯考切波编著《找回国家》，方力维译，生活·读书·新知三联书店2009年版，第2—52页。

⑥ ［美］阿尔蒙德、鲍威尔：《比较政治学：体系、过程和政策》，曹沛霖等译，上海译文出版社1987年版，第7页。

"包括实施政治决策的能力和讨价还价能力以及在不同利益群体之间寻求平衡的能力"①。

随着治理理论的兴起,国外针对各国治理状况和治理质量进行定量评价的各种评价体系竞相涌现,如联合国人类发展中心的"人文治理指标"(Humane Governance Indicators)、世界银行的"全球治理指标"(Worldwide Governance Indicators)、经济合作发展组织(OECD)的"人权与民主治理测评"指标体系(Measuring Human Rights and Democratic Governance)、荷兰国际关系研究所的"治理与腐败战略评估"(Strategic Governance and Corruption Assessment)等。其中,世界银行的"全球治理指标"作为最具综合性的指标体系,从话语权和责任、政治稳定性和不存在暴力、政府效率、监管质量、法治和腐败控制6个方面建立了评价指标体系②。运用这些指标体系,国外学者从不同角度对国家治理能力进行了大量的实证研究。需要指出的是,这些评价体系虽然"确立了一些普通的标准,便于将不同国家放到同一个平台上进行相互比较,进而发现不同国家在治理方面的差异和共性,但由于其为西方机构所控制或为西方学者所主导,因此难以避免地带有西方的价值观色彩"③。

(三) 政府治理能力研究

政府治理能力研究承继于政府能力研究。国外早期关于政府能力的研究多集中于国家政府(或中央政府),主要从结构功能和能力评估等角度对政府能力进行研究。随着西方福利国家的繁盛,政府职能范围不断扩大,中央政府向地方政府的转移支付也不断增加。在此背景下,地方政府能力直接关系到公共资源的使用效率和公共服务的供给水平,西方国家因此愈加重视地方政府能力建设。

---

① [德] 托马斯·海贝勒:《转型国家的战略集团与国家能力》,《经济社会体制比较》2004年第1期。

② "Worldwide Governance Indicators",世界银行官网: http://info.worldbank.org/governance/wgi/#home, 2021年1月15日。

③ 俞可平:《关于国家治理评估的若干思考》,《华中科技大学学报》(社会科学版) 2014年第2期。

20世纪80年代之前，政府能力建设通常被认为是通过增强行政长官、公共机构领导以及项目管理者计划、执行、管理或评估政策、战略及项目以影响公共社会环境的能力[①]。这一时期，西方学者主要采用定性研究对地方政府能力展开分析。1975年，美国《公共管理评论》（Public Administration Review）杂志出版了一期专刊，集中讨论政府能力及其建设问题。其中，Burgess将能力建设视为改变政府间关系的关键政策要素，认为地方政府能力是本地政策制定、执行中央政策及运行过程和效果的体现，为了达成改变政府间关系的目的，州和地方政府能力建设主要表现政策或项目的设计、开发和评估能力，管理、运作联邦政策和项目的能力，对项目或政策运作过程及效果的评估和责任能力[②]；Wright则将城市政府能力建设视为一个政策管理过程，主要体现在政策需求的确认、政策项目的开发、政策绩效的标准、政策绩效的分析和最终效果的分析五个方面，进而通过对政策管理过程中政府能力的关注，构建城市政府政策能力研究框架[③]；Scott和Macdorald则从地方政策需求与管理过程出发，将地方政府能力分为工具、组织能力和资源三个维度[④]。

在上述研究的基础上，Gargan和Honadle对地方政府能力问题进行了重新反思。Gargan认为以往将政府能力研究重点仅仅放在政策、资源和项目管理上的研究思路已经无法满足地方治理的需求，能力的实际水平是由特定的社会、经济、政治环境条件等决定的，而且每个这样的环境都是独特的，地方政府能力是地方政府完成目

[①] Cohen, J. M., "Capacity Building in the Public Sector: A Focused Framework for Analysis and Action", *International Review of Administrative Science*, Vol. 61, No. 3, 1995, p. 409.

[②] Burgess, P. M., "Capacity Building and the Elements of Public Management", *Public Administration Review*, Vol. 35, Special Issue, 1975, p. 706.

[③] Wright, J. W., "Building the Capacities of Municipal Governments", *Public Administration Review*, Vol. 35, Special Issue, 1975, pp. 748–754.

[④] Scott, P. & Macdorald, R. J., "Local Policy Management Needs: The Federal Response", *Public Administration Review*, Vol. 35, Special Issue, 1975, pp. 786–794.

标任务的能力，而其目标任务来自于社会期望、社会资源以及社会问题的互动作用，因此，联邦官僚、地方政府官员和公共服务的消费者作为地方治理的不同主体，都应具备不同角度的能力[1]；Honadle 在梳理分析以往政府能力概念的基础上，提出了一个更加突出政治维度的地方政府能力分析框架，通过地方政府参与政策制定过程的多个阶段的能力来理解地方政府能力，认为一个组织不仅仅是简单地对资源进行汲取和投入，更重要的是要学会管理这些资源，而一个有能力的政府应该具备更加明确的特征，包括预测和影响变化、做出明智决策、制定执行政策方案、吸引和吸纳资源、管理资源、评估当前的活动以指导今后的行动[2]。

20世纪90年代，战略管理在公共部门中开始受到重视，由此赋予政府能力研究新的内容。总体来看，20世纪90年代以后的政府能力研究主要沿着公共管理维度展开，将政府治理能力置于政府职能或政府能力的框架下进行考察，强调政府能力形成与运用过程中的权力、权益配置，以及能力主体与政治、经济、社会、文化等环境要素和其他利益团体之间的互动关系，对政府能力的内部要素、结构以及能力建设的方法、程序和有效性进行测评，同时将定量研究与定性研究相结合，通过实证性、构建性和案例研究等对治理时代下的政府能力进行探讨。如 Merilee S. Grindle 与 Mary E. Hilderbrand 提出评估公共部门能力的五维度分析框架，即行动环境、制度背景、工作网络、组织、人力资源。其中，行动环境指政府活动的经济、社会与政治环境；制度背景指预算支持、政策、正式与非正式的权力关系等一系列因素；工作网络指涉足于完成任何给定任务的组织群；组织的目标、工作结构、激励机制等促进或限制着组织的绩效；人力资源关注人才的培训、招

---

[1] Gargan, J. J., "Consideration of Local Government Capacity", *Public Administration Review*, Vol. 41, No. 6, 1981, pp. 649 – 658.

[2] Honadle, B. W., "A Capacity – building Framework: A Search for Concept and Purpose", *Public Administration Review*, Vol. 41, No. 5, 1981, pp. 575 – 580.

聘、使用和保留。[1] John M. Cohen 和 John R. Wheeler 对非洲公共部门受过技能培训的人员的保留率和流失率进行了考察，认为仅仅依靠定量指标不能全面评估政府能力，需要在体系中增加人力资源、管理方式、公务员行为准则等定性指标[2]。Polidano 从"政策能力""实施权威"和"运作效率"三个维度，用硬指标和软指标两组指标制定了公共部门能力评估框架，其中软指标包括结构化决策过程、政策协调及政策分析能力，政策执行能力，民族、政治稳定、公民社会建设能力；硬指标包括公共部门内部运作效率及行政成本[3]。Soonhee Kim 基于组织能力分析，从结构、政治、人力资源及象征性能力四个维度建构了评价指标体系。其中，结构框架维度包括法律、政策、项目，资源和采用的信息技术，评估体系，公众的知情权 4 项指标；政治框架维度包括公民参与、组织协作、同公众媒体的关系 3 项指标；人力资源框架包括职业化与专业化、能力、领导者 3 项指标；象征框架包括社会资本、文化多样性 2 项指标[4]。Berman 等人通过"技术支持"和"利益相关者"两个维度对美国城市地方政府的绩效评估和治理能力之间的关系进行了实证研究，发现治理能力水平很大程度上影响着绩效评估[5]。

---

[1] Grindle, M. S. & Hilderbrand, M. E., "Building Sustainable Capacity in the Public Sector: What Can be Done?" *Public Administration and Development*, Vol. 15, No. 5, 1995, pp. 441–463.

[2] Cohen, J. M. & Wheeler, J. R., "Building Sustainable Professional Capacity in African Public Sectors: Retention Constraints in Kenya", *Public Administration and Development*, Vol. 17, No. 3, 1997, pp. 307–324.

[3] Charles Polidano, "Measuring Public Sector Capacity", *World Development*, Vol. 28, No. 5, 2000, pp. 805–822.

[4] Kim, S., "*Management Strategy for Local Governments to Strengthen Transparency in Local Governance*", United Nations Project Office on Governance, 2009, https://www.maxwell.syr.edu/uploadedFiles/paia/BookSoonheeKim2009.pdf.

[5] Berman, E. & Wang X. H., "Performance Measurement in U. S. Counties: Capacity for Reform", *Public Administration Review*, Vol. 60, No. 5, 2000, p. 409.

第二节 国内文献综述

20世纪90年代，有关治理的理论研究开始在我国兴起，学者们基于我国改革发展的实际需要，结合中国语境和实践对治理理论进行多样化阐述，其中国家与社会、政府与市场关系成为中国治理研究的重点研究领域[①]。随着中共十八届三中全会提出"推进国家治理体系和治理能力现代化"的重大命题，学者们立足自身学科特点和我国治理实践，在国家治理视域下从不同角度展开热烈探讨，推动治理理论研究不断拓展和深化。

一 政府治理的研究脉络

自20世纪90年代西方治理理论引介、中共十八届三中全会确定"推进国家治理体系和治理能力现代化"，至中共十九届三中全会明确提出"坚持和完善中国特色社会主义行政体制，构建职责明确、依法行政的政府治理体系"以来，关于政府治理的研究始终是国内学术界关注的热点话题，也是党和政府迫切需要解决的重大战略和政策问题。笔者曾以中文社会科学引文索引（CSSCI）数据库收录的发表于2000—2019年的516篇政府治理研究的文献为研究样本，在描绘研究文献时间脉络、研究机构和作者分布以及学科方向的基础上，借助CiteSpace 5.5.R2软件系统梳理该领域的经典文献和研究热点趋势，发现进入21世纪以来，该领域的研究先后经历了政府治理理论和模式引介与探讨、政府治理模式构建与反思、回应大数据变革和政府治理能力现实提升三个阶段的演变[②]。

第一阶段（2000—2007年）：政府治理理论和模式引介与探讨

---

① 任勇：《治理理论研究为治理现代化提供学理支撑》，《人民日报》2019年3月25日第10版。

② 何水、郑晓莹：《国内政府治理研究热点与趋势可视化分析》，《行政论坛》2020年第2期。

阶段。主要研究政府治理范式和治理模式转变，以传统官僚制公共行政模式和新公共管理模式进行对比分析作为切入点。

这一阶段，张立荣的《当代中国政府治理范式变革探析》[①] 一文是关键节点文献。张立荣以麦肯锡7—S系统思维模型为框架，分析认为政府治理范式即政府治理社会公共事务所建立的组织架构及其运行规则体系应适应外部环境和内部条件的发展变化，即构建"政府主导—官民协同"的多中心社会公共事务治理范式，引发了国内学界对政府治理范式转变的思考。而张璋对借鉴新公共管理理论主张实现国内政府治理工具创新的理论适应性问题做出了回应[②]，为新公共管理理论在国内政府治理领域应用以及转变治理模式提供了一个窗口。此后，学者们基于新公共管理理论，阐释了降低治理成本、改革官僚制、构建有限政府等政府治理改革理论主张。此外，伴随中国加入WTO以及国内构建和谐社会的政策背景，后续学者就提升政府治理电子化、信息化水平、构建服务型、预见性、回应性政府、倡导公民参与等政府治理模式转变进行了系统性阐释。

系统梳理该阶段的研究进展可以发现，如何从中国治理的制度基础中寻找适合国情的政府治理模式始终是贯穿该阶段研究的重要主题，而西方新公共管理理论的引介为国内学者从政府内部治理视角探讨政府治理模式转变提供了重要的理论支撑；另外，国内关于政府治理的研究成果在很大程度上响应了国家政策变革的发展趋势，学者们基于学科背景从不同视角进行了理论性阐释和回应。

第二阶段（2008—2013年）：政府治理模式构建与反思阶段。此阶段关于政府治理的研究在继续引介西方治理理论的基础上，侧重于对政府治理模式、治理机制以及基层政府治理的探讨。具体

---

① 张立荣：《当代中国政府治理范式变革探析——以麦肯锡7—S系统思维模型为框架》，《中国行政管理》2006年第6期。

② 张璋：《政府治理工具的选择与创新——新公共管理理论的主张及启示》，《新视野》2001年第5期。

来说:

第一,倡导多元参与、整体性治理的政府治理模式。有学者认为,网络时代信息的开放性、共享性和交互性以及公民意识的提升要求构建参与—协商型政府治理模式,完善公民、非政府组织参与政府治理的协商、沟通机制,共享知识与信息,加强法律制度建设,规范网络参与行为,以提升公众对政府的信任度[1];面对经济社会高度复杂和不确定性的挑战,单一政府治理难以独善其身,实现政府机构间及政府和公私部门间的协调与整合是提升政府治理效率的有效模式[2],主体行动自发、治理过程自组织、治理结构有序和治理结果有效是实现政府协同性、整体性治理的应然之义[3]。

第二,强调政府治理机制创新。有学者认为,政府治理机制是指政府治理主体在特定场域内,在某种动力的驱使下,通过某种方式趋向或实现治理目标的过程,由目标形成机制、公共物品提供机制、评价机制与激励机制构成[4];在具体都市治理中,应通过多元治理主体合作共治、治理过程的主动调适和治理方式的信息化实现政府治理机制创新是确保都市发展转型的关键[5];而优化政府公共服务供给机制、公共财政配置机制以及公共政策治理机制是消除城乡二元分化的有效途径[6]。

第三,研究对象向基层政府治理倾斜。基层政府作为国家政权的基础,有效的基层政府治理是确保国家政策意志执行、维护政权合法性的重心所在。有学者认为,基层政府治理应以精细化管理为

---

[1] 孙萍、王秋菊:《网络时代中国政府治理模式的新思考:"参与—协商"型治理模式》,《求实》2012年第4期。

[2] 寇丹:《整体性治理:政府治理的新趋向》,《东北大学学报》(社会科学版)2012年第3期。

[3] 麻宝斌、李辉:《协同型政府:治理时代的政府形态》,《吉林大学社会科学学报》2010年第4期。

[4] 霍春龙:《论政府治理机制的构成要素、涵义与体系》,《探索》2013年第1期。

[5] 易承志:《基于大都市发展转型的政府治理机制创新》,《城市问题》2013年第2期。

[6] 孙力:《城乡整合的历史阶段性和政府治理机制》,《探索与争鸣》2010年第9期。

方向，确保管理理念、基本方法、技术工具和具体运用四个层面的精、细、准、严[1]；面对基层政府治理内卷化、政策执行中梗阻等问题，基层政府治理应以善治为导向，在打破职责同构的基础上，推进以党内民主带动社会民主的制度安排和程序建设，以多元治理主体间的民主合作为基础，实现参与型基层政权建构，确保基层政府决策的合法性和政策执行的有效性[2]。

第四，触及政府治理能力研究。数据表明，拥有强大治理能力的政府是中国经济成功转轨的关键，能够有效促进经济增长[3]。有学者具体划分了乡镇政府治理能力构成要素，主要包括资源汲取能力、发展经济能力、社会管理能力、公共服务能力和制度规制能力[4]。

总体来看，这一阶段的研究主要有以下贡献：一是丰富了西方治理理论在国内政府治理领域的研究，引发国内学者对中国政府治理模式转变的系统思考；二是关注基层政府治理问题，推动政府治理研究向微观层面发展；三是虽未对政府治理能力予以明确阐释并触及政府治理能力深层问题，但相关研究无疑填补了关于政府治理能力研究的空缺。

第三阶段（2014年至今）：回应大数据变革和政府治理能力现实提升阶段。中共十八届三中全会之后，党中央高层对于政府治理的多次论调，明确了推进政府治理能力提升和治理能力现代化建设的方向，促进了学界关于政府治理研究高潮的到来。此阶段的典型特征是围绕政府治理能力与政府治理能力现代化建设这一核心主题

---

[1] 刘明君、刘天旭：《精细化管理与基层政府治理创新——以桃园模式为例》，《甘肃社会科学》2010年第4期。

[2] 庞超：《乡镇政府治理变革：参与式乡镇政府的构建》，《西南交通大学学报》（社会科学版）2011年第2期。

[3] 张弘、王有强：《政府治理能力与经济增长间关系的阶段性演变——基于不同收入阶段的跨国实证比较》，《经济社会体制比较》2013年第3期。

[4] 尤琳、陈世伟：《后税费时期乡镇政府治理能力研究》，《社会主义研究》2013年第6期。

开展研究。具体来说，该阶段的研究呈现出两大特点：

第一，政府治理能力和治理能力现代化成为该阶段研究的重要主题。相关研究集中于政府治理能力内涵及构成要素、政府治理能力评估与测量、政府治理能力提升与现代化路径等方面。鉴于后文将专门梳理政府治理能力的相关研究，这里不再赘述。

第二，研究视角呈现多元化特征。具体来说：一是大数据视角下的政府治理研究。以大数据与新智能技术为代表的新技术革命是当代政府治理变革的基础和推动力，相关研究表明：健全和完善的制度环境能够提高信息透明度、降低市场交易成本，促进大数据对政府治理效率的提升[1]。然而，数据公开缺乏社会规范条件、数据共享缺乏有效体制保障、大数据可用性研究相对薄弱和领导干部认识缺位等瓶颈因素制约政府治理能力提升[2]，为此，应重视打造大数据施政平台，推进政府数据开放共享、加强智慧政府治理技术的研发与应用以及完善治理网络基础设施建设，推进智慧政府治理工作创新[3]。二是新型城镇化视角下的政府治理研究。新型城镇化战略的实施要求政府治理树立服务理念、构建多元共治，互惠共生模式[4]、促进治理工具创新、推动政府治理体制机制改革，发挥政府引导职能[5]。三是法治化视角下的政府治理研究。依法行政是推进政府治理能力提升的重要保障。新时代背景下，政府治理的多元主体结构、规则多元、过程交互、方式多样以及纠纷复合性对政府依法治理提出了新要求，无论是政府自身内部治理还是与多元主体之间的合作共治应以法治为根本保证。应积极推进政府自身职能定位

---

[1] 赵云辉等：《大数据发展、制度环境与政府治理效率》，《管理世界》2019年第11期。

[2] 高华丽、闫建：《政府大数据战略：政府治理实现的强力助推器》，《探索》2015年第1期。

[3] 张述存：《打造大数据施政平台 提升政府治理现代化水平》，《中国行政管理》2015年第10期。

[4] 张立荣、田恒一、姜庆志：《新型城镇化战略实施中的政府治理模式革新研究——基于共生理论的一项探索》，《中国行政管理》2016年第2期。

[5] 何源：《新型城镇化发展中的地方政府治理创新研究》，《财经问题研究》2017年第2期。

及其权力配置的法定化,建立政府权力清单制度[①];拓展行政主体类型并完善行政组织法,确保政府与其他治理主体进行有效对接与合作[②],完善行政程序制度、建立多元纠纷解决机制与强化权利救济等,以彰显政府治理的法治之道[③]。

梳理该阶段的研究热点不难发现,该阶段在继续完善和探索政府治理理论基础和治理模式的同时,重视政府治理能力和治理现代化相关问题的阐释、回应与测量,开始系统推进国家治理能力现代化进程中的政府治理自身理论建构问题,并尝试深化大数据和网络技术与政府治理理论的应用相结合,以解决政府治理能力提升过程中的实际问题。

二 治理能力的相关研究

国内学者有关治理能力的研究主要集中于治理能力内涵、国家治理能力、政府治理能力三个方面,部分学者对县级政府治理能力特别是县级政府某一方面的能力如公共服务能力等进行了探讨。

(一) 治理能力内涵研究

国内学者基于不同角度对"治理能力"的概念进行了探讨,并形成如下三种代表性观点。

一是从治理主体的角度定义治理能力。基于国家、政府、个人等多个角度,学者们提出了不同的看法。如,王浦劬认为国家治理能力是政治权利主体和公民权利主体运用国家制度体系,进行国家治理和参与治理的能力[④];辛向阳认为国家治理能力是国家统筹各个领域治理主体、处理各种主体关系,实现经济社会发展进步的水

---

① 田洋洋:《权力清单制度对政府治理能力现代化的功能研究》,《东南大学学报》(哲学社会科学版)2017年第S1期。
② 谭菊华:《现代社会治理与政府治理法治化融合互动机制研究》,《人民论坛》2019年第27期。
③ 石佑启、杨治坤:《中国政府治理的法治路径》,《中国社会科学》2018年第1期。
④ 王浦劬:《全面准确深入把握全面深化改革的总目标》,《中国高校社会科学》2014年第1期。

平与质量[1]；周伟等人认为地方治理能力是指由地方公共部门、社会组织、企业和社会志愿者等组成的网络治理主体，在提供公共服务、治理地方公共事务、实现公共利益等方面所具有的潜在的或现实的能量和力量[2]；徐邦友则进一步丰富了治理能力的概念，认为治理能力包括两个层面：一是指制度的确定力、执行力、拘束力、整合力和公信力；二是指治理体系中的各类主体（组织和个人）内在具有的知识学习能力、依法处置能力、局势把控能力、风险防范与化解能力以及创新求变能力等[3]。

二是从治理目标的角度定义治理能力。施雪华认为政府综合治理能力是指处于特定的历史、社会和自然环境中的政府，维护自己的政治统治，管理社会事务，服务大众需要，平衡社会矛盾，促进社会稳定发展的所有潜在的或现实的能量或力量的有机整体[4]；程同顺、邢西敬认为治理能力是指国家实现治理目标的实际能力[5]；古洪能认为，公共治理能力就是管理公共事务、解决公共问题、完成公共治理任务、实现公共治理目标的能力[6]。

三是从治理绩效的角度定义治理能力。胡鞍钢、魏星认为治理能力反映的是政府治理行为的水平和质量，是对政府治理模式稳定性、有效性和合法性的直观度量，较高的治理能力意味着政府对经济社会运行具有较强的调节能力[7]。

（二）国家治理能力研究

国内学者中，王绍光、胡鞍钢较早对"国家能力"进行了探

---

[1] 辛向阳：《推进国家治理体系和治理能力现代化的三个基本问题》，《理论探讨》2014年第2期。

[2] 周伟、练磊：《地方治理能力评价的价值取向》，《学术界》2014年第11期。

[3] 徐邦友：《推进国家治理体系和治理能力现代化的中国方案——基于制度理性的视角》，《治理研究》2020年第5期。

[4] 施雪华：《政府综合治理能力论》，《浙江社会科学》1995年第5期。

[5] 程同顺、邢西敬：《从政治系统论认识国家治理现代化》，《行政论坛》2017年第3期。

[6] 古洪能：《中国县域治理体系现代化研究》，中国社会科学出版社2020年版，第197页。

[7] 胡鞍钢、魏星：《治理能力与社会机会——基于世界治理指标的实证研究》，《河北学刊》2009年第1期。

讨，认为国家能力即国家将自己意志、目标转化为现实的能力，包括汲取能力、调控能力、强制能力和合法化能力①。中共十八届三中全会之后，"推进国家治理体系和治理能力现代化"成为党和国家重大战略任务。"如果说国家治理体系解决的是国家治理的制度性框架问题，国家治理能力则是为了解决如何切实发挥国家治理体系的独特功能问题"②，它既直接影响国家治理绩效，也间接影响国家综合国力。习近平总书记指出：国家治理能力是"运用国家制度管理社会各方面事务的能力，包括改革发展稳定、内政外交国防、治党治国治军等各个方面"③。俞可平通过分析治理与统治在权力主体、权力性质、权力来源、权力运行向度和作用范围五个方面的区别，将国家治理能力界定为"国家制度的执行能力"④；王浦劬认为，国家治理能力在政治分析意义上是政治权力主体和公民权利主体自身或者内化的多种主客观因素和变量构成的⑤；魏治勋认为，国家治理能力是国家通过自身制度构建打造强能力结构体系，并据此向社会输出其治理举措、达成治理目标的行动力⑥；辛向阳将国家治理能力视为国家统筹各个领域治理主体、处理各种主体关系，实现经济社会发展进步的水平与质量的能力⑦；李景鹏认为，国家治理能力则是指各个治理主体，特别是政府在治理活动中所显示出的活动质量⑧；丁志刚认为，国家治理能力是指国家宏观上统筹各

---

① 王绍光、胡鞍钢：《中国国家能力报告》，辽宁人民出版社1993年版，第6页。
② 郑言、李猛：《推进国家治理体系与国家治理能力现代化》，《吉林大学社会科学学报》2014年第2期。
③ 本报评论部：《把制度优势转化为治理效能——治理现代化的"中国智慧"》，《人民日报》2019年10月30日第5版。
④ 俞可平：《国家治理体系的内涵本质》，《理论导报》2014年第4期。
⑤ 王浦劬：《全面准确深入把握全面深化改革的总目标》，《中国高校社会科学》2014年第1期。
⑥ 魏治勋：《"善治"视野中的国家治理能力及其现代化》，《法学论坛》2014年第2期。
⑦ 辛向阳：《推进国家治理体系和治理能力现代化的三大路径》，《江西社会科学》2014年第2期。
⑧ 李景鹏：《关于推进国家治理体系和治理能力现代化——"四个现代化"之后的第五个"现代化"》，《天津社会科学》2014年第2期。

个领域治理，运用国家制度和法律管理社会各方面事务，使之相互协调、共同发展的能力①；汪仕凯认为，国家治理能力就是国家权力的实践状态及其结果②；刘建军认为，从严格的政治学角度来看，国家治理能力是指国家权力的实践状态③。

在国家治理能力的内容或要素构成上，学者们基于不同视角也给出了相应的诠释。薛澜认为，国家治理能力是国家为了实现其治理目标所需要的资源动员能力、资源配置能力和资源有效使用的能力，这里的资源既包括财力资源，也包括人力资源、信息资源等等④；戴长征认为，国家治理能力是指国家在管理经济、政治、社会、文化事务过程中，为实现国家治理的战略目标，分配社会利益并实现对社会生活的有效控制和调节的能量及其作用的总称，包括国家治理的合法化能力、规范化能力（形成统一意志）、一体化能力、危机响应和管控能力⑤；许耀桐等人认为，国家治理能力是指运用国家制度管理社会各方面事务的能力，涵盖行使公共权力、履行国家职能、制定公共政策、提供公共产品、分配社会资源、应对突发事件、维护社会稳定、建设和谐社会、促进社会发展、处理国际关系等各个方面的能力⑥；李抒望认为，国家治理能力是一个国家制度创新与战略管理、政策制定与执行、社会治理与秩序维护等各方面能力的整体体现，包括改革发展稳定、内政外交国防、治党治国治军等方面相互协调、共同发展的能力⑦；胡鞍钢认为，国家治理能力是国家实现国家治理目标的实际能力，是国家制度执行能力的集中体现，具体包括国家机构履职能力，人民群众依法管理国

---

① 丁志刚：《论国家治理能力及其现代化》，《上海行政学院学报》2015 年第 3 期。
② 汪仕凯：《政治体制的能力、民主集中制与中国国家治理》，《探索》2018 年第 4 期。
③ 刘建军：《体系与能力：国家治理现代化的二重维度》，《行政论坛》2020 年第 4 期。
④ 薛澜：《顶层设计与泥泞前行：中国国家治理现代化之路》，《公共管理学报》2014 年第 4 期。
⑤ 戴长征：《中国国家治理体系与治理能力建设初探》，《中国行政管理》2014 年第 1 期。
⑥ 许耀桐、刘祺：《当代中国国家治理体系分析》，《理论探索》2014 年第 1 期。
⑦ 李抒望：《正确认识和把握国家治理现代化》，《学习论坛》2014 年第 2 期。

家事务、经济社会文化事务、自身事务的能力，国家制度的建构和自我更新能力[1]。

(三) 政府治理能力研究

与国外一样，国内有关政府治理能力的研究同样承继于政府能力研究。早期国内学者主要围绕政府能力的内涵及相关问题展开讨论。"由于学科背景、认知兴趣、分析框架、参照系统和研究目的各不相同，学者们对于政府能力含义的理解不尽相同，甚至是相互矛盾的"[2]。其中，陈炳水认为政府能力是指为实现自己的职能，推动和促进社会经济、政治、文化的发展而进行各种行政活动所需要的本领[3]；金太军认为政府能力即政府履行行政职责和功能的程度[4]；施雪华认为政府能力是为完成政府职能规范的目标和任务，拥有一定的公共权力的政府组织所具有的维持本组织的稳定存在和发展，有效地治理社会的能量和力量的总和[5]；沈荣华将政府能力界定为制定政策和持续实行政策的能力[6]；陈国权认为政府能力是指政府在管理社会的过程中所实际拥有的能量和能力，是政府"能干什么"，"会干什么"[7]；王骚、王达梅认为政府能力是指政府有效地制定公共政策和执行公共政策，以解决社会公共问题，推动社会、经济、政治、文化良性发展的能力[8]。除此之外，其他与政府能力的相关研究主要集中于政府能力与政府职能、政府的有效性、社会能力和政府形象等方面[9]。

---

[1] 胡鞍钢：《中国国家治理现代化的特征与方向》，《国家行政学院学报》2014年第3期。
[2] 汪永成：《中国现代化进程中的政府能力——国内学术界关于政府能力研究的现状与展望》，《政治学研究》2001年第4期。
[3] 陈炳水：《政府能力初论》，《浙江社会科学》1998年第3期。
[4] 金太军：《政府职能与政府能力》，《中国行政管理》1998年第12期。
[5] 施雪华：《政府权能理论》，浙江人民出版社1998年版，第309页。
[6] 沈荣华：《关于转变政府职能的若干思考》，《政治学研究》1999年第4期。
[7] 陈国权：《论政府能力的有限性与政府机构改革》，《求索》1999年第4期。
[8] 王骚、王达梅：《公共政策视角下的政府能力建设》，《政治学研究》2006年第4期。
[9] 汪永成：《中国现代化进程中的政府能力——国内学术界关于政府能力研究的现状与展望》，《政治学研究》2001年第4期。

在政府能力与政府治理能力的关系问题上，有学者认为，在现代国家治理框架下，政府能力包括政府治理能力，政府治理能力是现代政府能力的核心组成部分[①]；政府治理能力是政府能力在时代背景下相对有所侧重、凸显时代特征的表述，强调政府管理与社会共治的合作与协调，是对传统政府的唯一角色和地位的反思，是以治理理念为基础对政府能力的深刻诠释和积极建构[②]。鉴于本书第二章将对政府治理能力概念进行详细梳理和阐释，在此不再赘述。

国内理论界针对地方政府治理能力的研究与我国改革开放后中央与地方关系、政府与市场关系、政府与社会关系等的调整密切相关。"自20世纪90年代开始，急剧的中国社会转型对地方政府能力的影响越来越直接，与此同时，随着中央与地方关系、政府与市场关系、政府与社会关系的不断调整，对地方政府治理能力提出了更高的要求。"[③] 伴随着分权化改革的不断推进，地方政府在区域经济和社会发展中的自主权日益提升，加之信息、人才、技术的流动性不断增强，地方政府逐渐成为区域化甚至全球化竞争的主体。因此，地方政府在各类竞争关系中的能力建设成为重要议题，引起理论界的高度关注。进入21世纪后，随着中共十八届三中全会召开，政府治理能力成为国家治理研究的重要议题，有关地方政府治理能力的研究也逐渐增多。

郭蕊、麻宝斌认为，"全球化在形塑多中心秩序格局的同时，也把地方政府推到了竞争与合作的前台。在日益激烈的竞争中谋求并维持优势地位，就必须转变传统的管理方式，不断强化合作治理能力。合作治理能力并不是一种单一的能力，而是一个包括系统思考、制度创新、公共服务、电子治理、沟通协调和危机应对等多种

[①] 陆喜元、丁志刚：《西部地区县级政府治理能力现代化——以H县为例》，社会科学文献出版社2020年版，第73页。

[②] 周伟、潘娅子：《整体性治理视阈下政府治理能力的逻辑结构解析》，《福建行政学院学报》2015年第5期。

[③] 林兴初：《地方政府治理能力现代化路径研究》，《行政与法》2015年第4期。

能力的综合能力体系"①；楼苏萍从目标、资源、管理工具三个维度揭示了传统政府能力概念向治理能力概念变化的逻辑，认为"目标识别与整合能力、资源整合能力、沟通协调能力与合作治理的控制能力成为地方治理中政府应当具备的治理能力的关键要素"②；龙献忠、谢彦欣以概念视角下地方政府治理能力传统与现代的对比为逻辑起点，将地方政府治理能力概括为"多元合作能力、制度创新能力、责任承担能力、电子治理能力和危机防控能力"③；邱志强基于我国国家治理体系的特定内涵，将地方政府治理能力细化为"协同治理能力、创新治理能力、依法治理能力、高效治理能力和危机治理能力"④；刘波等人立足社会治理创新背景，以网络化治理理论为切入点，将地方政府治理能力分解为"多元参与开启能力、协同网络运行能力、稳定合作保障能力"⑤。这些探讨角度各异、观点不一，为认知地方政府治理能力的关键要素提供了有益启示，特别是政府能力到政府治理能力转变的逻辑指明了地方政府治理能力建构的方向。

此外，不少学者通过建立治理能力评估框架，研究地方政府（治理）能力评估问题。其中，杜钢建将政府的制度性能力分为"依法行政能力、人力投资能力、宏观调控能力、市场规制能力"，并设计了包括"界定度、自主度、参与度、课责度、透明度、可预度、自由度和强硬度"在内的八个方面、五个等级的评估框架对政府规制能力进行了评估⑥；张钢、徐贤春等人在综合前人研究的基

---

① 郭蕊、麻宝斌：《全球化时代地方政府治理能力分析》，《长白学刊》2009年第4期。
② 楼苏萍：《地方治理的能力挑战：治理能力的分析框架及其关键要素》，《中国行政管理》2010年第9期。
③ 龙献忠、谢彦欣：《地方政府治理能力现代化：概念比较、要素定位与路径选择》，《河南社会科学》2015年第6期。
④ 邱志强：《多元治理+机制创新：地方政府治理能力提升的路径选择》，《江海学刊》2015年第6期。
⑤ 刘波、方奕华、盖小静：《社会治理创新对地方政府治理能力的新要求——基于困境儿童救助网络的实证研究》，《中国行政管理》2018年第6期。
⑥ 杜钢建：《政府能力建设与规制能力评估》，《政治学研究》2000年第2期。

础上，构建了政府能力的结构模型，建立了一套评估地方政府能力的指标体系，对长三角16个城市[①]和浙江省11个城市[②]的政府能力进行了评价分析；邹再进、张继良建构了由总体、准则和变量三层组成，包括"资源汲取力、资源配置力、资源整合力和资源运用力"四个一级指标和16个二级指标的评价指标体系，对我国地方政府能力进行了总体性评价[③]；周楠楠、赵敏娟通过对地方政府作为"谈判和执行"双重代理人能力的评估，详细阐述了地方政府在1978年至1982年农地制度变迁中发挥的关键性作用[④]；张立荣、李晓园根据政府提供公共服务过程对能力类型的需求，建构了由"规划、资源汲取、资源配置、执行和危机管理"等五种亚能力构成的县级政府公共服务能力的结构模型，并通过在湖北、江西两省进行的问卷调查所获数据展开了实证研究[⑤]；张正岩构建了一套以"经济发展、社会管理、政策执行、制度创新"四维一体的"县级政府公共服务评价模型"，旨在测评县级政府在经受不同因素影响下所表现出的公共服务能力[⑥]；吴旭红借鉴新制度主义理论、资源基础和资源动态理论提出制度、过程及其结果是评估地方政府治理能力的关键要素，在此基础上构建了地方政府治理能力评估框架[⑦]；唐天伟等人在分析地方政府治理现代化内涵和特征的基础上，分别

[①] 张钢、徐贤春、刘蕾：《长江三角洲16个城市政府能力的比较研究》，《管理世界》2004年第8期。

[②] 张钢、徐贤春：《地方政府能力的评价与规划——以浙江省11个城市为例》，《政治学研究》2005年第2期。

[③] 邹再进、张继良：《中国地方政府能力评价研究》，《云南财贸学院学报》2005年第5期。

[④] 周楠楠、赵敏娟：《1978—1982年农地制度变革中地方政府能力评估》，《经济问题探索》2007年第11期。

[⑤] 张立荣、李晓园：《县级政府公共服务能力结构的理论建构、实证检测及政策建议——基于湖北、江西两省的问卷调查与分析》，《中国行政管理》2010年第5期。

[⑥] 张正岩：《试论县级政府公共服务能力及其评价》，《浙江万里学院学报》2011年第4期。

[⑦] 吴旭红：《制度、过程与结果：地方政府治理能力评估的三维坐标》，《理论探讨》2017年第1期。

从治理体系与治理能力两个方面构建了包括行政体制、行政人员素质、经济治理、政治治理、社会治理、文化治理和生态文明治理等 7 个二级指标以及权力结构、学历结构等 21 个三级指标的地方政府治理现代化的测度指标体系[1]；李文彬、陈晓运主张使用战略性、信息化、多元化、多中心、就绪性和法治化等标准，采用客观评价和主观评价相结合的方法，对包括"价值塑造能力、资源集聚能力、网络构建能力、流程创新能力和问题回应能力"在内的政府治理能力进行评估[2]；李靖等人构建了包含 5 个一级指标、12 个二级指标以及 40 个三级指标的地方政府治理能力评价指标体系，以吉林省 2014—2016 年的面板数据为样本对吉林省政府治理能力进行了实证研究[3]。除以上外，人民论坛测评中心栾大鹏等人针对"县市"整体上的"治理能力"，构建了包含"基本保障能力、宏观调控能力、财政能力、基层自治能力"四个一级指标的"中国县市治理能力评价指标体系"，并对浙、粤、闽、豫、宁、琼、吉、苏等省区的"县市治理能力"进行了评价[4]；古洪能将公共治理能力分为动议能力、决策能力和执行能力，进而从三个维度对"县域治理能力"进行了描述性考察和检查[5]。

（四）县级政府治理能力研究

目前学者们针对县级政府治理能力的系统性研究相对较少，大家多从特定角度针对县级政府某种或某方面的具体能力展开研究，

---

[1] 唐天伟、曹清华、郑争文：《地方政府治理现代化的内涵、特征及其测度指标体系》，《中国行政管理》2014 年第 10 期。

[2] 李文彬、陈晓运：《政府治理能力现代化的评估框架》，《中国行政管理》2015 年第 5 期。

[3] 李靖、李春生、董伟玮：《我国地方政府治理能力评估及其优化——基于吉林省的实证研究》，《吉林大学社会科学学报》2020 年第 4 期。

[4] 栾大鹏、董惠敏、郭尧：《县域治理能力究竟取决于哪些因素？——对浙江省 58 个县（市）治理能力的测评及排名》，《国家治理》2014 年第 1 期。

[5] 古洪能：《中国县域治理体系现代化研究》，中国社会科学出版社 2020 年版，第 197—214 页。

涉及县级政府的公共服务能力[①]、社会治理能力[②]、生态治理能力[③]、应急治理能力[④]等。而少数有关县级政府治理能力的研究也是始于对县级政府能力的讨论。概括而言，学者们主要基于以下六个角度对县级政府（治理）能力展开探讨。

一是基于功能作用角度的研究。周平最早对县级政府能力展开系统化研究，他认为，"县级政府能力是县级政府的一种功能性力量，是指县级政府运用权力、履行职能，应对环境挑战，解决面临问题的能力"[⑤]，在此基础上，他进一步提出"县级政府能力是县级政府维持自身存在和治理县域社会过程中体现出来的力量的总和，是县级政府应对环境挑战，实现对县域社会进行有效治理的本领，包括县级政府对自身的管理能力和对县域社会的治理能力"[⑥]；张菊梅、吴克昌认为"县级政府能力是指县级政府在特定的社会环境下，通过科学地整合、运用各种社会资源和管理工具，履行自身职能，有效地管理县域经济社会、实现公共管理目标的本领和力量"[⑦]；丁志刚和陆喜元认为，"县级政府治理能力是县级政府满足县域公共物品需求的能力集合，主要体现为履行职能的能力和转变职能的能力，而县级政府治理能力现代化是重塑县级政府和重构县

[①] 李晓园：《当代中国县级政府公共服务能力及其影响因素的实证研究——基于鄂赣两省的调查与分析》，中国社会科学出版社2010年版。

[②] 郑志龙、刘潇阳：《县级政府社会治理能力的制约因素与提升路径——基于河南省四县的调查与思考》，《中州学刊》2018年第6期；刘潇阳：《县级政府社会治理能力评估研究——以H省6县为例》，博士学位论文，郑州大学，2018年；郑志龙、侯帅：《县级政府社会治理能力的测量模型建构》，《中国行政管理》2020年第8期；申丽娟：《西部县级政府社会治理能力建设研究》，中国社会出版社2020年版。

[③] 张艺华：《县级政府生态治理能力现代化：现实依据、发展障碍及其实现路径》，《南昌航空大学学报》（社会科学版）2016年第2期。

[④] 张光雄、邓博：《社会主要矛盾转化视野下地方政府应急治理能力研究》，《广西大学学报》（哲学社会科学版）2018年第3期。

[⑤] 周平：《县级政府能力的构成和评估》，《云南行政学院学报》2002年第5期。

[⑥] 周平：《县级政府能力研究》，《云南行政学院学报》2007年第2期。

[⑦] 张菊梅、吴克昌：《滞后与重构：社会转型冲击下的县级政府能力》，《广东行政学院学报》2011年第2期。

域'政府—市场—社会'关系的能力"①。

二是基于财政角度的研究。王敬尧试图建立一个从财政能力入手分析政府治理能力的框架，认为"县级财政的重要职能之一就是为民众提供公共服务，县级政府治理能力主要表现为服务能力，而服务能力以财政能力为基础，可以通过县级政府财政来源、支出结构、财政能力、服务能力及其管理和应急反应能力来分析县级政府的治理能力"②。

三是基于政府层级角度的研究。欧阳静认为"相对于国家治理能力而言，以县域政府为主体的基层治理能力更强调处理具体公共政策、公共事务的执行能力和回应能力。县域政府至少要具备以下三方面的治理能力，即政策执行能力、回应和满足公共治理需求的能力以及实现公共秩序的能力"③；杨茂林则认为，"具体到县一级，政治能力的核心是县级政府能力，即制定与实施公共政策的能力、配置资源的能力、维护制度秩序的能力等"④。

四是基于城镇化角度的研究。张帅、彭清萍指出，"基于新型城镇化的目标和任务，发展型县级政府所具备的治理能力应包括领导能力、以财政为核心的资源整合能力、协作能力、回应能力、公共服务能力"⑤；纪晓岚、曾莉基于城镇化视角认为"县级政府能力是指县级政府运用权力、将其职能目标转化为现实的能量和力量，其主要包括县级政府的生存能力和发展能力"⑥。

五是基于西部地区角度的研究。周平认为西部县级政府能力主

---

① 丁志刚、陆喜元：《论县级政府治理能力现代化》，《甘肃社会科学》2016年第4期。
② 王敬尧：《县级治理能力的制度基础：一个分析框架的尝试》，《政治学研究》2009年第3期。
③ 欧阳静：《县级政府研究的路径分析》，《天津行政学院学报》2015年第3期。
④ 杨茂林：《以公共服务为中心推进县政建设——从"省直管县"的视阈谈起》，《中国行政管理》2010年第5期。
⑤ 张帅、彭清萍：《论我国新型城镇化背景下发展型县级政府治理能力》，《青岛农业大学学报》（社会科学版）2014年第2期。
⑥ 纪晓岚、曾莉：《城镇化进程中的县级政府能力建构：解读、困境与方向》，《经济社会体制比较》2014年第3期。

要包括发展规划能力、制度创新能力、资源配置能力、市场规制能力、提供公共物品的能力、组织协调能力、社会控制能力等七个方面[①]；屠飞鹏以西部贫困地区县级政府治理能力为研究对象，通过对西部贫困地区贫困的现状和原因的梳理，分析西部贫困地区县级政府治理能力在解决贫困问题、促进经济社会发展中的作用，考察西部贫困地区贫困县级政府治理能力存在的问题进而提出了相关对策建议[②]；陆喜元、丁志刚立足经济治理、政治治理、文化治理、社会治理和生态治理五个维度，结合西部地区县域实际，构建了一套针对西部地区的包括 5 个一级指标和 21 个二级指标在内的县级政府治理能力现代化评估体系，并以 H 县为样本展开评价，进而提出推进 H 县政府治理现代化的相关对策建议[③]。

六是基于民族地区角度的研究。纳麒、张劲松认为"民族地区县级政府能力是指民族地区拥有一定社会公共权力的县级政府，为消除民族地区县域社会的发展差距，通过承担政府职能的目标和任务，采取制定政策和组织动员的方式，贯彻自己的意志，有效治理县域社会所具有的能量和力量的总和"[④]；同样针对民族地区县级政府，秦位强、秦海蓉则认为，"政府的能力总体上由两个部分构成：一是政府内部能力，即政府的自身治理和自我优化的能力；二是政府外部能力，即政府对社会的治理和服务能力"[⑤]。

三 治理现代化相关研究

治理现代化是现代化的重要内容和维度，现有研究关于治理现代化的讨论集中体现在国家治理现代化上，学者们基本上都认同国

[①] 周平：《西部地区县级政府能力分析》，《思想战线》2002 年第 2 期。
[②] 屠飞鹏：《西部贫困地区县级政府治理能力研究》，博士学位论文，吉林大学，2012 年。
[③] 陆喜元、丁志刚：《西部地区县级政府治理能力现代化——以 H 县为例》，社会科学文献出版社 2020 年版。
[④] 纳麒、张劲松：《民族地区县级政府能力的内涵及建构》，《云南民族大学学报》（哲学社会科学版）2004 年第 5 期。
[⑤] 秦位强、秦海蓉：《民族地区县级政府能力建设刍议》，《前沿》2010 年第 17 期。

家治理现代化是"国家治理体系和治理能力现代化"的简约化表述,但在"什么是国家治理现代化"以及"如何推进国家治理现代化"两个有内在关联的问题上尚未达成共识,其中有代表性的观点有以下六种。

一是认为国家治理现代化就是从传统式国家治理向现代式国家治理转变。包心鉴认为,应当从传统式国家治理与现代式国家治理的区别来把握国家治理现代化的具体内涵,而传统式国家治理的主要特征是在一元化社会结构和指令性计划经济的基础上,以控制型管理为模式,以单一的国家和政府力量为行为主体,以强化国家和政府机构的统治能力为目标指向的国家治理,国家治理现代化就是指从传统式国家治理向现代式国家治理转变①;宋宇文、刘旺洪指出,国家治理现代化要求过度集中的政府职能由体制内向体制外转移部分职能②;张晓峰认为,必须通过建立和完善行政法律规范体系,合理规范权力运行,建设善治意义上的治理服务型法治政府,加速向现代国家转型③。

二是认为国家治理现代化就是政治现代化。徐琳、谷世飞认为,国家治理现代化其实质是我国政治现代化,是推动中国特色社会主义制度发展和完善的关键举措,是中国社会现代转型的重要内容④;胡伟认为,国家治理现代化就是从前现代国家和社会向现代国家和社会的转型,即建构政治现代性和实现政治现代化,这个过程包括建立现代意义上的官僚制和代议制,其核心内容是实现现代意义上的法治与民主⑤;轩传树也认为立足中国具体国情,中国的

---

① 包心鉴:《国家治理现代化对执政党建设的新要求》,《中国浦东干部学院学报》2014年第5期。
② 宋宇文、刘旺洪:《国家治理现代化进程中政府职能转移的本质、方式与路径》,《学术研究》2016年第2期。
③ 张晓峰:《依法推进政府职能转变与国家治理现代化》,《上海行政学院学报》2016年第1期。
④ 徐琳、谷世飞:《公民参与视角下的中国国家治理能力现代化》,《新疆师范大学学报》(哲学社会科学版)2014年第4期。
⑤ 胡伟:《如何推进我国的国家治理现代化》,《探索与争鸣》2014年第7期。

国家治理现代化实际上就是中国特色的政治现代化,其核心内容是政府治理的现代化与党内治理的现代化,即执政方式的现代化[1]。

三是认为国家治理现代化就是制度现代化。郭强认为,我国国家治理现代化的核心就是中国特色社会主义制度的现代化,而中国特色社会主义制度现代化的核心要素是民主化、法治化和网络化[2];吴玉敏也认为,国家治理现代化的本质内涵是制度体系的合理性、科学性和系统性,以及落实制度的规范性、有效性和人本性的相互统一[3];易承志认为,国家治理体系现代化在本质上是国家治理的制度化,有效制度供给是国家治理体系现代化的内在要求,也是决定国家治理体系现代化的关键变量[4];江必新认为,国家治理现代化的实质就是制度现代化,即不断增强制度的科学性、规范性、有效性、系统性、整体性、协调性、有机性等,使制度顺应乃至引领整个国家和社会的现代化发展步伐[5];孙肖远认为,国家治理现代化的核心是制度的现代化,国家治理现代化把我国的现代化从'器物'层面提升到制度层面[6];浦兴祖认为国家治理现代化就是指制度现代化[7]。

四是认为国家治理现代化就是将现代治理手段运用到国家治理中。何增科认为,国家治理的现代化是指国家政体不变的情况下,或者说维持特定的国家政体基本制度框架不变的前提下,将现代政治和现代行政的诸多技术、程序和机制引入国家治理结构、过程和

---

[1] 轩传树:《互联网时代下的中国国家治理现代化:实质、条件与路径》,《当代世界与社会主义》2014年第3期。

[2] 郭强:《关于国家治理现代化若干问题的思考》,《科学社会主义》2014年第1期。

[3] 吴玉敏:《演进与深厚:从"四个现代化"到国家治理现代化》,《人民论坛》2014年第19期。

[4] 易承志:《国家治理体系现代化制度供给的理论基础与实践路径》,《南京师大学报》(社会科学版)2017年第1期。

[5] 江必新:《开启中国特色社会主义制度现代化新征程》,《中南大学学报》(社会科学版)2018年第1期。

[6] 孙肖远:《国家治理现代化的中国逻辑》,《江海学刊》2019年第4期。

[7] 浦兴祖:《人大制度优势与国家治理效能》,《探索与争鸣》2019年第12期。

行为中去,特别是引入立法和公共决策等过程中去,使国家治理的理念、模式、方式、工具、技术现代化,提高国家治理的质量,同时实现国家治理主体的现代化包括组织机构的现代化和人的现代化[1]。燕继荣认为,国家治理现代化是通过市场化、法治化、民主化、信息化、网络化等现代的方式和手段完成"两个百年"目标[2]。

五是认为国家治理现代化就是要使国家治理适应现代社会的要求。李景鹏认为,国家治理现代化就是要使国家治理的体系和国家治理的能力适应现代社会发展水平的基本要求,以及市场经济、民主政治、法治社会自身成长、现代文化发展和生态社会发展的要求[3];虞崇胜也认为,国家治理现代化主要是指国家治理体系和国家治理能力适应现代社会发展要求的进化过程[4];李建则指出,国家治理现代化不仅要求形成满足现实社会发展的现代化国家治理手段,而且要求构建具备完整制度安排的协调组织体系和灵活运转的社会矛盾解决机制,是一套完整的推动我国传统社会向现代社会转型的国家治理制度体系[5];季燕霞认为,国家治理现代化就是指通过国家运行机制及管理模式的调整、改革和完善,使家和社会的发展更好地与"现代化"相契合,更好地体现权利、义务、契约、平等、制衡等现代政治规范[6]。

六是认为国家治理现代化就是要形成多元主体间的协同治理模式。薛澜、李宇环认为,国家治理现代化是指从传统国家向现代国家转变过程中,多元主体共同自觉规范权力运行和维护社会公共秩

---

[1] 何增科:《国家治理现代化的维度与面向》,《人民论坛》2014年第18期。
[2] 燕继荣:《中国国家治理现代化:理论建构与实践创新方向》,《国家治理》2017年第7期。
[3] 李景鹏:《关于推进国家治理体系和治理能力现代化——"四个现代化"之后的第五个"现代化"》,《天津社会科学》2014年第2期。
[4] 虞崇胜:《科学确立中国国家治理现代化的衡量标准》,《中州学刊》2014年第10期。
[5] 李建:《国家治理现代化内涵阐释与现实考量》,《重庆社会科学》2017年第1期。
[6] 季燕霞:《论当代中国制度治理的效能发挥》,《中州学刊》2020年第11期。

序而形成和建构的一套制度规则、治理工具及执行能力[1]；俞可平指出，国家治理现代化从某种意义上就是指国家治理的理想状态，即善治，其最突出的特征就是指国家、市场和社会三者的相互关系处于最佳的状态，政府、企业和公民对社会性事务和政治性事务进行协同性治理[2]；王岩等人认为，协商治理所秉承的理念、所遵循的原则、所运用的理论、所形成的制度、所坚持的路径以及所追求的目标等等，必然铸就为实现国家治理体系和治理能力现代化的重要方略，必将在中国特色社会主义的伟大实践中推动国家治理现代化的实现[3]；高奇琦认为，国家治理现代化是指国家作为治理的整体性单元，促使政府、经济、社会等多元主体通过协商和对话等制度性形式，实现公共目标和推进公共利益的整体性活动[4]。

第三节 已有研究评析

综上所述，国内外有关治理能力的相关研究成果颇丰，具有较高学术价值，为认识和分析县级政府治理能力现代化问题奠定了重要基础，提供了有益启示。不过，现有研究也存在一定不足或缺憾，为本研究留下了空间。

一 国外研究评析

如前所述，国外学者的相关研究起步相对较早，专家学者们围绕治理及相关问题展开了积极研究和热烈探讨，产出了一系列研究成果。总体来看，国外研究具有如下三个特点。

一是具有先进性、综合性和应用性。政府改革运动在西方发达

---

[1] 薛澜、李宇环：《走向国家治理现代化的政府职能转变：系统思维与改革取向》，《政治学研究》2014 年第 5 期。

[2] 俞可平：《走向国家治理现代化——论中国改革开放后的国家、市场与社会关系》，《当代世界》2014 年第 10 期。

[3] 王岩、魏崇辉：《协商治理的中国逻辑》，《中国社会科学》2016 年第 7 期。

[4] 高奇琦：《智能革命与国家治理现代化初探》，《中国社会科学》2020 年第 7 期。

国家较早开展，促使一系列治理理论在西方国家率先诞生，为政府治理能力研究奠定了较好的理论基础。同时，国外研究相对经历了更长的发展过程，研究对象从中央政府到地方政府，研究方法从定性研究为主到定性与定量方法相结合，研究视角从基于政治学、公共管理学等单一视角到开展跨学科交叉研究，研究内容从注重理论概念分析到侧重建立指标体系、展开实证检验，从关注治理能力的内涵、要素和结构框架到针对政府、市场和社会多元主体关系的探讨，具有明显的综合性特征。此外，国外学者研究与政府治理实践有良好互动，相关理论直接影响甚至指导西方国家改革实践，应用性突出。

二是注重理论构建和实证研究。多样化的研究视角和复杂化的社会变迁促使国外学者建构了整体性治理理论、网络化治理理论、数字治理理论等一系列治理理论，形成了庞杂的治理理论丛林，同时对治理内涵和本质的理解如强调主体多元、互动合作等成为大家的基本共识，这为包括本研究在内的治理研究的展开奠定了理论基础；另外，治理理论的兴起和发展与市场失灵、政府失灵以及新公共管理运动等密切相关，政府面临的效率低下和职能异化等现实问题呼唤并推动治理理论的发展完善，治理理论的成熟又反过来指导和促进政府治理问题的不断解决，因此基于现实问题的实证研究成为国外研究的一个鲜明特点。

三是理论和经验具有局限性。尽管国外研究具有先进性、综合性和应用性，并形成了体系庞杂、分支众多的治理理论，但这些研究大多基于西方发达国家的治理实践和具体问题，具有较为典型的西方特征，且不可避免地带有西方的价值观色彩。加之治理理论并非万能，治理也存在失灵的可能。因此，西方的治理理论和治理经验尽管于我国有一定启示意义，但这种基于西方语境的理论和经验不能简单移植到我国公共管理实践中。实际上，由于中西方文化、历史传统和现实国情的差异，需要充分注意治理理论运用于中国的局限性和解释力。

二 国内研究评析

与国外研究相比,国内治理理论研究尽管起步相对较晚,却发展迅速,同样取得了丰硕成果,并呈现出如下趋势和特点:一是在研究方法上已开始重视定性研究与定量研究的结合、规范研究与实证研究的结合、描述性分析与解释性分析的结合;二是在政府治理能力研究过程中逐步转向多研究视角分析和跨学科交叉研究,更加注重以时代发展和大数据等热点为背景对政府治理能力展开讨论;三是重视从治理实践中寻找治理理论的生长点和延伸性,在吸收国外治理理论研究成果的基础上更加注重理论工具和逻辑框架的本土适应性。但就县级政府治理能力现代化这一命题而言,现有研究尚有缺憾,为本研究留下了空间。

一是理论阐释针对性不强。目前学者们对国家治理能力特别是政府治理能力的一般性探讨较多,但针对县级政府治理能力现代化的切题性研究较少,且现有研究多倾向于对县级政府某一方面能力如公共服务能力等进行探讨,在县级政府治理能力的基本概念、要素构成、影响因素等方面或未形成统一的总体性阐释,或鲜少论及。而学者们对于国外相对成熟的治理理论和框架的引入和运用,固然一定程度上为国内县级政府治理能力研究提供了理论依据、拓宽了研究视野,但尚未形成系统性的概念范畴和理论框架来对县级政府治理能力现代化进行解释,更未能基于本土经验进行理论凝练和范式转换。

二是整体性研究视角不足。县级政府治理能力现代化不是孤立进行的,而是在特定的政治、经济、社会和文化环境中展开的。因此,需将县级政府治理能力现代化置于国家治理现代化视域下,立足县级政府与县级政府治理环境的互动关系进行系统性、整体性研究。然而现有研究存在着重部分轻整体的现象,从某一角度对县级政府某种具体能力如社会治理能力、生态治理能力、绿色治理能力、应急治理能力和公共服务能力等进行探讨的较多,基于城镇化等某一特定视角或针对西部地区、民族地区等某一特定地区的县级政府展开探讨的较多,但对于包含政治、经济、社会、文化等因素在内的系统性、整体性研究相对较少。

三是能力现代化研究不够。尽管近十年来学界有关治理能力现代化的成果不断涌现,但其中相当一部分成果属于对国家治理能力现代化方面的宏观性描述和解释性阐释。而目前有关政府治理能力的研究又是聚焦于"能力"的多,聚焦于"能力现代化"的少,相关研究或是着重探讨政府治理能力构成及其提升路径,或是注重建构指标展开能力评价。尽管这些研究很有必要,但我国作为单一制国家,县级政府治理能力现代化需要立足中央宏观政策和县级政府微观治理实际,从治理实践出发准确把握县级政府治理能力现代化的现实进展和重点内容,从治理环境出发科学剖析影响县级政府治理现代化的关键性因素。

第二章

县级政府治理能力现代化：理论阐释

"政府治理能力"是随着治理理论兴起逐渐取代"政府能力"被广泛使用的一个概念。本章立足现有研究，在阐释"政府治理能力"和"县级政府治理能力"两个概念的基础上，对"县级政府治理能力现代化"这一概念进行界定，并梳理县级政府治理能力现代化的指导思想、理论依据和理论工具，进而搭建分析框架，为后文的展开奠定认识前提和分析依据。

第一节 基本概念

概念是分析问题的逻辑起点，"概念引导我们进行研究"[1]。鉴于此，同时为了明晰研究指向和研究范围，有必要对"政府治理能力""县级政府治理能力"以及"县级政府治理能力现代化"三个核心概念进行阐释和界定。

一 政府治理能力

所谓能力，根据《当代汉语词典》的解释，是指"从事某项

---

[1] ［奥］维特根斯坦：《哲学研究》，韩林合译，商务印书馆2013年版，第252页。

工作的主观条件"[1]；《辞海》则将其定义为"成功地完成某种活动所必需的个性心理特征"[2]。英语中，capacity 与 capability 都可用来表示能力，Tom Franks 曾对两者内涵进行了区分，认为 capacity 是指个人或组织在实践中履行责任的整体才能，capability 多指个人或组织的知识、技能、态度以及他们承担被分配的职责的能力[3]。实际上，在不同的情境中，人们对于能力理解的侧重点不尽相同。如 Honadle 强调过程性，认为能力即预测和影响变化、做出明智决策、制定方案、落实政策、吸引和吸纳资源、管理资源、评估当前的活动以指导今后的行动[4]；Amit 等人强调能力与资源的关系，认为能力可以随着组织资源间的复杂作用而发展[5]；Prahalad 等人认为组织就是一个能力体系或能力的集合，组织能力决定组织的竞争优势[6]。由此可见，对于能力的具体内涵，需要在不同的语境和背景下具体分析。

政府治理能力承继发展于政府能力，"具有政府能力的一般性特征，明显区别于政府管理能力，是政府能力在治理时代背景下相对有所侧重、突出时代特征的表述"[7]。正如英国学者杰瑞·斯托克所指出的，"公共管理向治理视角的转变反映了治理所处的情境在很多国家发生了变化"[8]；相应地，政府的运作方式以及履行功能与

---

[1] 《当代汉语词典》编委会编：《当代汉语词典》，中华书局 2009 年版，第 1063 页。

[2] 《辞海》编辑委员会编：《辞海（上）》，上海辞书出版社 1989 年版，第 1270 页。

[3] Franks, T., "Capacity Building and Institutional Development: Reflections on Water", *Public Administration and Development*, Vol. 19, No. 1, 1999, p. 52.

[4] Honadle, B. W., "A Capacity-building Framework: A Search for Concept and Purpose", *Public Administration Review*, Vol. 41, No. 5, 1981, p. 577.

[5] Amit, R. & Schoemaker, P. J. H., "Strategic Assets and Organizational Rent", *Strategic Management Journal*, Vol. 14, No. 1, 1993, pp. 33–46.

[6] Prahalad, C. K. & Hamel, G., "The Core Competence of the Corporation", *Harvard Business Review*, Vol. 68, No. 3, 1990, pp. 79–91.

[7] 卢珂、刘丹、李国敏：《城市生态可持续发展中的政府治理能力提升研究》，《生态经济》2016 年第 10 期。

[8] [英]杰瑞·斯托克：《地方治理研究：范式、理论与启示》，楼苏萍译，郁建兴校，《浙江大学学报》（人文社会科学版）2007 年第 2 期。

任务的能力框架也要随之发生变化。因此，越来越多的学者用"政府治理能力"的概念来取代"政府能力"。随着中共十八届三中全会召开，政府治理能力及其现代化成为国家治理研究的重要议题，相关研究明显增多[①]。从文献梳理结果来看，对于政府治理能力，我国学者主要有如下四种理解和界定。

一是将政府治理能力理解为多中心治理体系中政府的合作共治能力。随着治理理论兴起，政府治理能力作为一个新概念多用于研究政府在"多中心"治理体系中的能力和作用[②]。从这个角度出发，一些学者对政府治理能力展开讨论。如陈文权认为，政府治理能力是政府在一个"多中心"的网络体系中，与社会组织、私人部门、非营利组织、行业协会、社会公众等共同治理公共事务的能力[③]；卢珂等人则认为，政府治理能力是在"多中心"治理时代，政府采取科学有效的方法治理国家事务和社会公共事务，运用权力引导、规范公民活动，最大可能地实现资源整合、优化配置、增进公共利益、提供公共服务，最终达到"善治"境界所具有的能量和力量。[④]

二是将政府治理能力理解为政府治理公共事务的能力。如易学志认为，政府治理能力是政府治理国家事务和社会公共事务所具有的能量和力量，而且这种治理所要达到的境界是善治[⑤]；崔翔等人认为，政府治理能力是政府有效地履行职能，提供公共产品和管理

[①] 何水、郑晓莹：《国内政府治理研究热点与趋势可视化分析》，《行政论坛》2020年第2期。

[②] 刘广磊、任泽伟：《关于政府治理能力的研究评述》，《中共乐山市委党校学报》2011年第5期。

[③] 陈文权：《政务微博的崛起对提升地方政府治理能力的影响与对策探讨》，《云南行政学院学报》2015年第1期。

[④] 卢珂、刘丹、李国敏：《城市生态可持续发展中的政府治理能力提升研究》，《生态经济》2016年第10期。

[⑤] 易学志：《善治视野下政府治理能力基本要素探析》，《辽宁行政学院学报》2009年第4期。

公共事务的能力[1];吴国玖等人认为,政府治理能力是政府在多元化时代体系中,依法治理公共事务的能量和力量的综合[2];伍俊斌认为,政府治理能力主要指政府处理国家公共事务和进行社会公共管理的能力[3]。

三是将政府治理能力理解为政府实现治理目标的能力。如谢来位认为,政府治理能力是政府科学制定并有效执行公共政策,将公民的共同意志、上级政府的要求和本级政府的意志、目标转化为现实,有效地适应并不断改变自身生存环境,从而创造更好的生存与发展条件,实现公共利益最大化的能力[4];邓集文认为,政府治理能力是指为了完成政府职能规定的目标和任务,拥有一定的公共权力的政府组织所具有的维持本组织的稳定存在和发展,并有效地进行治理的能量和力量的总和[5];徐勇立足大数据视野,认为政府治理能力是指政府部门借助于大数据,创新行政方式,整合、统筹各方资源,有效实现政府管理目标的各项能力[6]。

四是将政府治理能力理解为体制机制的贯彻落实能力。如王浦劬认为,政府治理能力是政府把中国特色社会主义制度优势转化为政府治理效能的能力,是政府改革、完善、创新、落实和执行政府管理体制机制的能力[7];林阿妙认为,政府治理能力是指在实践中贯彻落实治理体系中各种体制机制的能力和水平,它是实现政府有

---

[1] 崔翔、张丹竹:《政体开放、政府能力和社会资源——中国集体维权行动产生之可能性分析》,《理论导刊》2013年第2期。

[2] 吴国玖、金世斌、甘继勇:《政务热线:提升城市政府治理能力的有力杠杆——以南京市"12345"政府公共服务平台为例》,《现代城市研究》2014年第7期。

[3] 伍俊斌:《网络政治参与的内涵、价值与限度分析》,《黑龙江社会科学》2015年第1期。

[4] 谢来位:《目标与制约:优化行政区划相关要素析论》,《理论导刊》2015年第6期。

[5] 邓集文:《政府嵌入与社会增能:包容性治理实现的双重路径》,《郑州大学学报》(哲学社会科学版)2020年第6期。

[6] 徐勇:《大数据视野下政府治理能力构建研究》,《中共天津市委党校学报》2019年第4期。

[7] 王浦劬:《论新时期深化行政体制改革的基本特点》,《中国行政管理》2014年第2期。

效治理的关键①；陈朋则认为政府治理能力主要指政府的调控能力、合法化能力及强制能力，或者说渗透性权力和强制性权力②。

综合政府治理能力概念的兴起背景以及学者们对其概念的阐释，笔者认为，政府治理能力是指政府在一定的治理环境下立足自身职能定位，作为治理核心协同其他主体共同治理公共事务，回应民众需求，促进经济社会发展，实现公共治理目标的能力。当然，政府履行职责、完成任务的过程也是政府不断发挥制度优势并将其转化为治理效能的过程。相较于政府能力，理解政府治理能力需要注意以下三点：

第一，政府治理能力受到政府内外多种因素的影响。政府治理能力的高低，不仅取决于政府本身所占有资源的多少，还受其所处的治理环境包括政治环境、经济环境、社会环境、文化环境以及政府自身治理理念、治理结构、治理机制、治理文化等多种因素的影响。由此，政府治理能力并非恒定不变，而是会受这些因素影响随着时间的推移发生变化。

第二，政府治理能力的内涵相对政府能力更为丰富。在公共事务治理活动中，政府并非唯一治理主体，社会组织、企业、公民个体也在其中发挥作用，各个治理主体的能力与互动关系及其构成的治理结构也会影响政府治理能力的大小和发挥。

第三，政府治理能力与政府治理绩效密切相关。尽管政府治理能力与政府治理绩效是两个不同的概念，但政府治理绩效是政府治理能力运用和发挥的结果。换言之，政府治理绩效高低直接由政府治理能力大小及其发挥情况所决定，在一定程度上是政府治理能力的"外显"。如果说政府治理能力通常反映的是政府"能做什么""会做什么"，那么这其中既包括实践中展现出的政府治理绩效，也

---

① 林阿妙：《政府绩效管理创新与治理能力提升的契合性——基于地方政府的视角》，《经济问题》2015 年第 11 期。

② 陈朋：《大数据时代政府治理何以转型》，《中共中央党校（国家行政学院）学报》2019 年第 6 期。

包括潜在的解决问题的才能①。

二 县级政府治理能力

政府是一个国家政权体系中依法享有行政权力的组织体系和社会公共权力的代表。从广义上来说，政府可泛指包括立法机关、行政机关、监察机关和司法机关在内的各类公共权力机关；从狭义上来说，政府仅指国家政权机构中的行政机关。对县级政府而言，广义上指县级政权中的各类公共权力机关，包括中国共产党县级委员会、县级人民代表大会、县级人民政府、县级人民政协、县级监察委员会、县级人民法院和县级人民检察院；狭义上仅指县级行政机关即县级人民政府。本研究中的县级政府主要从狭义上理解。就此而言，县级政府是指管理一个县级行政区域事务的县级行政机关的总称，是省级政府或地市级政府与乡镇政府联系的中间环节，县级行政区域是整个国民经济和社会发展的基础行政区域。县级政府在当今我国"中央—省—市—县—乡"五级行政管理体系中具有特殊地位。由于县以下设有乡镇，县级市或市辖区以下设有街道办事处，就此而言，县级政府似乎不能被简单定义为基层政府。但从结构和功能的角度来看，县以下的政府单位都不具备完整的功能与结构，因此，县级政府可以说是我国当前行政层级中具有完整结构和功能的一级基层政府②。从行政体制和县级政府的地位来看，县级政府既是县级国家行政机关，又是县级国家权力机关的执行机关，在其履行职能的过程中，既要对上级政府负责并受中央人民政府即国务院统一领导，又要对县级人民代表大会及其常委会负责并报告工作。

县级政府直面公众，连接城市与乡村、政权与民众。作为县域内行使行政权力的专门化组织，县级政府既是国家政策方针的具体

---

① 刘潇阳：《县级政府社会治理能力评估研究——以H省6县为例》，博士学位论文，郑州大学，2018年，第19页。

② 周平：《县级政府能力研究》，《云南行政学院学报》2007年第2期。

实施者，也是县域社会发展的组织者，需要根据现实环境与自身职能定位对所管辖区域释放治理活力，将社会资源禀赋转化为实际发展动力，进而实现治理目标。由此可以说，县级政府治理能力决定了县域治理的有效程度。结合前述政府治理能力的定义，本研究将县级政府治理能力界定为：县级政府在一定的治理环境下，根据治理时代党和中央政府的价值导向，立足自身职能定位，作为治理核心协同县域其他公共事务治理主体，运用治理工具，整合治理资源，回应县域民众需求，推动县域高质量发展的能力。理解这一定义需要注意以下三点：

第一，县级政府治理能力与县级政府所处治理环境密切相关。行政生态理论表明，行政系统与行政环境之间相互依赖、相互影响。县级政府作为社会系统中的子系统，需要从外界环境中获取必要的资源，同时对环境的变化做出回应，保持动态平衡。相应地，县级政府治理能力及其现代化进程不仅会受到县级政府治理理念、治理资源、治理结构、治理机制等因素的影响，还会受到其所处的政治环境、经济环境、社会环境、文化环境等外部治理环境的影响。外部环境有利，则能够加快县级政府治理能力现代化进程并有助于县级政府治理能力释放，反之则会对县级政府治理能力的发挥及其现代化进程产生不利影响。

第二，县级政府治理能力与县级政府职能密不可分。县级政府职能实际履行状况是观察、透视和衡量县级政府治理能力的重要窗口。尽管在法定意义上，县级政府职能的范围是确定的，但面对行政环境的变迁，为回应社会需求，县级政府职能的具体内容特别是履行职能的方式会有所变化。从社会系统角度来说，县级政府作为行政系统中的子系统，其职能体现了其在社会系统中所扮演的角色和发挥的作用。县级政府职能体系的优化和职能关系的清晰化，能够促使社会资源更加集中和合理地投入到公共事业的发展中，彰显县级政府治理能力。同时，县级政府治理能力建设的方向和目标也直接影响县级政府职能的履行与实现。新时代我国县级政府以贯彻落实中央决策部署,推动县域高质量发展,不断满足县域内人民群众日益增长的美好生活需要为根本治理目标,县级政府职能履行也有了新内容和新要求。

第三,县级政府治理能力是现实力量与潜在力量的统一。如前所述,政府治理绩效是政府治理能力的外显,是政府治理能力的直接结果和直观反映。通过县级政府治理绩效,可以透视县级政府在当前情境下与社会多元主体合作共治的综合结果。一般而言,县级政府在县域建设和发展中表现出来的提供公共服务、解决实际问题等方面的能力能够被人们直观感受到,但县级政府在治理过程中在整合社会资源、协调组织关系等方面所具备的能力往往展现不那么明显从而不易为人民所认知。同时,县级政府对县域治理的制度安排和政策实施通常具有长期性,通过短期效应和临时表现往往不能完全反映县级政府潜在的政策安排能力,不能准确衡量县级政府的长远发展潜力。因此,立足于县域当前的治理现状和未来发展的总体目标,进行科学合理的制度安排和政策制定以更好地利用现实力量、开发潜在能量,成为推进县级政府治理能力现代化的一个重要内容。

如同能力是个多维度的概念一样,县级政府治理能力也是多维的。依据不同的标准,县级政府治理能力可以进行不同的分类。例如,从内容角度,县级政府治理能力可以进一步细分为县级政府政治治理能力、经济治理能力、社会治理能力、文化治理能力和生态治理能力[①];从过程角度可以细分为县级政府决策能力、执行能力和监督能力;从职能角度可以划分为县级政府经济调控能力、市场监管能力、社会管理能力、公共服务能力和生态环境保护能力。综合上述三种分类,结合县级政府在整个国家治理体系中的地位和角色以及前文对县级政府治理能力的界定,基于治理目标、资源、主

---

① 陆喜元、丁志刚:《西部地区县级政府治理能力现代化——以H县为例》,社会科学文献出版社2020年版,第82—128页。

体、手段、结果五大维度,县级政府治理能力可以看作是一个由发展规划能力、资源整合能力、组织协同能力、工具使用能力和需求回应能力五大能力要素构成的完整体系。其中,发展规划能力是指县级政府对县域治理现实状况做出准确研判,遵循特定发展规划理念和规划程序,为县域经济社会发展远景规定目标和方向,制定长期全面的计划以科学指导和有序推进县域治理的能力;资源整合能力是指县级政府通过对公共资源的有效汲取和合理配置,实现县域物质与非物质资源高效运用、社会治理效能达到最大化的能力;组织协同能力是指县级政府通过治理活动实现政策目标时,通过职能转变、部门合作提高其实际行动力的能力以及引导和协调其他社会力量与自身相互作用产生合力的能力;工具使用能力是指县级政府根据县域治理问题的实际特点,综合选择和运用实现其管理职能的手段和方式,进而解决县域社会发展问题,实现既定治理目标的能力;需求回应能力是指县级政府对县域内人民群众的需求进行准确识别、全面了解、快速回应,在最大限度上满足县域内人民群众的需要并帮助其解决实际问题的能力。

三 县级政府治理能力现代化

"现代化"既是一种状态,也是一个过程。作为一种状态,县级政府治理能力现代化是指"具有现代性特征并符合现代社会治理要求的一种状态"[①],是基于一定制度框架下,县级政府通过自身建设和县域"政府—市场—社会"关系重构,具备使各治理主体各归其位、各得其所、各显其功的能力的状态。作为一个过程,县级政府治理能力现代化意味着县级政府不断提升县级政府治理能力达至上述状态的一个过程,是持续推动县级政府治理由传统到现代、由低级到高级的转变,有效解决县域社会问题和回应人民需求的过

---

① 李文彬、陈晓运:《政府治理能力现代化的评估框架》,《中国行政管理》2015年第5期。

程。由于治理环境无时无刻不在发生变化，现实与未来对县级政府的要求也在不断变化，因此县级政府治理能力现代化既是一种具有阶段性要求的状态，又是一个没有终点的过程。它反映了治理时代下治理主体多元化、治理结构网络化、治理方式科学化、治理功能完备化等对县级政府这一对象主观条件的要求。

县级政府治理能力现代化首先要从"政府"角度出发，立足县级政府自身功能定位和职责权限，按照全面深化改革目标要求进行角色调整、重塑权力边界，同时依据现代化要求进一步理顺行政关系、简化行政流程、提高行政效率、增强政府公信力，以有效发挥县级政府促进制度优势转化为治理效能的实际作用，切实增强政府推动高质量发展、满足人民群众美好生活需要、不断推进我国社会主义现代化事业的能力；其次要从"县级"出发，根据县域政治、经济、社会、文化等方面的特殊性和局限性，立足现实，培养和提升县级政府应对县域社会问题所急需的治理能力；最后还要从"现代化"出发，认识到县级政府治理能力现代化是一个长期的过程，不可能一蹴而就，也难以一步到位，必须在治理实践中不断调整、创新，探索适合本地的治理方式，不断提升治理能力，服务于县域治理现代化的大趋势之中。

第二节 理论基础

习近平总书记有关县域治理的重要论述为本研究提供了方向上的指引，是本研究的指导思想；国外学者提出的治理理论、政治系统理论与动态能力理论为本研究提供了重要启示，是本研究的理论依据；行政生态理论揭示了行政系统与行政环境的互动关系，为本研究提供了直接的理论工具。

一 指导思想

中共十八大以来，以习近平同志为核心的党中央对国家治理体系和治理能力现代化进行了顶层设计和宏观规划,在实践过程中对国家治理特别是县域治理理论进行了有益的探索和创新。中共十九大报告阐明了新时代国家治理的基本方略,将推进国家治理体系和治理能力现代化摆在了更加突出的位置,并提出了一系列的新要求和新任务。中共十九届五中全会立足到 2035 年基本实现社会主义现代化的远景目标,强调贯彻新发展理念、构建新发展格局,对实现国家治理效能的新提升提出了要求、提供了思路,也为"十四五"时期更好地推进县域治理现代化指明了前进方向、提供了基本遵循。习近平同志对县域治理既有丰富的实践经验,也有高远的理论创新,他关于县域治理的重要论述集中反映在《知之深爱之切》《摆脱贫困》《习近平谈治国理政》《做焦裕禄式的县委书记》等著作和他在河北省阜平县、河南省兰考县、中央党校县委书记研修班以及会见全国优秀县委书记时的相关讲话中[1]。这些思想精髓和经验总结不断融入国家治理现代化的理论体系之中,为县域治理丰富了新的内涵、提供了新的内容,是推进县域治理现代化包括县级政府治理能力现代化的行动指南和基本遵循。

(一) 县域治理是推进国家治理体系和治理能力现代化的重要一环

县一级作为国家治理的基层单元,犹如水之源头、树之根基。习近平总书记对此有深刻认识,他指出:"县一级承上启下,要素完整,功能齐备,在我们党执政兴国中具有十分重要的作用,在国家治理中居于重要地位"[2];"在我们党的组织结构和国家政权结构中,县一级处在承上启下的关键环节,是发展经济、保障民生、维护稳定、促进国家长治久安的重要基础"[3];"如果把国家喻为一张网,全国三千多个县就像这张网上的纽结。'纽结'松动,国家政

---

[1] 阎国文、阎若思:《县域治理是国家治理的基础和重点——学习习近平总书记关于县域治理的重要论述》,《廉政文化研究》2019 年第 4 期。

[2] 习近平:《作风建设要经常抓深入抓持久抓 不断巩固扩大教育实践活动成果》,《人民日报》2014 年 5 月 10 日第 1 版。

[3] 习近平:《做焦裕禄式的县委书记》,中央文献出版社 2015 年版,第 2 页。

局就会发生动荡；'纽结'牢靠，国家政局就稳定。"①习近平总书记强调："一个县就是一个基本完整的社会，麻雀虽小，五脏俱全"②，"县一级工作，从政治、经济、文化到老百姓的衣食住行、生老病死，无所不及"③，"我国经济发展进入新常态，保持经济社会持续健康发展，必须转方式、调结构，必须实施创新驱动发展战略，必须推动新型工业化、信息化、城镇化、农业现代化同步发展。做好这些工作，县一级十分重要"④。可以说，从整体和局部的辩证关系来看，县一级的工作做得好不好直接关乎党执政兴国的根基，关系国家的兴衰安危。这些重要论述，深刻阐述了县域治理在国家治理中的重要地位，为县域深化改革、科学发展指明了方向⑤。

习近平总书记指出："基础不牢，地动山摇。"在推进县域治理的过程中要深入洞察、准确把握治理的规律和特点，"不同的县有着不同的资源和禀赋"，只有因地制宜才能发挥出治理的最大功效。"县域治理最大的特点是既'接天线'又'接地气'。对上，要贯彻党的路线方针政策，落实中央和省市的工作部署；对下，要领导乡镇、社区，促进发展、服务民生。"⑥只有把问题处理在基层、把矛盾解决在县级，党和国家的总体布局才有了坚实基础、全局工作才有了基本立足点。随着治理工作逐渐向纵深化推进，县级政府面临更多的新挑战和新矛盾，"县级政权所承担的责任越来越大，需要办的事情越来越多，尤其是在全面建成小康社会、全面深化改革、全面依法治国、全面从严治党进程中起着重要作用"⑦。当前在全面建设社会主义现代化国家新征程开启之际，切实推进县域治理

---

① 习近平：《摆脱贫困》，福建人民出版社1992年版，第31—32页。
② 习近平：《做焦裕禄式的县委书记》，中央文献出版社2015年版，第2—3页。
③ 习近平：《摆脱贫困》，福建人民出版社1992年版，第32页。
④ 习近平：《做焦裕禄式的县委书记》，中央文献出版社2015年版，第10页。
⑤ 姚高员：《做"四有"书记——深入学习贯彻习近平同志关于县域治理的重要论述》，《人民日报》2015年1月29日第7版。
⑥ 习近平：《做焦裕禄式的县委书记》，中央文献出版社2015年版，第52页。
⑦ 习近平：《做焦裕禄式的县委书记》，中央文献出版社2015年版，第3页。

现代化,以稳固的县域治理夯实国家治理现代化的基础,尤显必要和紧迫。

(二)县委是县域治理的"一线指挥部",县委书记是"一线总指挥"

县域治理的关键在于"县委"和"县委书记"。习近平总书记曾经担任过中共正定县委书记,对于县委书记的岗位之重要、责任之重大有着切身体会和独到见解。2015年1月在中央党校县委书记研修班上,习近平总书记深情地说道:"我对县一级职能、运转和县委书记的角色有亲身感悟,刚才听了六位同志的发言,很有感触,脑海里不断浮现我当县委书记时的画面,仿佛回到了三十多年前。"① 他强调,"县一级处于社会矛盾的前沿,县委书记处在维稳第一线,一定要履行好责任"②,同时形象地指出,县委是县域治理的"一线指挥部",县委书记是"一线总指挥"③。"县级班子是贯彻落实党的方针政策、独立作战的指挥部"④,必须精明强干、坚强有力,而"县委书记是直接面对基层群众的领导干部,必须心系群众、为民造福"⑤,"县一级领导同志要珍惜岗位,秉公用权,安身、安心、安业,多为老百姓造福"⑥。针对怎样当好县委书记,习近平进行了深入的思考并用实际行动做出了表率,在任中共正定县委书记期间努力带领正定县从"高产穷县"向"高产富县"迈进,实现了正定新的发展和飞跃。习近平同志嘱咐县委书记们:"党把干部放在这样一个岗位上是信任,是重托,要意气风发、满腔热情干好,要真正做到为官一任、造福一方。"⑦

---

① 习近平:《做焦裕禄式的县委书记》,中央文献出版社2015年版,第2页。
② 习近平:《做焦裕禄式的县委书记》,中央文献出版社2015年版,第10页。
③ 习近平:《做焦裕禄式的县委书记》,中央文献出版社2015年版,第2页。
④ 习近平:《知之深爱之切》,河北人民出版社2015年版,第90页。
⑤ 习近平:《做焦裕禄式的县委书记》,中央文献出版社2015年版,第6页。
⑥ 习近平:《作风建设要经常抓入抓深入抓持久抓 不断巩固扩大教育实践活动成果》,《人民日报》2014年5月10日第1版。
⑦ 中央文献研究室:《培养造就一支高素质县委书记队伍 把协调推进"四个全面"战略布局落到实处》,《人民日报》2015年8月28日第6版。

此外，习近平总书记多次赞赏了谷文昌、焦裕禄、杨善洲、孔繁森和王伯祥等一大批优秀的县委书记，为各时期党员干部立起了标杆。他曾明确指出，"做县委书记就要做焦裕禄式的县委书记，始终做到心中有党、心中有民、心中有责、心中有戒，做政治的明白人、发展的开路人、群众的贴心人、班子的带头人"①，并将其概括为"亲民爱民、艰苦奋斗、科学求实、迎难而上、无私奉献"的二十字焦裕禄精神。"四有"和"四个人"既是对县委书记的基本要求，也是对广大基层干部的亲切嘱托。20世纪五六十年代，谷文昌率领东山人民苦战十几载，遍植木麻黄，筑起绿色长城，治服了"神仙都难治"的风沙，让海岛换了天地，让百姓换了人间。习近平在《"潜绩"与"显绩"》一文中称赞他"在老百姓心中树起了一座不朽的丰碑"②。2009年12月31日，习近平在会见王伯祥先进事迹报告团时强调，"王伯祥同志是新时期县委书记的榜样"，要"教育和引导广大党员干部特别是县委书记向王伯祥同志学习，像他那样树立正确的事业观，坚持发展第一要务，推进全面协调可持续发展，做贯彻落实科学发展观的忠实实践者；像他那样树立正确的政绩观，坚持为官一任、造福一方，一心一意为群众办实事、做好事、解难事；像他那样树立正确的工作观，深入实际、深入群众，真抓实干，争创一流业绩；像他那样树立正确的利益观，严于律己，秉公办事，一身正气、两袖清风"③。这些生动的典型和鲜活的案例无不为县委和县委书记的工作提供了具体指导和参照标准。

（三）县域治理要坚持"三个起来"

在县域治理的具体路径方面，习近平总书记2014年3月在河南省兰考县调研指导党的群众路线教育实践活动时提出"县域治理'三个起来'"，即把强县和富民统一起来，把改革和发展结合起

---

① 习近平：《做焦裕禄式的县委书记》，中央文献出版社2015年版，第67页。
② 习近平：《之江新语》，浙江人民出版社2007年版，第108页。
③ 《习近平会见王伯祥先进事迹报告团时强调着力造就高素质县委书记队伍》，《人民日报》2010年1月1日第1版。

来，把城镇和乡村贯通起来①。"三个起来"是有机联系的整体，强调以改革发展的动力、城乡贯通的办法，实现强县富民的核心目标，三个方面构成了不可分割、相互促进、相互支撑的整体，体现了战略谋划、发展目标、路径选择和价值取向的高度统一②，同时彰显了县域治理科学性、人民性、实践性的有机统一。习近平县域治理"三个起来"要求内涵丰富、意蕴深刻，对"怎样推进县域治理"的时代命题进行了系统阐释和科学回答，是习近平新时代中国特色社会主义思想的重要组成部分，为做好新时代县域治理工作、推动县域高质量发展提供了根本遵循和战略指导③。面对新发展理念深入贯彻、新发展格局加快构建的现实背景，推进县域治理必须以"三个起来"为指引，深入推进县级政府治理理念、治理结构、治理机制、治理工具等全方位改革创新，持续提升县级政府治理能力。

二 理论依据

县级政府治理能力现代化研究是在治理视域下针对县级政府这一相对完整的政治系统所展开的关于其治理能力现代化的研究，治理理论、政治系统理论和动态能力理论等理论从不同角度为其提供了理论支持和研究启示。

（一）治理理论

20世纪90年代以来，治理理论兴起并成为一种"时髦"理论，被广泛应用于指导各个领域的治理实践创新。"治理"（governance）一词源自古典拉丁文和古希腊语，原意为控制、引导和操纵，长期以来与统治（government）交叉使用，且主要用于与国家

---

① 习近平：《做焦裕禄式的县委书记》，中央文献出版社2015年版，第53页。
② 河南省社科院课题组：《以"三个起来"引领县域高质量发展——习近平县域治理要求在兰考的实践与思考》，《河南日报》2018年7月27日第7版。
③ 河南省社科院课题组：《以"三个起来"引领县域高质量发展——习近平县域治理要求在兰考的实践与思考》，《河南日报》2018年7月27日第7版。

的公共事务相关的管理活动和政治活动中①。1989年世界银行在概括当时撒哈拉以南的非洲国家在发展过程中面临的问题时首次使用了"治理危机"(crisis in governance)一词②,自此,"治理"的概念便被引入社会科学研究中并广泛使用。

随着"治理"一词在诸多学科中的大量使用,其所涉及的领域和主体不断扩大,从地区、国家层面直至延伸至国际合作层面,从政府组织直到市场组织和非政府组织③,学术界对治理内容的研究逐渐丰富,并提出了诸多治理理论,形成了繁杂的治理理论体系④。这一过程中,大家对于治理内涵的界定和表述也是众说纷纭、莫衷一是。根据我国学者的统计,全球研究机构和有关学者提出的治理概念不下200个⑤。其中较具代表性的观点主要有:全球治理委员会(Commission on Global Governance)提出:"治理是各种各样的个人、团体——公共的或个人的——处理其共同事务的总和。这是一个持续的过程,通过这一过程,各种相互冲突和不同的利益可望得到调和,并采取合作行动。这个过程包括授予公认的团体或权力机关强制执行的权力,以及达成得到人民或团体同意或者认为符合他们利益的协议。"⑥治理理论的创始人之一詹姆斯·N. 罗西瑙认

---

① 俞可平:《治理和善治引论》,《马克思主义与现实》1999年第5期。

② World Bank, *Sub-Saharan Africa: From Crisis to Sustainable Growth*, The World Bank, Washington D. C., 1989.

③ 对于"治理"概念的流行传播,辛西娅·休伊特·德·阿尔坎塔拉(Cynthia Hewitt de Alcántara)曾指出,"直到20世纪80年代末,可以说'治理'在开发界还是一个不常听到的词。而今天的联合国、多边和双边机构、学术团体以及民间志愿组织关于开发问题的出版物很难有不以它作为常用词来使用的";鲍勃·杰索普(Bob Jessop)在20世纪90年代也曾写到,"过去15年来,它在许多语境中大行其道,以至成为一个可以指涉任何事物或毫无意义的'时髦词语'"。参见辛西娅·休伊特·德·阿尔坎塔拉《"治理"概念的运用与滥用》,黄语生译,《国际社会科学杂志(中文版)》1999年第1期;鲍勃·杰索普《治理的兴起及其失败的风险:以经济发展为例的论述》,漆蕪译,《国际社会科学杂志(中文版)》1999年第1期。

④ 本书第一章文献综述对此已有梳理,此处不再赘述。

⑤ 孙柏瑛:《当代地方治理:面向21世纪的挑战》,中国人民大学出版社2004年版,第19页。

⑥ [瑞典]卡尔松、[圭]兰法尔主编:《天涯成比邻——全球治理委员会的报告》,中国对外翻译出版公司组织翻译,中国对外翻译出版公司1995年版,第2页。

为，与统治不同，治理是一系列活动领域里的管理机制，它们虽未得到正式授权，却能有效发挥作用；与政府统治不同，治理指的是一种由共同的目标支持的活动，这些管理活动的主体未必是政府，也无须依靠国家的强制力量来实现。"换句话说，与统治相比，治理是一种内涵更为丰富的现象。它既包括政府机制，但同时也包括非正式的、非政府的机制。"①罗伯特·罗茨则认为，"治理标志着政府管理含义的变化，指的是一种新的管理过程，或者一种改变了的有序统治状态，或者一种新的管理社会的方式"②。

尽管治理的概念存在模糊性与多样性，但从上述界定中，不难发现，治理是一个以公共利益为目的的社会合作过程，是通过政府与政府之外的力量的合作、正式或非正式的治理机制来共同对公共事务进行管理。概而言之，治理理论至少包含如下核心理念和思想，即："（1）治理主体的多元化。治理的主体是治理的利益相关者。政府不再是治理公共事务的唯一主体，社会组织、企业组织、国际组织甚至公民个人都能够参与到公共事务治理中来，并共同承担公共事务治理的责任。（2）治理权力的多中心化。政府虽然仍是对资源和价值进行权威性分配的核心主体，但在由多元主体所构建的网络治理结构中已不是传统的唯一的权力核心，随之形成的是多个权力中心，互相监督、互相制衡，共同治理公共事务。（3）治理过程的互动性。重视治理主体之间的权力依赖关系，主张治理是治理主体之间互动的管理过程，强调在包括政府在内的多元主体所形成的网络治理结构中通过合作、协商、伙伴关系、确立认同和共同的目标等方式来实现对公共事务的管理③。（4）治理手段的多样性。强调根据公共利益、公共事务与治理共同体的相关性、公共服

---

① ［美］詹姆斯·N.罗西瑙主编：《没有政府的治理》，张胜军、刘小林等译，江西人民出版社2001年版，第5页。

② ［英］罗伯特·罗茨：《新的治理》，木易编译，载俞可平主编《治理与善治》，社会科学文献出版社2000年版，第86—87页。

③ 俞可平：《全球治理引论》，《马克思主义与现实》2002年第1期。

务的具体属性与情境寻求最佳的制度安排，并灵活采取各种治理手段。它既包括强制人们服从的正式制度和规则，也包括人们同意或认为符合其利益的各种非正式制度和规则；既包括政治法律的，也包括经济市场的，还包括社会的、文化的手段和方式。"[1]

治理理论是西方资本主义社会背景下的特殊产物，多元治理主体、政府角色转型和网络治理体系等具体的理论内容与经济社会发展趋势相适应，在一定程度上对社会公共事务的管理和民主政治的发展起到了促进作用。但是以西方现代民主自由为基础的治理理论，只有与中国国情相结合构建具有中国特色的公共治理模式，才能有效解决我国的治理困境。20世纪90年代中后期以来，国内学者开始从政府管理的角度关注治理理论，"基于我国改革发展的实际需要，结合中国本土化语境和实践对治理理论做出新的诠释，逐步形成立足本土、借鉴国外的中国治理理论"[2]。其中，智贤较早对governance这一概念作了介绍，并将governance翻译为"治道"，认为"治道是关于公共事务治理的道理、方法和逻辑，是对市场经济条件下国家管理经济职能方面提出的基本要求，是指为实现经济社会发展，在管理一国的经济和社会资源过程中运用公共权力的方式"[3]。徐勇则在《GOVERNANCE：治理的阐释》一文中介绍了治理的概念，认为"治理是对公共事务的处理，以支配、影响和调控社会"[4]。俞可平从政治学视角出发，认为"治理是一种偏重于工具性的政治行为"，"是实现一定社会政治目标的手段，相对于国家的统治体制而言，治理体制更多体现工具理性"[5]。毛寿龙则立足公

---

[1] 何水：《社会组织参与服务型政府建设：作用、条件与路径》，中国社会科学出版社2015年版，第48—49页。

[2] 任勇：《治理理论研究为治理现代化提供学理支撑》，《人民日报》2019年3月25日第10版。

[3] 智贤：《Governance：现代"治道"新概念》，载刘军宁等编《市场逻辑与国家观念》，生活·读书·新知三联书店1995年版，第56页。

[4] 徐勇：《GOVERNANCE：治理的阐释》，《政治学研究》1997年第1期。

[5] 俞可平：《推进国家治理体系和治理能力现代化》，《前线》2014年第1期。

共管理学角度，强调"治道，就是人类社会治理公共事务、解决公共问题、提供公共服务的基本模式"①。

政府治理能力探讨的是在治理理论"政府—市场—社会"互动关系框架中，政府在多中心治理、网络化治理和整体性治理体系下所发挥出的作用的问题，强调政府管理与社会共治的合作与协调，是对传统政府的角色和地位的反思，是以治理理念为基础对政府能力的深刻诠释和积极建构②。县级政府作为我国国家治理的基层体系，既是国家政策方针的具体实施者，也是县域经济社会发展的组织者。县域社会的稳定发展，是推进国家政治建设、经济建设、文化建设、社会建设和生态文明建设"五位一体"总体布局的基础保障，起着重要的战略作用。对县级政府治理能力及其现代化的研究，是实现国家治理体系和治理能力现代化的理论和实践要求。

(二) 政治系统理论

20世纪50年代，产生于自然科学的系统理论（Systems Theory）开始在社会科学领域得到应用与发展，特别是塔尔科特·帕森斯（Talcott Parsons）《社会系统》（1951年）一书的出版，掀起了一股系统理论研究热潮。所谓系统，一般是指由若干要素以一定结构形式联结构成的具有某种功能的有机整体。1932年，美籍奥地利人、理论生物学家L. V. 贝塔朗菲提出系统论的思想，他强调任何系统都不是各部分的机械组合或简单相加，而是一个有机整体，因此研究时要将其视为一个系统，研究系统、要素和环境三者的相互关系和变化规律。随着系统理论在各个领域的拓展和深化，学者们开始将"政治"与"系统理论"联系起来，探讨运用系统理论研究政治生活的可能③。1953年，美国政治学家戴维·伊斯顿

---

① 毛寿龙：《现代治道与治道变革》，《江苏行政学院学报》2003年第2期。
② 周伟、潘娅子：《整体性治理视阈下政府治理能力的逻辑结构解析》，《福建行政学院学报》2015年第5期。
③ Heywood, A., *Political Theory: An Introduction*, Palgrave Macmillan, 2004, pp. 73 – 75.

(David Easton)运用系统分析方法正式提出政治系统理论(Political System Theory)。该理论认为,政治生活是由国家、政党、利益集团等要素构成的行为系统。正如其所说,"我们可以把政治生活看作一个行为系统,它处于一个环境之中,本身受到这种环境的影响,又对这种环境产生反作用"[1]。而"政治过程是持续不断且相互关联的一连串行为,可以用一个动力反应模式体现这样一种思想,即政治系统看起来有如一个巨大而永恒的转换过程,要求和支持在环境中得以形成,由这些要求和支持中产生了输出,而输出会影响成员向系统表达的支持性观点及它们所提出的要求并由此再进入系统"[2]。简言之,政治系统理论的核心问题是研究政治系统如何在不断变化的环境中保持稳定。

政治系统之外的社会系统是政治系统的环境。在戴维·伊斯顿看来,政治系统所处的环境包括社会内部环境(生态系统、生物系统、个人系统、社会系统)和社会外部环境(国际政治系统、国际生态系统、国际社会系统),二者共同对政治系统产生影响并造成一定干扰,这些干扰或对系统的持续有所裨益,或对系统造成压力,又或仅呈中性状态。政治系统具有相对的开放性与稳定性,在环境的压力下,将包括需求和支持在内的输入、包括积极输出和消极输出在内的输出和作为输出效果的反馈,作为分析变量,研究政治系统的运作过程(见图2.1)。简言之,政治系统的运作流程表现为输入—转换—输出—反馈四个环节。其中,反馈再次进入政治系统,从而形成以反馈为回路的系统循环。政治系统与环境进行着"输入"与"输出"的双向交流以维持自身的平衡。"输入"反映了环境对政治系统施加的压力,包括"要求"和"支持"两个部分。其中,"要求"就是要求实现以自我为核心的目标,或者很可能是说意欲寻求某种政治决策,以便把各种职责和繁多的义务强加

---

[1] [美]戴维·伊斯顿:《政治生活的系统分析》,王浦劬等译,华夏出版社1999年版,第21页。

[2] 俞可平主编:《西方政治学名著提要》,江西人民出版社2001年版,第434页。

于系统的全体成员①;"支持"则是指对特定政治对象的认同,包括"显性支持"和"隐性支持"、"积极支持"和"消极支持",共同指向政治系统。一般来说,社会环境对政治系统的要求和支持形成对政治系统的输入;政治系统对输入进行变换,以政治决策和政治行动的形式形成输出。政治系统必须具备反馈和对反馈做出反应的能力,才能在世界上持续下去。

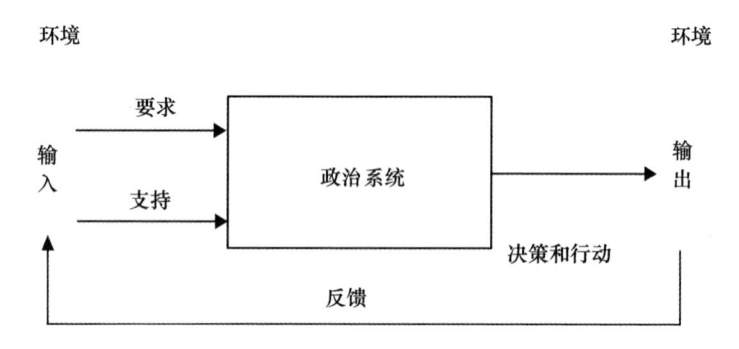

图 2.1　戴维·伊斯顿政治系统理论分析框架

资料来源:[美]戴维·伊斯顿:《政治生活的系统分析》,王浦劬等译,华夏出版社 1999 年版,第 37 页。

阿尔蒙德(Gabriel A. Almond)在戴维·伊斯顿研究的基础上,丰富和发展了政治系统的能力观点。阿尔蒙德认为,政治学的核心概念是名为"政治体系"的政治系统,该系统包括能力、转变和维持三大功能,其中能力功能是第一位的。系统能力是该系统作为环境中的一个单元的表现方式,政府能力即政府能否成功适应环境挑战的能力。在其著作《比较政治学:发展研究途径》中,阿尔蒙德提出了政治系统能力的 5 项构成要素,即提取能力(吸收社会资源的能力)、调整能力(控制个人和集团行为的能力)、分配能力(分配财富、服务、地位、荣誉和各种机会的能力)、象征能力(创造文化符号以感召和团结民众的能力)和回应能力(接受反应

---

① [美]戴维·伊斯顿:《政治生活的系统分析》,王浦劬等译,华夏出版社 1999 年版。

和处理问题的能力)①。此外，阿尔蒙德还对影响政治系统能力的因素进行分析。他认为，政治精英的目标和行动是影响能力模式的最主要因素，政治结构在面对压力和需求时不会随机波动，而是由担任政治精英角色的人所主导的，政治精英对环境输入的回应方式影响政治系统能力的强弱。其他影响因素，如物质资源、组织结构、社会各阶层的支持程度等，也在某种程度上影响着政治系统的表现。

从政治系统理论视角来看，县级政府治理能力现代化既是县级政府不断适应国家治理现代化要求、积极回应人民群众需求而做出的努力，也是县级政府主动围绕治理理念、治理结构、治理资源、治理机制等诸多方面进行的变革和创新尝试，同时还是作为基层政治系统回应社会环境需求、应对社会环境变化的输出内容之一。

(三) 动态能力理论

认识和解释企业竞争优势来源一直是企业战略管理研究的中心问题之一，其中尤以产业组织理论和资源观理论为主要代表。20世纪80年代初，迈克尔·波特 (Micheal E. Porter) 的产业组织理论占据主要地位，他基于产业组织中的组织—行为—绩效范式 (SCP) 提出竞争力观点，强调企业可以采取行动来定位以规避竞争。20世纪80年代中后期，学者们对竞争优势的研究从对外部环境的重视转移到对内部资源的考究，因此，从企业内部资源角度研究竞争优势的资源基础论 (Resource-Based View, RBV) 开始兴起。随着时间的推移，人们透过资源的表象，逐渐意识到资源背后的开发、利用资源的能力才是竞争优势的根源所在。在这一过程中，人们将具体的资源转化为抽象的能力，企业能力理论由此产生。Prahalad 和 Hamel 于1990年提出了核心能力理论，并逐渐在企业竞争发展和战略管理研究中得到广泛应用，但静态环境的初步假设制约

---

① Gabriel A. Almond, G. Bingham Powell, *Comparative Politics: A Developmental Approach*, Boston: Little, Brown and Company, 1966.

了核心能力进一步发展的可能。随着技术的进步发展和核心能力的时代局限，原有的组织管理理论已不再适应日益复杂、动态变化的市场环境，在这种情形下，动态能力理论在吸收已有理论的基础上，逐渐成为学界研究的新重点。

一般认为，动态能力理论是基于企业演化和企业能力理论分析企业如何在快速变化的环境中获取和保持竞争力的一种理论。该理论假设，相比低动态能力的企业，高动态能力的企业具备更多优势。"随着竞争环境的动态性不断增强，解释企业竞争优势来源的动态能力理论20世纪90年代以来获得了持续发展，逐渐成为西方战略管理领域的一个重要理论分支。"[1] Teece 于1994年提出了"动态能力"（Dynamic capabilities）的概念，随后 Teece 等人基于资源功能的视角又进一步系统阐述了动态能力的内涵，即"企业为应对急剧变化的环境时，所体现的整合、建设和重新配置内外部资源上的能力"，并认为"企业资源包括公共资源、专有资源、组织管理能力、创新能力，动态能力由整合、建设和重构三个能力维度构成"[2]，这标志着动态能力理论的正式提出。随后，Eisenhardt 和 Martin 在 Teece 等人研究的基础上，基于过程的视角进一步拓展和丰富了动态能力的内涵，他们将动态能力定义为企业利用资源去匹配甚至创造市场的过程，其优势价值在于它改变资源基础的能力，包括资源整合能力、资源重构能力、资源获取能力与资源释放能力，他们认为动态能力不仅在快速变化的环境中对企业保持竞争优势具有重要作用，而且在静态环境中同样产生着重要影响[3]。

包括 Teece、Eisenhardt 等在内的学者更多地将动态能力视为一

---

[1] 吴晓波、徐松屹、苗文斌：《西方动态能力理论述评》，《国外社会科学》2006年第2期。

[2] David J. Teece, Gary Pisano and Amy Shuen, "Dynamic Capabilities and Strategic Management", *Strategic management journal*, Vol. 18, No. 7, 1997, pp. 509–533.

[3] Kathleen M. Eisenhardt, Jeffrey A. Martin, "Dynamic Capabilities: What are they?" *Strategic Management Journal*, Vol. 21, No. 10–11, 2000, pp. 1105–1121.

个"名词"(Noun)、一种"工具",企业以此来获得竞争优势。而以 Zollo 和 Winter 为首的学者则认为应当将动态能力视为一个"动词"(Verb),是一个动态的"学习过程"[①]。他们指出 Teece 提出的动态能力概念是建立在这样一种假设的基础之上:企业所处的环境是急剧变化的。但这种假设缺少事实支撑,因为现实中确有不少企业所处的环境是在缓慢变化的。因而 Zollo 和 Winter 提出了自己对动态能力的定义:"动态能力是集体行动的一种习得的、稳定的惯例(Pattern),通过这种惯例,组织系统地生成和调整自己的运行程序以使组织效力得到提升。"[②] Zollo 和 Winter 使用"组织"一词替代了先前动态能力理论定义中的单纯以"企业"为研究对象的定义,极大地拓展了动态能力理论的适用范围,为我们将动态能力理论这一产生于企业组织管理领域的理论,移植到公共部门提供了可能。

　　动态能力是一种开创性、创新性的能力。企业在发展运行过程中倾向于维持现有的组织运行模式和惯例,会形成一种企业能力惯性,这时原有的企业核心能力对企业的发展造成阻碍,使其不能适应快速变化的环境,逐渐丧失发展动力和竞争优势。而超竞争环境要求下,企业必须借助熊彼特的"创造性毁灭"的思想,以重大变革代替部分微调,更加注重动态效率的获得和开拓性学习能力的建立,以开拓性动力克服系统和能力中的惯性,破除组织自身发展障碍,对组织进行最大程度的改造,才能实现持续的学习创新、维持持久的竞争优势。"从本质上分析,动态能力表现出一种动态的非均衡状态。在一个变化无常的超竞争环境中,能力持续不断地培养、开发、运用、维护和扬弃,这正是动态能力本质之所在——通

---

① Abderisak Adam, Göran Lindahl, "Applying the Dynamic Capabilities Framework in the Case of a Large Public Construction Client", *Construction Management and Economics*, Vol. 35, No. 7, 2017, p. 422.

② Maurizio Zollo, Sidney G. Winter, "Deliberate Learning and the Evolution of Dynamic Capabilities", *Organization Science*, Vol. 13, No. 3, 2002, p. 340.

过不断创新而获得一连串短暂的竞争优势,从而从整体上体现出企业的持久竞争优势。"[1]

动态能力理论虽产生于企业组织,但也适用于公共部门。它可以帮助公共部门在识别和使用动态能力的基础上开发新的战略方法[2],从而提高公共部门的适应性和生存能力[3]。但由于政府组织与企业组织存在一定的差异性,因此在运用动态能力理论阐释政府能力时还需考虑政府组织与企业组织在组织目的、服务对象、管理体制与结构、结果控制等方面的不同[4]。特别是政府部门对于公共性的强调,迫使其更多地体现对公众责任的履行。在持续动荡的环境中,企业必须通过资源整合、学习创新等一系列方式不断积累、创造和利用能力,才能始终保持竞争优势。同理,政府必须不断地提升治理能力,才能在复杂多变的国内外环境和治理环境中占据优势地位,充分发挥制度优势并将其转化为实际治理效能。总之,动态能力理论为我们研究政府治理能力提供了一种新的视角,具有一定的借鉴价值。

三 理论工具

20 世纪 50 年代以来,"西方行政学界开始摆脱传统行政学眼光向内的'隧道式视野'的研究路径,尝试从生态学的新视野来研究行政行为与其周围环境的关系"[5]。其实早在 20 世纪 40 年代,美

---

[1] 黄江圳、谭力文:《从能力到动态能力:企业战略观的转变》,《经济管理》2002 年第 22 期。

[2] Amy L. Pablo, Trish Reay, James R. Dewald, Ann L. Casebeer, "Identifying, Enabling and Managing Dynamic Capabilities in the Public Sector", *Journal of Management Studies*, Vol. 44, No. 5, 2007, p. 687.

[3] Patricia Klarner, Gilbert Probst, Richard Soparnot, "Organizational Change Capacity in Public Services: The Case of the World Health Organization", *Journal of Change Management*, Vol. 8, No. 1, 2008, p. 57.

[4] Hal G. Rainey, Robert W. Backoff, Charles H. Levine, "Comparing Public and Private Organizations", *Public Administration Review*, Vol. 36, No. 2, 1976, pp. 233–244.

[5] 文华:《行政生态学视角下的地方政府大部制改革困境及其破解之道》,《理论导刊》2015 年第 12 期。

国哈佛大学教授约翰·M. 高斯（John M. Gaus）就在《政府生态学》一文中论及行政生态问题，他认为行政行为必须考虑到生态环境的因素，"生态学"一词也由此正式引入行政学研究领域。而真正对这一理论做出重要发展的是美国行政学家弗雷德·W. 里格斯（Fred W. Riggs），他于1957年发表了《比较公共行政模式》，于1961年出版了著作《行政生态学》，他的著作也被引为典范式的行政生态学论著。此后，行政生态学的思想逐步确立，行政生态学成为一门新的学科。

里格斯察觉到当时行政系统的不完善性，认为不仅在行政体系和政府本身上存在问题，而且要充分考虑所有的外在条件，把行政系统放入社会发展和社会生态系统中来考虑。他认为"公共行政与生态环境之间存在相互依赖、相互影响的关系"[1]，研究一个国家的行政制度和行政行为时，不能只是从行政本身作孤立的描述和比较，而必须进一步了解它和周围环境的相互关系[2]。这在一定程度上使得人们的研究视线由行政系统内部扩散到了行政系统外部的自然环境和社会环境。可以说，行政生态学的核心思想就是"运用生态学的理论与方法来研究行政现象，从公共行政的社会环境、文化背景、意识形态等外部关系入手，去分析一个社会的行政制度与行政行为，以达到对公共行政实践的'超越性'认识"[3]，进而实现政府与环境的双向互动和动态平衡。在里格斯看来，影响并决定一个国家公共行政的生态要素主要包括五个：一是经济要素，是指社会经济的运行机制以及生产力发展水平；二是社会要素，主要指各类社会组织；三是沟通网络，包括社会文化水平、使用语言状况、社会舆论及通信和交通的状况；四是符号系统，指包括政治神话、

---

[1] Fred W. Riggs, "The Ecology and Context of Public Administration: A Comparative Perspective", *Public Administration Review*, Vol. 40, No. 2, 1980, p. 107.
[2] 丁煌：《西方行政学说史》，武汉大学出版社1999年版，第316页。
[3] 文华：《行政生态学视角下的地方政府大部制改革困境及其破解之道》，《理论导刊》2015年第12期。

政治准则、政治典章等在内的一整套政治符号系统;五是政治构架。同时这些因素彼此之间也是相互作用的。①

从我国学者研究来看,彭文贤最早引入对行政生态理论的讨论,他认为,行政制度被视为一个有机体,所以要想了解行政行为,必须研究行政制度及其与生态环境之间的关系,因为行政行为的良窳,与制度本身的关系甚微,多系由生态环境中的各种因素所促成的结果②。与此同时,王沪宁尝试"用生态学来渗透行政学",运用生态学的基本原理来分析行政活动和行政现象,从行政系统与社会环境之间的物质循环和能量变换考察行政活动的优化③。他认为行政生态学是指"借用生态学研究生命主体与其环境的相互关系和作用的理论和方法,来研究行政系统与社会圈的相互关系,即通过生态系统的模拟来研究行政生态系统"④。

行政生态理论认为行政系统本身就像生态系统中的有机体一样,不是生活在真空世界当中,而是必须依赖与外部环境的物质交换才得以生存。影响行政系统运行和发展的要素有很多,既有来自系统内部的组织文化、心理和组织结构等,也有来自外部的政治制度、经济体制和社会发展状况等。行政环境影响着政府的治理过程,有利的行政环境可以使政府治理活动得以顺利展开、政府治理目标得以顺利实现,反之则会阻碍政府治理活动的展开和政府治理目标的实现。县级政府作为行政管理的基层主体之一,处在特定的行政环境中,其治理行为和活动不仅会受到县级政府治理理念、结构、资源等自身因素的影响,还会受到所处的政治环境、经济环境、社会环境、文化环境等外部行政环境的影响。这就要求我们运用系统化的思维,充分考量县级政府所处的治理环境以及环境之中的各类要素。总之,行政生态理论为研究县级政府治理能力现代化

---

① 丁煌:《西方行政学说史》,武汉大学出版社1999年版,第320—329页。
② 彭文贤:《行政生态学》,三民书局1988年版,第2页。
③ 王沪宁:《行政生态分析》,复旦大学出版社1989年版。
④ 王沪宁:《行政生态分析》,复旦大学出版社1989年版,第28页。

问题提供了重要的理论工具。

第三节 分析框架

基于前述文献分析和理论梳理,本节运用行政生态理论、治理理论等理论,搭建县级政府治理能力现代化的分析框架并进行阐释。

一 分析框架构建

依据行政生态理论,县级政府是社会大系统中的一个子系统,其始终处在一定的政治—经济—社会—文化环境之中并受其影响,同时也通过自身治理活动反作用于行政环境,两者存在互动关系。因此,仅从县级政府自身出发孤立分析探讨县级政府治理能力现代化问题存在局限。换言之,应将县级政府治理能力现代化置于县级政府与县级政府治理环境的互动关系下进行考量,"处理好政府内部与政府外部环境以及政府内部各个子系统之间的平衡与协作关系"[1]。进一步说,县级政府治理能力现代化作为一个全流程的动态过程,必然受到县级政府内外部多种因素的影响。这其中(如图2.2 所示),外部因素是内部因素的前提条件,内部因素的完善则

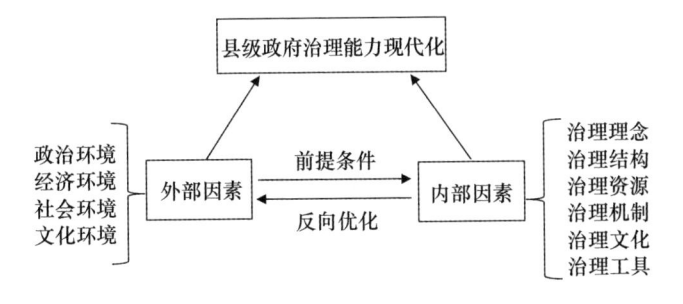

图 2.2 分析框架

---

[1] 梁斌、罗文洁:《论政府绩效管理与绩效审计》,《审计与经济研究》2012 年第 2 期。

会反向优化外部因素，只有实现内外部因素的良性互动，才能更好地把握县级政府治理能力现代化的发展逻辑和实现路径。

二 影响因素阐释

（一）外部因素

从外部因素来看，"作为一种组织，政府组织是在特定的外部环境和制度体制下行使自己的职责"①。"政府是一种人工制品和设计的产物，这意味着政府职能、目标、结构和治理模式等本身要随着时代背景和社会环境的变化而不断变化"②。县级政府治理能力现代化也不例外，其必然受到治理环境因素的影响，主要包括政治环境、经济环境、社会环境和文化环境四个方面。外部环境有利，则能够加快县级政府治理能力现代化进程并有助于县级政府治理能力释放，反之则会对县级政府治理能力的发挥及其现代化进程产生不利影响。

一是政治环境因素。稳定优越的政治环境是形塑县级政府治理能力的重要因素。政治环境主要指县级政府在从事行政管理活动时所面临的政治体制、政策法律和制度体系等的总和，它关乎国家的顶层设计和制度安排，对县级政府治理能力的发挥及其现代化进程产生着决定性的影响。其中，政策方针相较于政治制度更具有变化性，上下级政府间关系相较于同级政府间关系更具有稳定性。

二是经济环境因素。"高质量的县域经济既是县域治理的基本目标之一，也是其前提基础"③。"政府能力现代化作为人们有计划、有意识地追求更'好'价值的过程，其内容不能仅仅是主观的选择，更是客观的需要，而这些客观需要来自于政府为之服务的社

---

① 陈升、孟庆国、胡鞍钢：《政府应急能力及应急管理绩效实证研究——以汶川特大地震地方县市政府为例》，《中国软科学》2010年第2期。
② 李文钊、毛寿龙：《中国政府改革：基本逻辑与发展趋势》，《管理世界》2010年第8期。
③ 范逢春：《如何更好提升县域治理水平》，《国家治理》2020年第16期。

会经济基础"①。县域经济发展为县级政府治理能力的发挥提供了基本的物质资源和技术条件，县域经济发展水平、质量和潜力直接影响县级政府调动、整合和利用治理资源的现实能力，进而影响其治理能力的有效提升。

三是社会环境因素。社会环境主要涉及主体层面的社会公众和社会组织以及关系层面的利益结构。县级政府作为地方政府的基层单元，其治理行为、治理方式和治理效果等必然受到所处社会环境的影响，而县级政府在不断适应社会环境的过程中也在进一步改善和优化社会环境。在这个相互影响的过程中，公民和社会组织构成了社会环境的各个关键节点，而利益关系则成了治理格局稳定的维系纽带。

四是文化环境因素。"文化对于国家的关系犹如地球的磁场之于地球上的物质，人类的所有行为和国家的一切活动都在被文化潜移默化地影响着、悄无声息地制约着。"② 从这个意义上讲，县级政府治理能力同样离不开特定文化环境的支撑。文化环境为县级政府治理能力的提升提供了内在的思想驱动力，在潜移默化、润物无声中影响了县级政府治理能力现代化进程，而县级政府治理能力的提升也会反过来优化政府行政文化、搭建政府与民众信任的桥梁，进而构建和谐的社会文化氛围。

(二) 内部因素

县级政府治理能力的提升不仅需要外部因素准备就绪，营造有利于发展创新的环境，而且需要内部因素积极支持，打造坚强有力、运行顺畅的政府组织体系和政府治理模式，内外部因素的有机结合和循环互动才能为县级政府治理能力提升培育良好的环境、积累充分的底蕴、提供足够的动力。基于治理视域从县级政府内部出发，县级政府作为相对完整的政治系统，其治理能力受到多种因素

---

① 汪永成：《经济全球化与中国政府能力现代化》，人民出版社2006年版，第77页。
② 徐国亮：《国家治理现代化的文化支撑》，《红旗文稿》2020年第2期。

的影响，并与环境相互作用。从县级政府内部来看，县级政府治理能力现代化进程主要受县级政府治理理念、治理结构、治理资源、治理机制、治理文化和治理工具六个方面因素的影响。

一是治理理念。"思想观念是解决所有问题的总开关"[1]。理念是行动的先导，县级政府治理能力的现代化首先在于治理理念的现代化，对治理理念的理解和贯彻直接影响县级政府治理能力的提升。先进的治理理念可以为县级政府治理能力现代化开拓新的思路和方法，而落后的治理理念则必然会对县级政府治理能力现代化形成阻碍和掣肘。

二是治理结构。"提升县域治理能力需要优化县级政府治理结构"[2]，"使县级政府成为权能统一的政治实体和有效政府"[3]，县级政府的治理结构包括纵向结构、横向结构和条块结构。纵向结构反映了县级政府在国家治理体系中的权力运行关系，横向结构反映了县级政府部门间的协调合作关系，而条块状的治理结构则反映了县级政府部门的具体管理模式。

三是治理资源。"政府执行规则和践行承诺必须依赖政府支配的资源"[4]，前述动态能力理论强调资源的整合、配置、获取和释放，这进一步凸显了治理资源的重要性。一般而言，政府需切实履行经济调节、市场监管、社会管理、公共服务和生态保护的基本职能，在国家治理现代化进程中扮演多重角色。而县级政府往往兼具治理资源调配者和治理责任承担者双重角色[5]，且责任承担与资源调配往往互为前提、相互促进。一定程度上，县级政府整合和运用

---

[1] 刘刚：《政府治理创新的主要内涵和基本路径》，《中共天津市委党校学报》2016年第5期。

[2] 席建设、王文凯：《县域治理体系和治理能力现代化的兰考实践》，《领导科学》2020年第8期。

[3] 瞿磊、王国红：《广西县域治理创新实践及其发展方向》，《学术论坛》2013年第1期。

[4] 范柏乃、张鸣：《地方政府信用影响因素及影响机理研究——基于116个县级行政区域的调查》，《公共管理学报》2012年第2期。

[5] 印子：《县域政策执行偏差的治理——基于我国中西部4县调查的分析》，博士学位论文，华中科技大学，2017年，第29页。

的治理资源的数量和质量直接关乎县级政府治理能力现代化的推进速度和实现程度。

四是治理机制。"体制机制作为体现和实现特定制度体系的方法和途径，能动地为制度治理能力的充分发挥提供有力的支撑"①，对县级政府治理机制展开讨论主要包括运行机制和合作机制。一般来说，运行机制包括决策机制、信息机制、责任机制、监督机制、协调机制、绩效评估机制等，可以全方位地促进组织机构协调运转。而合作机制则是县级政府协调多元治理主体共同参与治理、有效发挥能力的重要保障和必然要求。

五是治理文化。中国语境下的治理文化有两种概念：一种将治理文化理解为动宾结构，即对文化进行治理；另一种将治理文化理解为名词词组，即用作治理的文化。这里我们主要采取后一种理解，探讨的是县级政府内部治理文化。"管理说到底就是文化及其质量的管理"②。文化的这种独特的"治理性"不仅深刻影响着县级政府的组织氛围和工作作风，也在潜移默化中形塑着县级政府工作人员的道德素质和工作能力。这种"强烈的文化是组织取得成功的新的'老法则'"③，也是县级政府治理能力现代化的重要推动力量。总体上看，受中国传统治理模式的影响，我国逐渐形成了"礼法融合"的治理文化④，并在习近平法治思想的影响下逐渐转化为"德法合治"。但具体到某个县域，可能存在特定的治理亚文化，并对县级政府治理能力现代化进程产生积极或消极的影响。

六是治理工具。"治理工具"（governing tools）是参与治理的各主体（尤其是政府或公共部门）为实现治理目标而采取的行动策略

---

① 郑言：《"治理现代化"与改革创新体制机制》，《光明日报》2014年8月6日第13版。
② 天河水：《文化全面质量管理：从机械人到生态和谐人》，中国社会科学出版社2006年版，第2页。
③ [美]阿伦·肯尼迪、特伦斯·迪尔：《公司文化：公司生活的礼节和仪式》，生活·读书·新知三联书店1989年版，第21页。
④ 沈小勇：《礼法融合的中国传统治理文化》，《学习时报》2020年6月19日第7版。

或方式①。从政治系统理论视角来看,治理工具是政治系统中输入转化为输出的关键。现代化的政府治理能力必然要求现代化的治理工具,这就要求县级政府要以治理工具的改革创新为抓手,切实推进治理技术和手段的现代化。换言之,治理工具选择的科学性、合理性、匹配性是影响和衡量县级政府治理能力及其现代化的重要方面。

---

① 张璋:《政府治理工具的选择与创新:新公共管理理论的主张及启示》,《新视野》2001年第5期。

第三章

县级政府治理能力现代化：
中央举措

我国是单一制国家，地方各级政府必须在中央政权统一领导下行使职权。改革开放以来特别是中共十八届三中全会明确提出"推进国家治理体系和治理能力现代化"这一重大命题以来，中央出台了一系列改革举措。这些改革举措一方面直接推动着作为执行者的县级政府在贯彻落实中不断深化改革，提升政府治理能力，另一方面也影响着县级政府治理环境进而作用于县级政府治理能力建设。本章立足中央举措进行政策梳理，对与县级政府治理能力建设密切相关的省直管县改革、"放管服"改革和机构改革等代表性改革举措进行分析，对其宏观政策依据和总体发展要求进行梳理，为探明县级政府治理能力现代化的重点内容和关键环节提供指引。

第一节 开展省直管县改革

所谓省直管县改革，一般是指省市县行政管理关系由原来的"省—市—县"三级管理体制转变为"省—市、省—县"两级管理体制，对县的管理由"省—市—县"模式变为"省—县"模式。按照管理的不同方式，省直管县在宽泛意义上可以分为两大类：一是财政上省直接管理县，既有的组织、人事、行政制度不变，是对市管县体制的局部调整，其本质是减少财政资金分配的级次，使各级政府的财权和事权尽可能统一起来；二是行政上省直接管理县，县彻底与地级市脱钩，在人事任命、项目审批、资金往来上归省级政府管理，这是对地方政府层级的变革，地方政府由省市县三级转变为省县两级政府结构[1]。显然，前述定义主要是针对第二类省直管县而言。省直管县改革的实质主要在于调整省、市、县三者之间的权责关系，进而调整其利益关系[2]。习近平总书记指出："国家治理体系和治理能力是一个国家的制度和制度执行能力的集中体现，两者相辅相成。"[3]"要强化制度执行力，加强制度执行的监督，切实把我国制度优势转化为治理效能。"[4] 由此，政府治理能力现代化作为国家治理能力现代化的重要内容，就是要把我国制度优势更好地转化为政府治理效能，尤其要提升政府的制度执行能力。从这个意义上理解，提升县级政府的制度执行能力是县级政府治理能力现代化的应有之义。中央开展省直管县改革，缩减行政层级，调整省、市、县之间的权责关系，无疑有利于打通目前"省—市—县—乡"四级政府层级节制的行政管理体制与运行机制壁垒，优化县级政府治理环境，提升县级政府的制度执行能力，助推县级政府治理能力现代化。

一 政策变迁

改革开放之初，基于加快工业化和城市化进程需要，中共中央下发《改革地区体制、实行市领导县体制的通知》（中发〔1982〕51号），要求"在经济发达地区将省辖中等城市周围的地委行署与

---

[1] 庞明礼：《省直管县改革：模式、过程与走向》，中国社会科学出版社2020年版，第7页。

[2] 苗长虹、赵建吉等：《省直管县体制改革的探索与评价——以河南省为例》，科学出版社2020年版，第14页。

[3] 习近平：《完善和发展中国特色社会主义制度 推进国家治理体系和治理能力现代化》，《人民日报》2014年2月18日第1版。

[4] 习近平：《继续沿着党和人民开辟的正确道路前进 不断推进国家治理体系和治理能力现代化》，《人民日报》2019年9月25日第1版。

市委市政府合并,市管县、管企业"。1983年2月,中共中央、国务院下发《关于地市州党政机关机构改革若干问题的通知》(中发〔1983〕6号),强调"以经济发达的城市为中心,以广大农村为基础,逐步实行市领导县的体制,使城市和农村紧密地结合起来"。至1994年底,大陆各省、自治区、直辖市除海南省外都实行了市管县体制。市管县体制的产生、发展有其历史必然性,在特定历史时期对于打破市县之间的行政壁垒和城乡分割、工农分割的格局,加快城市化、工业化进程等方面发挥了一定的积极作用。然而,随着我国改革开放的推进和市场经济的发展,加之市管县体制缺乏充分的宪法依据以及政区范围划分不尽合理等原因,市管县体制在实践中逐渐显现出不少问题,被形象地形容为"小马拉大车""有马不拉车",甚至出现"市吃县""市刮县""市卡县"等弊端,引发市县矛盾。为破解这些难题,一些省份开始推动"强县扩权""扩权强县""财政省直管县""行政省直管县"改革,并形成了"浙江模式""海南模式"等特色经验,为中央制定省直管县改革宏观政策提供了地方经验。

中共十六大后,以胡锦涛同志为总书记的党中央在中央宏观政策层面逐步确立了省直管县改革的"路线图"。2004年7月,《国务院关于做好2004年深化农村税费改革试点工作的通知》中提出:"要改革和完善省级以下财政管理体制,合理划分省级以下各级政府支出责任。凡属于省、市级需承担的支出,同级财政要全额保障经费,不得以任何形式向下转嫁,省、市委托县乡承办的事务,要足额安排专项经费,不留缺口。具备条件的地区,在财政管理体制上可以进行'省直管县'的改革试点。"① 这是中央政府首次提出要进行省直管县改革试点工作。2005年10月,中共十六届五中全会通过的《中共中央关于制定国民经济和社会发展第十一个五年规

---

① 《国务院关于做好2004年深化农村税费改革试点工作的通知》(国发〔2004〕21号),中国政府网:http://www.gov.cn/gongbao/content/2004/content_62900.htm,2020年12月29日。

划的建议》中提出:"完善中央和省级政府的财政转移支付制度,理顺省级以下财政管理体制,有条件的地方可实行省级直接对县的管理体制。"① 这是党中央首次以全会决议的形式提出要进行省直管县财政管理体制改革。2005年12月,《中共中央国务院关于推进社会主义新农村建设的若干意见》中强调:"有条件的地方可加快推进'省直管县'财政管理体制和'乡财县管乡用'财政管理方式的改革。"② 2007年10月,中共十七大报告中提出:"减少管理层级,在有条件的地区推进省直管县、乡财县管等管理方式。"③ 这表明省直管县改革由原来的"财政省直管县"进入"行政省直管县"的新阶段。2008年10月,中共十七届三中全会通过的《中共中央关于推进农村改革发展若干重大问题的决定》中提出:"推进省直接管理县(市)财政体制改革,优先将农业大县纳入改革范围。有条件的地方可依法探索省直接管理县(市)的体制。"④ 2008年12月,《中共中央国务院关于2009年促进农业稳定发展农民持续增收的若干意见》中强调:"稳步推进扩权强县改革试点,鼓励有条件的省份率先减少行政层次,依法探索省直接管理县(市)的体制。"⑤ 2009年6月,财政部在《关于推进省直接管理县财政改革的意见》中提出省直管县财政管理体制改革的总目标:"2012年底前,力争全国除民族自治地区外全面推进省直接管理县财政改革,近期首先将粮食、油料、棉花、生猪生产大县全部纳入

---

① 《中共中央关于制定国民经济和社会发展第十一个五年规划的建议》,《求是》2005年第20期。

② 《中共中央国务院关于推进社会主义新农村建设的若干意见》(中发〔2006〕1号),中国政府网: http://www.gov.cn/gongbao/content/2006/content_254151.htm,2020年12月29日。

③ 胡锦涛:《高举中国特色社会主义伟大旗帜 为夺取全面建设小康社会新胜利而奋斗——在中国共产党第十七次全国代表大会上的报告》,《人民日报》2007年10月25日第1版。

④ 《中共中央关于推进农村改革发展若干重大问题的决定》,《人民日报》2008年10月20日第1版。

⑤ 《中共中央国务院关于2009年促进农业稳定发展农民持续增收的若干意见》(中发〔2009〕1号),中国政府网: http://www.gov.cn/gongbao/content/2009/content_1220471.htm,2020年12月29日。

改革范围。"① 2010年10月，中共十七届五中全会通过的《中共中央关于制定国民经济和社会发展第十二个五年规划的建议》强调："继续优化政府结构、行政层级、职能责任，降低行政成本，坚定推进大部门制改革，在有条件的地方探索省直接管理县（市）的体制。"② 同年，中央机构编制委员会办公室确定安徽、河北、河南、湖北、江苏、黑龙江、宁夏、云南等八省区30个县（市）进行省直管县体制改革试点，要求试点省区在省直管县财政体制和扩大县（市）经验管理权限的基础上，突破市管县体制框架设计改革，重点改革试点县（市）经济社会管理权限，改革党委、政府、人大、政协工作体制，改革司法管理体制，调整垂直管理体制等③。

中共十八大以来，以习近平同志为核心的党中央在宏观政策层面进一步深化了省直管县改革的"顶层设计"。2012年11月，中共十八大报告中提出："优化行政层级和行政区划设置，有条件的地方可探索省直接管理县（市）改革，深化乡镇行政体制改革。"④ 这表明行政省直管县体制改革由原来的"优化行政层级"进入"优化行政层级与优化行政区划设置并重"的新阶段。2012年12月，国家发改委在《中原经济区规划（2012—2020年）》中提出："创新行政管理体制，优化政府结构和行政层级，加快推行省直管县（市）改革，适时启动市县同城城市整建制撤县设区。"⑤ 2013年11月，中共十八届三中全会通过的《中共中央关于全面深化改革若干重大问题的决定》中强调："优化行政区划设置，有条件的

---

① 财政部《关于推进省直接管理县财政改革的意见》（财预〔2009〕78号），中国政府网：http://www.gov.cn/zwgk/2009-07/09/content_1360963.htm，2020年12月30日。
② 《中共中央关于制定国民经济和社会发展第十二个五年规划的建议》，《求是》2010年第21期。
③ 张占斌：《省直管县改革新试点：省内单列与全面直管》，《中国行政管理》2013年第3期。
④ 胡锦涛：《坚定不移沿着中国特色社会主义道路前进 为全面建成小康社会而奋斗——在中国共产党第十八次全国代表大会上的报告》，《人民日报》2012年11月18日第1版。
⑤ 《中原经济区规划（2012—2020年）》，《河南日报》2012年12月3日第3版。

地方探索推进省直接管理县（市）体制改革。"① 2014年5月，国家发改委《关于印发2013年促进中部地区崛起工作总结和2014年工作要点的通知》中强调："深入推进省直管县财政管理方式改革，稳步推进省直管县改革试点。"② 2016年3月，《中华人民共和国国民经济和社会发展第十三个五年规划纲要》中提出："扩大县域发展自主权，提高县级基本财力保障水平。"③ 2017年1月，《国务院关于印发"十三五"推进基本公共服务均等化规划的通知》中强调："简化财政管理层级，扩大省直管县财政管理体制改革覆盖面，加大省级人民政府转移支付对省域内基本公共服务财力差距的调节力度。"④ 2017年10月，中共十九大报告中提出："深化机构和行政体制改革。赋予省级及以下政府更多自主权。"⑤ 2018年4月，民政部《关于推进深度贫困地区民政领域脱贫攻坚工作的意见》中提出："推动深度贫困地区优化行政区划设置"，"有序推动符合条件的县改市，稳妥推进省直管县和扩权强县改革"⑥。2019年10月，中共十九届四中全会通过的《中共中央关于坚持和完善中国特色社会主义制度、推进国家治理体系和治理能力现代化若干重大问题的决定》中强调："赋予地方更多自主权，支持地方创造性开展

---

① 《中共中央关于全面深化改革若干重大问题的决定》，《人民日报》2013年11月16日第1版。
② 国家发改委《关于印发2013年促进中部地区崛起工作总结和2014年工作要点的通知》（发改地区〔2014〕848号），国家发改委门户网站：https：//www.ndrc.gov.cn/xxgk/zcfb/tz/201405/t20140512_964116.html，2020年12月29日。
③ 《中华人民共和国国民经济和社会发展第十三个五年规划纲要》，《人民日报》2016年3月18日第1版。
④ 《国务院关于印发"十三五"推进基本公共服务均等化规划的通知》（国发〔2017〕9号），中国政府网：http：//www.gov.cn/zhengce/content/2017-03/01/content_5172013.htm，2020年12月29日。
⑤ 习近平：《决胜全面建成小康社会 夺取新时代中国特色社会主义伟大胜利——在中国共产党第十九次全国代表大会上的报告》，《人民日报》2017年10月28日第1版。
⑥ 民政部《关于推进深度贫困地区民政领域脱贫攻坚工作的意见》（民发〔2018〕43号），中国政府网：http：//www.gov.cn/zhengce/zhengceku/2018-12/31/content_5441995.htm，2020年12月29日。

工作。"① 2020 年 10 月，中共十九届五中全会通过的《中共中央关于制定国民经济和社会发展第十四个五年规划和二〇三五年远景目标的建议》中强调："明确中央和地方政府事权与支出责任，健全省以下财政体制，增强基层公共服务保障能力。"② 2021 年 3 月，《中华人民共和国国民经济和社会发展第十四个五年规划和 2035 年远景目标纲要》提出："健全省以下财政体制，增强基层公共服务保障能力""优化行政区划设置，提高中心城市综合承载能力和资源优化配置能力，强化对区域发展的辐射带动作用"③。

二 改革目标与原则

省直管县改革是中央深化行政管理体制改革的一项系统性工程，存在着总体目标与具体目标相合的现象。从中央层面有关省直管县改革的政策文本梳理分析来看，省直管县改革的主要目标有：(1) 理顺省以下政府间财权分配关系；(2) 优化省以下行政层级与行政区划设置；(3) 推动市、县政府职能转变；(4) 扩充县级政府经济社会管理权限；(5) 激发县域经济发展活力；(6) 提升县级政府公共服务能力；(7) 调动县级政府的积极性。不难发现，这些主要目标聚焦两个方面：一是以缓解基层政府财政困难为省直管县改革着力点，通过调整省以下政府间事权、财权分配关系，将部分经济社会管理权限下放给县级政府，消解传统纵向行政权责关系中上级政府"权大责小"、下级政府"权小责大"的权责背离悖论；二是以行政组织结构扁平化为省直管县改革总取向，通过财政省直管县、行政省直管县等改革举措重构中央与地方关系，削弱城市"虹吸效应"，增强基层政府话语权，推进以县城为重要载体的

---

① 《中共中央关于坚持和完善中国特色社会主义制度、推进国家治理体系和治理能力现代化若干重大问题的决定》，《人民日报》2019 年 11 月 6 日第 1 版。
② 《中共中央关于制定国民经济和社会发展第十四个五年规划和二〇三五年远景目标的建议》，《人民日报》2020 年 11 月 4 日第 1 版。
③ 《中华人民共和国国民经济和社会发展第十四个五年规划和 2035 年远景目标纲要》，《人民日报》2021 年 3 月 13 日第 1 版。

城镇化建设，促进城乡融合与区域协调发展。

省直管县改革是优化我国政府组织结构的重要举措，涉及省以下政府间的利益调整，必须遵循一定的基本原则才能有效调动各方面的积极性。梳理中央层面有关省直管县改革的政策文本，可以发现省直管县体制改革的主要原则包括：（1）因地制宜、分类指导；（2）科学规范、合理有序；（3）积极稳妥、循序渐进；（4）协调推进、共同发展。可以看出，这些原则体现出两个导向：一是中央统一协调与尊重地区差异相统一，通过中央宏观政策的"顶层设计"与地方政策试点的"以点带面"相结合，力图确保省直管县改革的科学性与可行性；二是改革梯次推进与照顾各方利益相统一，通过保证市县既得利益，尊重实际情况，充分调动省以下各级政府的积极性，力图避免省直管县改革"一刀切"导致的"水土不服"现象。

三 改革内容与配套举措

多数地区推动的省直管县改革大都遵循过这样的路径：从经济管理切入，向县级政府下放经济管理权，强县扩权，推行省管县的财政改革[①]；进而在推进省直管县财政体制改革的基础上，扩大县级政府行政管理权限，同时深化和拓展相关体制改革。通过对中央层面有关省直管县改革的政策文本分析，省直管县改革的主要内容有：（1）收支划分。在进一步理顺省与市、县支出责任的基础上，确定市、县财政各自的支出范围，市、县不得要求对方分担应属自身事权范围内的支出责任。按照规范的办法，合理划分省与市、县的收入范围。（2）转移支付。转移支付、税收返还、所得税返还等由省直接核定并补助到市、县，专项拨款补助由各市、县直接向省级财政等有关部门申请并由省级财政部门直接下达市、县。市级财政可通过省级财政继续对县给予转移支付。（3）财政预决算。市、

[①] 刘晓鹏：《"省管县"改革线路图凸显》，《人民日报》2008年7月30日第13版。

县统一按照省级财政部门有关要求,各自编制本级财政收支预算和年终决算。市级财政部门要按规定汇总市本级、所属各区及有关县预算,并报市人大常委会备案。(4)资金往来。建立省与市、县之间的财政资金直接往来关系,取消市与县之间日常的资金往来关系。省级财政直接确定各市、县的资金留解比例。各市、县金库按规定直接向省级金库报解财政库款。(5)财政结算。年终各类结算事项一律由省级财政与各市、县财政直接办理,市、县之间如有结算事项,必须通过省级财政办理。各市、县举借国际金融组织贷款、外国政府贷款、国债转贷资金等,直接向省级财政部门申请转贷及承诺偿还,未能按规定偿还的由省财政直接对市、县进行扣款。(6)扩大行政管理权限。凡适宜县级政府行使且法律法规不禁止下放的行政管理权,都应逐步下放给县级政府。县级政府需报请上级政府审批、核准的事项,依法改为直接报省审批。(7)调整行政管理体制。在维持县级行政建制不变的前提下,逐步赋予县级政府行使地级市政府的行政管理权,由省级政府直接领导县级政府工作。县级政府各工作部门直接由省级政府主管部门进行业务指导或领导。(8)下放人事管理权限。积极探索与省直管县体制相适应的干部人事管理制度。[①] 可以看出,这些改革内容主要聚焦两个方面:一是通过明确各级政府的财政收支范围和责任、财政转移支付渠道、财政预决算编制流程、财政资金往来关系以及财政结算渠道,实现省级政府与市县政府财权合理划分,保证财政省直管县体制改革落到实处,强化省级调控功能,推动市县共同发展;二是根据县级政府履行职责的实际需要下放行政管理权限,由省级政府直接领导县级政府的工作,减少行政层级,理顺条块关系,使县级政府事权与财权相匹配,权力与责任相统一。

---

① 财政部《关于推进省直接管理县财政改革的意见》(财预〔2009〕78号),中国政府网:http://www.gov.cn/zwgk/2009-07/09/content_1360963.htm,2020年12月30日;中央编办《关于开展省直管县体制改革试点的通知》,南京市浦口区编办门户网站:http://www.pkjgbz.gov.cn/jgbz/bzgl/zxwjhz/201207/content_0713_131565.html,2020年12月30日。

省直管县体制改革是一项包括政策制定、政策执行、政策评估与反馈诸环节的全周期工作，涉及人、财、物、信息资源的综合利用，必须有相应的配套举措。通过对当前中央层面有关省直管县体制改革的政策文本分析，省直管县体制改革的主要配套举措有：（1）组建省直管县体制改革组织领导机构，各地区成立省直管县体制改革试点工作领导小组，由其负责统筹协调省直管县体制改革具体工作；（2）建立县级基本财力保障机制，加大对财力薄弱县的支持力度；（3）构建省级与市、县的财政信息化网络，加强财政管理信息化建设；（4）健全与县级政府扩权相适应的监督制约机制，规范权力运作，强化行政问责，确保省直管县各项政策措施有效落实。可以看出，这些主要配套举措体现以下特点：中央—省—市县政府分工合作，其中中央政府负责省直管县体制改革的顶层设计，明确改革总体思路，并给出时间表和路线图，省级政府按照中央的统一要求，结合本地区实际制定政策方案，选择政策试点，由市县政府具体落实。通过政府间协同整合人、财、物、信息等资源，确保省直管县体制改革的有序推进。

第二节　推进"放管服"改革

所谓"放管服"，即"简政放权、放管结合、优化服务"的简称。其中，"'简政放权'就是以减少行政审批为主要抓手，将不该由政府管理的事项交给市场、企业和个人，减少政府的微观管理，减少政府对资源的直接配置和对经济活动的直接干预，激发市场主体的活力；'放管结合'就是在简政放权的同时加强事中事后监管，从'严进宽管'转向'宽进严管'，转变监管理念，创新监管方式，强化公正监管，维护公平竞争的市场秩序；'优化服务'就是强化服务意识、创新服务方式，优化办事流程，推行互联网＋政务服务，提升政务服务水平，为企业和公众提供高效便捷的政府服务"①。习近平总书记指出："经济体制改革的核心问题仍然是处理好政府和市场关系"，"进一步处理好政府和市场关系，实际上就是要处理好在资源配置中市场起决定性作用还是政府起决定性作用这个问题"科学的宏观调控，有效的政府治理，是发挥社会主义市场经济体制优势的内在要求"②。政府治理能力现代化作为国家治理能力现代化的重要内容，就是要推动有效市场和有为政府更好结合，尤其要通过简政放权发挥市场决定性作用。从这个意义上理解，县级政府治理能力主要体现为以县级政府高效能治理助推县域经济高质量发展的能力，即通过推进"放管服"改革，减少政府对微观经济直接干预，同时更好发挥政府作用，实现有为政府和有效市场的更好结合。因此，"放管服"改革是当前推进我国县级政府治理能力现代化的又一项重要举措。

一 政策变迁

中共十八大以来，以习近平同志为核心的党中央在中央宏观政策层面进一步强调深化行政审批制度改革，继续简政放权，逐步形成了"放、管、服"三管齐下、全面推进的格局。2012年11月，中共十八大报告提出："深化行政审批制度改革，继续简政放权，推动政府职能向创造良好发展环境、提供优质公共服务、维护社会公平正义转变。"③ 2013年3月，李克强总理在新一届国务院第一次常务会议上提出："政府职能转变是深化行政体制改革的核心，也是发展市场经济、法治经济的保障。要把职能转变作为新一届国务院工作开局的关键，把减少行政审批作为职能转变的突破口。大幅减少和下放行政审批事项，真正向市场放权，发挥社会力量作

---

① 沈荣华：《推进"放管服"改革：内涵、作用和走向》，《中国行政管理》2019年第7期。
② 习近平：《关于〈中共中央关于全面深化改革若干重大问题的决定〉的说明》，《人民日报》2013年11月16日第1版。
③ 胡锦涛：《坚定不移沿着中国特色社会主义道路前进 为全面建成小康社会而奋斗——在中国共产党第十八次全国代表大会上的报告》，《人民日报》2012年11月18日第1版。

用,减少对微观事务的干预。"① 这表明这一届中央政府"把简政放权、放管结合作为'当头炮'和'先手棋'"②。2013年11月,中共十八届三中全会通过的《中共中央关于全面深化改革若干重大问题的决定》强调:"进一步简政放权,深化行政审批制度改革,最大限度减少中央政府对微观事务的管理,市场机制能有效调节的经济活动,一律取消审批,对保留的行政审批事项要规范管理、提高效率;直接面向基层、量大面广、由地方管理更方便有效的经济社会事项,一律下放地方和基层管理。"③ 2014年6月,国务院部门行政审批制度改革工作推进会提出:"要坚持放管结合、放管并举,创新监管方式,加强和改进事中事后监管。"④ 2015年5月,李克强总理在全国推进简政放权放管结合职能转变工作电视电话会议上提出:"当前和今后一个时期,深化行政体制改革、转变政府职能总的要求是:简政放权、放管结合、优化服务协同推进,即'放、管、服'三管齐下。"⑤ 至此,"放管服"三位一体的改革方略基本形成。2015年11月,国务院办公厅印发《关于简化优化公共服务流程方便基层群众办事创业的通知》,提出:"加快推进'互联网+公共服务',运用大数据等现代信息技术,强化部门协同联动,打破信息孤岛,推动信息互联互通、开放共享,提升公共服务整体效能。"⑥ 2016年3月,习近平总书记在参加十二届全国人大四次会议上海代表团审议时提出:"深化经济体制改革,核心是

---

① 《李克强主持召开国务院常务会议》,中国政府网:http://www.gov.cn/guowuyuan/2013-03/18/content_2591137.htm,2020年12月30日。
② 李克强:《在全国深化"放管服"改革转变政府职能电视电话会议上的讲话》,《人民日报》2018年7月13日第2版。
③ 《中共中央关于全面深化改革若干重大问题的决定》,《人民日报》2013年11月16日第1版。
④ 《国务院部门行政审批制度改革工作推进会召开,李克强作重要批示》,中国政府网:http://www.gov.cn/guowuyuan/2014-06/06/content_2695702.htm,2020年12月30日。
⑤ 《李克强在全国推进简政放权放管结合职能转变工作电视电话会议上的讲话》,中国政府网:http://www.gov.cn/guowuyuan/2015-05/15/content_2862198.htm,2020年12月30日。
⑥ 国务院办公厅《关于简化优化公共服务流程方便基层群众办事创业的通知》(国办发〔2015〕86号),中国政府网:http://www.gov.cn/zhengce/content/2015-11/30/content_10362.htm,2020年12月30日。

处理好政府和市场关系，使市场在资源配置中起决定性作用和更好发挥政府作用"，"关键是加快转变政府职能，该放给市场和社会的权一定要放足、放到位，该政府管的事一定要管好、管到位。要深化行政审批制度改革，推进简政放权，深化权力清单、责任清单管理，同时要强化事中事后监管。"① 同月，十二届全国人大四次会议审议通过的《中华人民共和国国民经济和社会发展第十三个五年规划纲要》提出："加快政府职能转变，持续推进简政放权、放管结合、优化服务，提高行政效能，激发市场活力和社会创造力"，"建立健全权力清单、责任清单、负面清单管理模式，划定政府与市场、社会的权责边界"，"转变监管理念，加强事中事后监管"，"创新政府服务方式，提供公开透明、高效便捷、公平可及的政务服务和公共服务"。② 2017年4月，国务院办公厅印发《关于进一步做好"放管服"改革涉及的规章、规范性文件清理工作的通知》，强调清理的重点是："与国务院行政审批制度改革、商事制度改革、职业资格改革、投资体制改革和清理规范行政审批中介服务事项等改革决定不一致的有关规定，特别是与因上述改革而修改的法律、行政法规不一致的有关规定。"③ 同年6月，李克强总理在全国深化简政放权放管结合优化服务改革电视电话会议上提出"放管服"改革的重点要做到五个"为"，即"为促进就业创业降门槛；为各类市场主体减负担；为激发有效投资拓空间；为公平营商创条件；为群众办事生活增便利"④。

中共十九大以来，"放管服"改革进入新的阶段。2017年10

---

① 《习近平参加上海代表团审议》，人民网：http://cpc.people.com.cn/n1/2016/0306/c64094-28175239.html，2020年12月30日。

② 《中华人民共和国国民经济和社会发展第十三个五年规划纲要》，《人民日报》2016年3月18日第1版。

③ 国务院办公厅《关于进一步做好"放管服"改革涉及的规章、规范性文件清理工作的通知》（国办发〔2017〕40号），中国政府网：http://www.gov.cn/zhengce/content/2018-04/24/content_5285532.htm，2020年12月30日。

④ 《李克强在全国深化简政放权放管结合优化服务改革电视电话会议上的讲话》，中国政府网：http://www.gov.cn/premier/2017-06/29/content_5206812.htm，2020年12月30日。

月，中共十九大报告强调："转变政府职能，深化简政放权，创新监管方式，增强政府公信力和执行力，建设人民满意的服务型政府。"① 2018 年 3 月，李克强总理在十三届全国人大一次会议记者会上提出，下一阶段"放管服"改革的重点要做到"六个一"："企业开办时间再减一半；项目审批时间再砍一半；政务服务一网办通；企业和群众办事力争只进一扇门；最多跑一次；凡是没有法律法规依据的证明一律取消。"② 2018 年 5 月，中共中央办公厅、国务院办公厅印发《关于深入推进审批服务便民化的指导意见》，提出："坚持放管并重、放管结合，坚持体制创新与'互联网＋'融合促进，全面推行审批服务'马上办、网上办、就近办、一次办'，2018 年 10 月底前实现全覆盖。"③ 2018 年 7 月，中央全面深化改革委员会第三次会议审议通过《关于浙江等地深化"最多跑一次"改革需要中央层面解决的事项清单及工作建议》，从中央层面为基层"放管服"改革探索加强制度和政策设计④。2019 年 10 月，中共十九届四中全会通过的《中共中央关于坚持和完善中国特色社会主义制度、推进国家治理体系和治理能力现代化若干重大问题的决定》中强调："深入推进简政放权、放管结合、优化服务，深化行政审批制度改革，改善营商环境，激发各类市场主体活力。"⑤ 2020 年 10 月，中共十九届五中全会通过的《中共中央关于制定国民经济和社会发展第十四个五年规划和二〇三五年远景目标的建

---

① 习近平：《决胜全面建成小康社会 夺取新时代中国特色社会主义伟大胜利——在中国共产党第十九次全国代表大会上的报告》，《人民日报》2017 年 10 月 28 日第 1 版。

② 《李克强总理会见中外记者并答记者问（全文实录）》，中国政府网：http://www.gov.cn/premier/2018－03/20/content_5275962.htm#allContent，2020 年 12 月 30 日。

③ 《中共中央办公厅、国务院办公厅印发〈关于深入推进审批服务便民化的指导意见〉》（厅字〔2018〕22 号），中国政府网：http://www.gov.cn/zhengce/2018－05/23/content_5293101.htm，2020 年 12 月 30 日。

④ 《让经济社会发展迸发出更为强大的活力——"放管服"改革述评》，中国政府网：http://www.gov.cn/xinwen/2018－11/30/content_5344860.htm，2020 年 12 月 30 日。

⑤ 《中共中央关于坚持和完善中国特色社会主义制度、推进国家治理体系和治理能力现代化若干重大问题的决定》，《人民日报》2019 年 11 月 6 日第 1 版。

议》中强调:"深化简政放权、放管结合、优化服务改革,全面实行政府权责清单制度。实施涉企经营许可事项清单管理,加强事中事后监管,对新产业新业态实行包容审慎监管。推进政务服务标准化、规范化、便利化,深化政务公开。"[1]

二 改革目标与原则

"放管服"改革是中央为"充分发挥市场在资源配置中的决定性作用,更好发挥政府作用"而推动的一项全局性工程。通过对当前中央层面有关"放管服"改革的政策文本分析,"放管服"改革的主要目标有:(1)推进政府职能转变;(2)推动有效市场和有为政府更好结合;(3)打造市场化、法治化、国际化营商环境;(4)激发市场主体活力;(5)激发社会创造力;(6)调动地方政府的积极性。不难发现,这些主要目标聚焦两个方面:一是以规范行政权力运行、提高行政审批效率为"放管服"改革着力点,通过建立部门权力清单和责任清单制度等举措实现政府"法无授权不可为",杜绝权力寻租;二是以放权、监管、服务并重为"放管服"改革总取向,通过简化投资审批、改革商事制度、推行"互联网+政务服务"等举措营造公平营商环境,实现市场"法无禁止即自由",激发市场活力和社会创造力。

"放管服"改革是当前我国全面深化改革,构建高水平社会主义市场经济体制的重要举措,涉及政企关系、政社关系的深层次调整,必须遵循一定的原则才能有效调动各方面的积极性。通过对当前中央层面有关"放管服"改革的政策文本分析,"放管服"改革的主要原则有:(1)民意优先、问题导向;(2)市场主导、政府引导;(3)上下联动、同步推进;(4)依法有序、稳步推广。这些主要原则体现出三个导向:一是中央集中统一领导与尊重地方首

---

[1] 《中共中央关于制定国民经济和社会发展第十四个五年规划和二〇三五年远景目标的建议》,《人民日报》2020年11月4日第1版。

创精神相统一，通过中央决策部署层层落实与地方探索创新相结合，确保"放管服"改革"从群众中来、到群众中去"；二是过程与结果相统一，通过简化事前审批、加强事中事后监管、提升服务效能，将"放管服"改革真正落到实处，让人民群众更有获得感；三是政策与法治相统一，通过清理、废除不再适用的政策性文件，并同步修订相关法律法规，避免运动式改革导致的"人走政息"现象。

三 改革内容与配套举措

据中国政府网"国务院政策文件库"文件标题检索显示，截至2021年1月，与"放管服"改革直接相关的中央文件共计44份，其中国务院文件共计9份，国务院部门文件共计11份[①]。从当前中央层面有关"放管服"改革的政策文本分析来看，"放管服"改革的主要内容包括：（1）梳理现有各层级审批和各种具有审批性质的管理措施并形成清单，分类推进行政审批制度改革；（2）取消对微观经济活动造成不必要干预的审批，以及可以由事前审批转为事中事后监管的审批；（3）改革创新审批方式，深化"证照分离"改革，在生产许可、项目投资审批、证明事项等领域，广泛推行承诺制，实现政府定标准、企业或个人作承诺、过程强监管、失信严惩戒，大幅提高核准审批效率；（4）提高监管执法规范性和透明度，完善"双随机、一公开"监管、信用监管、"互联网＋监管"、跨部门协同监管等有效做法，减少人为干预，压缩自由裁量空间，使监管既"无事不扰"又"无处不在"；（5）创新包容审慎监管，改革按区域、按行业监管的习惯做法，探索创新监管标准和模式，发挥平台监管和行业自律作用；（6）推行"不见面"办事，进一步拓展"互联网＋政务服务"，提供"24小时不打烊"的在线政务服

---

① 《国务院政策文件库》，中国政府网：http://sousuo.gov.cn/s.htm?t=zhengcelibrary&q="放管服"改革，2021年1月30日。

务；（7）推动更多事项集成办理，充分发挥地方政务大厅等"一站式"服务功能，加快实现一窗受理、限时办结、最多跑一次；（8）提供公平可及的基本民生保障服务，进一步简化社保参保、转移接续等手续，扩大养老、医疗、失业等保险覆盖面；（9）严格执行外商投资法及配套法规，清理与外商投资法不符的行政法规、部门规章、规范性文件，确保内外资企业一视同仁、公平竞争。[①] 归纳起来，这些改革内容主要聚焦三个方面：一是简政放权，重点在于中央政府下放行政审批权，清理没有法律依据和法律授权的行政审批权，同时理清多个政府部门重叠管理的行政审批权；二是放管结合，重点在于政府部门要加强和规范事中事后监管，以公正监管促进公平竞争，打造市场化、法治化、国际化营商环境；三是优化服务，重点在于转变政府职能，发挥市场在资源配置中的决定性作用，减少政府对市场活动的直接干预，降低市场主体的制度性交易成本，激发市场主体的活力和社会创造力。

"放管服"改革是一项中央、省、市、县政府上下联动的系统性工作，涉及方案制定、分工落实、监督问责的综合运用，必须有相应的配套举措。通过对当前中央层面有关"放管服"改革的政策文本分析，"放管服"改革的主要配套举措有：（1）组建"放管服"改革组织领导机构，各地区成立推进政府职能转变和"放管服"改革协调小组，由其负责制定"放管服"改革方案及任务落实；（2）建立常态化政企沟通机制，充分听取各方面意见，对企业诉求"接诉即办"；（3）构建地方"放管服"改革跟踪指导与督查考评机制，推动地方政府特别是基层政府职能转变，着力解决"最后一公里"问题。这些主要配套举措体现出两个特点：一是各地区、各部门间注重工作衔接，由各地"放管服"改革协调小组各专题组、功能组进行工作对接，协调解决跨部门、跨领域问题；二是

---

① 《国务院办公厅关于印发全国深化"放管服"改革优化营商环境电视电话会议重点任务分工方案的通知》（国办发〔2020〕43号），中国政府网：http://www.gov.cn/zhengce/content/2020-11/10/content_5560234.htm，2020年12月30日。

政府与各类市场主体间注重沟通衔接，以企业和群众的获得感和满意度作为评判标准，引入第三方评价机制，倒逼政府部门深化改革、改进服务。

第三节 深化机构改革

所谓机构改革，是指为了适应社会政治经济发展的需要而对党政机关的管理体制、职能配置、机构设置、人员配备以及这些机构人员的组合方式、运行机制所做的较大调整和变革[①]。其中，政府机构改革主要包括政府职能的转变和政府机构的优化设置两个方面，其中政府职能是政府机构设置的依据，而机构是职能的载体，政府机构设置是履行政府职能的体制保障[②]。中共十八大之前，政府机构改革主要立足政府自身展开；中共十八大之后，政府机构改革则是在以"党政军群全方位重组"为特征的党和国家机构改革主题下进行。习近平总书记指出，"这次深化党和国家机构改革紧扣加强党的长期执政能力建设，以加强党的全面领导为统领，以国家治理体系和治理能力现代化为导向，以推进党和国家机构职能优化协同高效为着力点"[③]。政府治理能力现代化作为国家治理能力现代化的重要内容，就是要加强政府自身建设，尤其要推动政府机构职能科学合理、权责一致，有统有分、有主有次，履职到位、流程通畅。从这个意义上理解，县级政府治理能力主要体现为县级政府机构职能优化协同高效的能力，即通过深化机构改革，着力解决政府机构职责分散交叉、政府职能转变不彻底、中央地方机构上下一般粗等突出问题，从而提升县级政府的治理效能。因此，机构改革是

[①] 中央机构编制委员会办公室：《编制常识：机构改革》，中国机构编制网：http://www.scopsr.gov.cn/zlzx/bzcs/201812/t20181206_357886.html，2020年12月30日。

[②] 黄天柱：《政府职能·政府能力·机构改革——乡镇一级的思考》，《地方政府管理》2001年第10期。

[③] 习近平：《关于深化党和国家机构改革决定稿和方案稿的说明》，载习近平《论坚持全面深化改革》，中央文献出版社2018年版，第428页。

当前推进我国县级政府治理能力现代化的又一项重要举措。

一 政策变迁

中共十一届三中全会之后，为解决机构臃肿、职责不清、人浮于事等问题，以邓小平同志为核心的党中央着手推动以"精兵简政"为特征的政府机构改革。1982年1月，邓小平同志在中共中央政治局讨论中央机构精简问题会议上提出："精简机构是一场革命。这不是对人的革命，而是对体制的革命。"[①] 1982年3月，五届全国人大常委会第22次会议审议通过《关于国务院机构改革问题的决议》。这次改革以精兵简政为原则，较大幅度地撤并了经济管理部门。1987年10月，中共十三大报告中强调："为了避免重走过去'精简—膨胀—再精简—再膨胀'的老路，这次机构改革必须抓住转变职能这个关键。要按照经济体制改革和政企分开的要求，合并裁减专业管理部门和综合部门内部的专业机构，使政府对企业由直接管理为主转变到间接管理为主。"[②] 1988年4月，七届全国人大一次会议审议通过《关于国务院机构改革方案的决定》。这次改革着重于大力推进政府职能的转变。政府的经济管理部门要从直接管理为主转变为间接管理为主，强化宏观管理职能，淡化微观管理职能。

中共十三届四中全会后，为适应社会主义市场经济发展的需要，以江泽民同志为核心的党中央着手开展以"职能转变、政企分离"为特征的政府机构改革。1991年3月，财政部在七届全国人大四次会议上提交的《关于1990年国家预算执行情况和1991年国家预算草案的报告》提出："今后地方特别是县级机构改革，都要从本地的经济和社会发展的实际情况出发，不能照搬照套上级机构的设置，非经国务院批准，中央各部门不能下达要求下级对口、增

---

① 邓小平：《邓小平文选（第二卷）》，人民出版社1994年版，第396—397页。
② 赵紫阳：《沿着有中国特色的社会主义道路前进——在中国共产党第十三次全国代表大会上的报告》，《党的建设》1987年第Z1期。

加机构和人员编制的指令。"① 1992年10月，中共十四大报告中强调："机构改革，精兵简政，是政治体制改革的紧迫任务，也是深化经济改革、建立市场经济体制和加快现代化建设的重要条件。""各级常委和政府必须统一认识，按照政企分开和精简、统一、效能的原则，下决心对现行行政管理体制和党政机构进行改革。"② 1993年3月，八届全国人大一次会议审议通过《关于国务院机构改革方案的决定》。这次改革的核心任务是在推进经济体制改革、建立市场经济的同时，建立起有中国特色的、适应社会主义市场经济体制的行政管理体制。1995年2月，中央编办印发《关于地方机构改革实施中若干问题的意见》（中编办发〔1995〕3号），强调要切实抓好转变政府职能和理顺关系的工作；严格控制地方各级党政机构设置；合理确定地方各级机关人员编制；积极做好人员分流工作；搞好各级机关的"三定"工作③。1997年9月，中共十五大报告中提出："深化行政体制改革，实现国家机构组织、职能、编制、工作程序的法定化，严格控制机构膨胀，坚决裁减冗员。"④ 1998年3月，九届全国人大一次会议审议通过《关于国务院机构改革方案的决定》。这次改革突出体现的是撤销了几乎所有的工业专业经济部门，共10个，消除了政企不分的组织堡垒。1999年1月，中共中央、国务院印发《关于地方政府机构改革的意见》，强调地方政府机构改革的目标是："建立办事高效、运转协调、行为规范的行政管理体系，完善国家公务员制度，建设高素质的专业化行政管理干部队伍，逐步建立适应社会主义市场经济体制的有中国

---

① 王丙乾：《关于1990年国家预算执行情况和1991年国家预算草案的报告》，《人民日报》1991年4月12日第3版。

② 江泽民：《加快改革开放和现代化建设步伐 夺取有中国特色社会主义事业的更大胜利——在中国共产党的第十四次全国代表大会上的报告》，《求实》1992年第11期。

③ 《中国残联关于转发中央编办〈关于地方机构改革实施中若干问题的意见〉的通知》，载中国残疾人联合会编《中国残疾人事业年鉴1994—2000》，华夏出版社2002年版，第103—104页。

④ 江泽民：《高举邓小平理论伟大旗帜 把建设有中国特色社会主义事业全面推向二十一世纪——在中国共产党第十五次全国代表大会上的报告》，《求是》1997年第18期。

特色的地方行政管理体制。"①

中共十六大后，为加快行政管理体制改革，建设服务型政府，以胡锦涛同志为总书记的党中央进一步推动以"大部制"为特征的政府机构改革。2002年11月，中共十六大报告中强调："按照精简、统一、效能的原则和决策、执行、监督相协调的要求，继续推进政府机构改革，科学规范部门职能，合理设置机构，优化人员结构，实现机构和编制的法定化。"② 2003年3月，十届全国人大一次会议审议通过《关于国务院机构改革方案的决定》。这次改革方案特别提出了"决策、执行、监督"三权相协调的要求。2007年10月，中共十七大报告提出："加大机构整合力度，探索实行职能有机统一的大部门体制，健全部门间协调配合机制。精简和规范各类议事协调机构及其办事机构，减少行政层次，降低行政成本，着力解决机构重叠、职责交叉、政出多门问题。"③ 2008年3月，中共中央、国务院印发《关于深化行政管理体制改革的意见》，强调："推进地方政府机构改革。根据各层级政府的职责重点，合理调整地方政府机构设置。在中央确定的限额内，需要统一设置的机构应当上下对口，其他机构因地制宜设置。调整和完善垂直管理体制，进一步理顺和明确权责关系。"④ 同月，十一届全国人大一次会议审议通过《关于国务院机构改革方案的决定》。这次改革的主要任务是，围绕转变政府职能和理顺部门职责关系，探索实行职能有机统一的大部门体制，合理配置宏观调控部门职能，加强能源环境管理机构，整合完善工业和信息化、交通运输行业管理体制，以改善民

---

① 《中共中央国务院关于地方政府机构改革的意见》，载王振川主编《中国改革开放新时期年鉴1999》，中国民主法制出版社2014年版，第6页。
② 江泽民：《全面建设小康社会 开创中国特色社会主义事业新局面——在中国共产党第十六次全国代表大会上的报告》，《求是》2002年第22期。
③ 胡锦涛：《高举中国特色社会主义伟大旗帜 为夺取全面建设小康社会新胜利而奋斗——在中国共产党第十七次全国代表大会上的报告》，《人民日报》2007年10月25日第1版。
④ 《中共中央、国务院印发〈关于深化行政管理体制改革的意见〉的通知》，中国政府网：http://www.gov.cn/gongbao/content/2008/content_946042.htm，2020年12月30日。

生为重点加强与整合社会管理和公共服务部门。

中共十八大以来,为适应国家治理体系与治理能力现代化的需要,以习近平同志为核心的党中央进一步开展以"党政军群全方位重组"为特征的党和国家机构改革。2012年11月,中共十八大报告强调:"行政体制改革是推动上层建筑适应经济基础的必然要求。要按照建立中国特色行政体制目标,深入推进政企分开、政资分开、政事分开、政社分开,建设职能科学、结构优化、廉洁高效、人民满意的服务型政府。"[①] 2013年3月,十二届全国人大一次会议审议通过《国务院机构改革和职能转变方案》。这次机构改革的重点是,紧紧围绕转变职能和理顺职责关系,稳步推进大部门制改革,实行铁路政企分开,整合加强卫生和计划生育、食品药品、新闻出版和广播电影电视、海洋、能源管理机构。2013年11月,中共十八届三中全会通过的《中共中央关于全面深化改革若干重大问题的决定》强调:"优化政府机构设置、职能配置、工作流程,完善决策权、执行权、监督权既相互制约又相互协调的行政运行机制","统筹党政群机构改革,理顺部门职责关系。积极稳妥实施大部门制。"[②] 2017年10月,中共十九大报告强调:"统筹考虑各类机构设置,科学配置党政部门及内设机构权力、明确职责。统筹使用各类编制资源,形成科学合理的管理体制,完善国家机构组织法。在省市县对职能相近的党政机关探索合并设立或合署办公。"[③] 2018年2月,中共十九届三中全会通过的《中共中央关于深化党和国家机构改革的决定》提出:"加强基层政权建设,夯实国家治理体系和治理能力的基础。基层政权机构设置和人力资源调配必须面向人民群众、符合基层事务特点,不简单照搬上级机关设置模

[①] 胡锦涛:《坚定不移沿着中国特色社会主义道路前进 为全面建成小康社会而奋斗——在中国共产党第十八次全国代表大会上的报告》,《人民日报》2012年11月18日第1版。

[②] 《中共中央关于全面深化改革若干重大问题的决定》,《人民日报》2013年11月16日第1版。

[③] 习近平:《决胜全面建成小康社会 夺取新时代中国特色社会主义伟大胜利——在中国共产党第十九次全国代表大会上的报告》,《人民日报》2017年10月28日第1版。

式。推动治理重心下移，尽可能把资源、服务、管理放到基层，使基层有人有权有物，保证基层事情基层办、基层权力给基层、基层事情有人办。"[1] 2018年3月，十三届全国人大一次会议审议通过《关于国务院机构改革方案的决定》。2018年5月，中央全面深化改革委员会第二次会议审议通过《关于地方机构改革有关问题的指导意见》，提出地方机构改革的总要求："全面准确贯彻落实党中央关于机构改革的部署要求，坚决维护党中央权威和集中统一领导，确保上下贯通、执行有力；赋予省级及以下机构更多自主权，允许地方因地制宜设置机构和配置职能；严格各级党政机构限额管理，强化编制管理刚性约束；着眼于服务方便人民群众、符合基层事务特点，构建简约高效的基层管理体制；深化综合行政执法改革，完善市场监管和执法体制。"[2] 2019年10月，中共十九届四中全会通过的《中共中央关于坚持和完善中国特色社会主义制度、推进国家治理体系和治理能力现代化若干重大问题的决定》强调："推进机构、职能、权限、程序、责任法定化，使政府机构设置更加科学、职能更加优化、权责更加协同。严格机构编制管理，统筹利用行政管理资源，节约行政成本。"[3]

二 改革目标与原则

新时代，机构改革是中央推进国家治理体系和治理能力现代化的一场深刻变革，存在着长期目标与短期目标相叠加的现象。通过对当前中央层面有关机构改革的政策文本分析，机构改革的主要目标有：（1）构建系统完备、科学规范、运行高效的机构职能体系；（2）形成职责明确、依法行政的政府治理体系；（3）构建从中央

---

[1] 《中共中央关于深化党和国家机构改革的决定》，《人民日报》2018年3月5日第1版。
[2] 《习近平主持召开中央全面深化改革委员会第二次会议》，《人民日报》2018年5月12日第1版。
[3] 《中共中央关于坚持和完善中国特色社会主义制度、推进国家治理体系和治理能力现代化若干重大问题的决定》，《人民日报》2019年11月6日第1版。

到地方运行顺畅、充满活力、令行禁止的工作体系；（4）科学设置中央和地方事权，理顺中央和地方职责关系；（5）更好发挥中央和地方两个积极性。可以看出，这些主要目标呈现两个亮点：一是以央地机构上下贯通为机构改革着力点，通过理顺中央和地方职责关系，统筹优化地方机构设置和职能配置，实现机构间有机衔接、相互协调；二是以党政群机构协同为机构改革新趋向，通过理顺和优化党的部门、国家机关、群团组织、事业单位的职责，实现机构职能优化协同高效。

机构改革是当前统筹推进"五位一体"总体布局、协调推进"四个全面"战略布局的重要抓手，涉及央地关系和国家结构的深刻变革，必须遵循一定的基本原则才能有效调动各方面的积极性。通过对当前中央层面有关机构改革的政策文本分析，机构改革的主要原则有：（1）党的全面领导；（2）以人民为中心；（3）优化协同高效；（4）全面依法治国。这些主要原则体现出四个导向：一是注重维护中央权威，机构设置与职能配置须适应党中央集中统一领导和国家法制统一、政令统一、市场统一的需要；二是注重人民主体地位，机构改革须推动治理重心下移，尽可能把资源、服务、管理放到基层，最大限度方便群众；三是注重协同联动，机构改革须依托多级政府配合联动，避免责任不清、推诿扯皮；四是注重法治保障，机构改革方案的实施需要制定或修改法律法规的，须及时启动相关程序，确保改革于法有据、依法推进。

三　改革内容与配套举措

通过对当前中央层面有关机构改革的政策文本分析，机构改革的主要内容有：（1）省、市、县各级涉及党中央集中统一领导和国家法制统一、政令统一、市场统一的机构职能要基本对应，明确同中央对口的组织机构，确保上下贯通、执行有力。（2）除中央有明确规定外，允许地方因地制宜设置机构和配置职能，允许把因地制宜设置的机构并入同上级机关对口的机构，在规定限额内确定机构数量、名称、排序等。（3）根据工作实际需要，整合基层的审批、服务、执法等方面力量，统筹机构编制资源，整合相关职能设立综合性机构，实行扁平化和网格化管理。（4）上级机关要优化对基层的领导方式，既允许"一对多"，由一个基层机构承接多个上级机构的任务；也允许"多对一"，由基层不同机构向同一个上级机构请示汇报。（5）属于中央事权、由中央负责的事项，中央设立垂直机构实行规范管理，健全垂直管理机构和地方协作配合机制；属于中央和地方协同管理、需要地方负责的事项，实行分级管理，中央加强指导、协调、监督。（6）统筹设置党政群机构，在省市县对职能相近的党政机关探索合并设立或合署办公，市县要加大党政机关合并设立或合署办公力度。（7）省级党政机构数额由党中央批准和管理，市县两级党政机构数额由省级党委实施严格管理。（8）在省（自治区、直辖市）范围内，打破编制分配之后地区所有、部门所有、单位所有的模式，随职能变化相应调整编制。[①] 归纳起来，这些改革内容主要聚焦两个方面：一是通过厘清中央到地方各级机构的事权与责任，优化地方党政群机构和职能配置；二是在确保中央集中统一领导的前提下，赋予省级及以下机构更多自主权，构建简约高效的基层管理体制，规范垂直管理体制和地方分级管理体制，推进机构、职能、权限、程序、责任法定化，适度调整我国国家结构形式，增强地方治理能力。

机构改革是一项中央和地方各级政府协同推进的整体性工作，涉及决策部署、任务分解与责任落实、督导检查的综合运用，必须有相应的配套举措。通过对当前中央层面有关（县级）机构改革的政策文本分析，机构改革的主要配套举措有：（1）党中央统一领导机构改革工作，省级党委、政府将本地区机构改革方案报党中央批准，并负责落实；（2）鼓励地方和基层积极探索和总结经验；

---

① 《中共中央关于深化党和国家机构改革的决定》，《人民日报》2018年3月5日第1版；《中共中央印发〈深化党和国家机构改革方案〉》，《人民日报》2018年3月22日第1版。

（3）建立评估和督查机制，加强对机构改革落实情况的督导检查。这些配套举措集中体现出三个特点：一是中央和地方机构改革在工作部署、组织实施上要有机衔接、有序推进，在党中央统一部署下启动中央、省级机构改革，并在省级机构改革基本完成后开展省以下机构改革；二是允许政策试验，鼓励各地区因地制宜推进机构改革，支持各地党委、政府研究解决改革过程中出现的新情况、新问题；三是务求实效，改革着眼于解决机构设置和职能配置中存在的突出矛盾和问题，各级党委、政府要把抓改革举措落地作为政治责任，及时督查，让改革具有针对性和实效性。

第四章

县级政府治理能力现代化：
地方样本

我国地域广阔，地区间、县域间发展差距较大，县级政府治理能力水平参差不齐、现代化进展和程度不尽相同，因此在前一章梳理分析中央举措的基础上，立足地方探索实践对县级政府治理能力现代化进行讨论显得尤为必要。本章选取县域改革和发展的两个典型代表——广东顺德和江苏江阴，总结和借鉴作为"微观"执行层面、体现地方能动性的县级政府改革创新的实践和经验，透视县级政府治理能力现代化的前沿进展和实践成效，为推进县级政府治理能力现代化奠定实践基础。

第一节 顺德改革

改革开放以来特别是20世纪90年代以来，地处改革开放前沿地带的广东顺德充分利用中央和广东省的政策支持，发扬敢闯敢试、敢为人先的创新精神，视改革为发展之"魂"，大力推进改革，在摸索中砥砺前行，成为我国县域改革和发展的典型代表，被誉为"中国县域发展范本"[1]。作为县区一级，顺德的改革始终从实际出发，回应不同阶段的经济社会发展需求。这一过程中，顺德采取了

---

[1] 郑永年、张培发：《顺德实践：中国县域发展范本》，中信出版社2019年版。

多种举措从不同角度优化和改进政府治理，极大地提升了顺德政府治理能力。顺德改革对于我国推进县级政府治理能力现代化有着重要的样本意义。

一　改革历程

顺德隶属广东省佛山市，辖区总面积806平方公里，下辖4个街道、6个镇，205个村（社区），常住人口278.32万；2020年，顺德继连续八年位居全国综合实力百强区首位之后，勇夺全国高质量发展百强区第一，第十二次入围"中国全面小康十大示范县市"，建设人民满意政府指数位居佛山市五区之首。[①]

顺德作为正式的县级建制，可追溯至公元1452年，即明景泰三年。当时，朝廷首置顺德县，取"顺天明德"之意。顺德在历史上素有"岭南壮县"之称，但在改革开放之初，其面积不大、人口不多，在我国众多县中并不特别显眼。随后中央开启的改革开放这场伟大变革，彻底改写了顺德的历史。顺德凭借毗邻港澳的地缘优势，发扬敢闯敢试、敢为人先的创新精神，迅速成为广东乃至全国县域改革与发展的"领头羊"。此过程中，为适应改革发展需要，顺德的行政建制有两次较大的调整：一是1992年3月26日，国家民政部批准顺德撤县设县级市，建立顺德市；二是2002年底，国务院批复同意广东省调整佛山市行政区划，撤销县级顺德市，设立佛山市顺德区，2003年1月顺德成为佛山市市辖区。

改革开放40余年来，顺德一直是敢为人先的改革先锋。20世纪80年代，顺德创立了全国首家"三来一补"企业，积极发展乡镇企业，与东莞、中山、南海并称"广东四小虎"。1992年，顺德被广东省委、省政府确定为综合改革试验县（市），在全国率先推进以企业产权制度改革为核心，以党政机构改革、农村体制改革和

[①] 《顺德基本概况》，顺德区人民政府门户网站：http://www.shunde.gov.cn/sdqrmzf/zjsd/jbgk/index.html，2021-04-10。

社会保障体系改革等为配套的综合改革,相关经验获全国推广。1999年,顺德被广东省委、省政府确定为率先基本实现现代化试点市,并在维持县级建制不变的前提下被赋予地级市的管理权限展开改革探索,为广东全省基本实现现代化探索经验。2009年,顺德被广东省委、省政府确定为落实科学发展观试点区,率先开展了包括行政体制改革、社会体制改革和基层治理改革在内的一系列综合改革试验。2018年,顺德被广东省委全面深化改革领导小组确定为率先建设广东省高质量发展体制机制改革创新实验区。[1]

二 推进举措

如前所述,县级政府治理能力现代化指的是县级政府不断提高治理能力使之与当代社会发展状况相适应的一个过程和一种状态,其受多方面因素的影响。顺德推进综合改革也是一个长期发展、有序推进的过程,过去40余年顺德先后推出了企业产权制度改革、大部门制改革、简政强镇改革、行政审批制度改革、决策咨询机制改革和社会体制改革等多项改革举措,实现了规模、质量、效益相统一的高质量发展,顺德模式不断提升。顺德改革的最大特点是综合性和持续性,其改革历来不是单兵推进,而是置于综合改革框架内进行,各方协同联动,不断强化改革成果[2]。从县级政府治理能力现代化视角来看,顺德在推进综合改革过程中实施的大部门制改革、简政强镇改革、行政审批制度改革、决策咨询机制改革、社会体制改革对于提升顺德政府治理能力尤具价值。其中,大部门制改革着眼于行政权力在政府组织内部的重新配置,重在优化政府内部治理结构;简政强镇改革集中于权责关系的纵向调配,旨在激发基层治理动力和活力;行政审批制度改革重在转变政府职能,重塑政府权力边界;决策咨询机制改革力图扩大公民有序政治参与,促进

---

[1] 《顺德基本概况》,顺德区人民政府门户网站:http://www.shunde.gov.cn/sdqrmzf/zjsd/jbgk/index.html,2021-04-10。

[2] 郑永年、张培发:《顺德实践:中国县域发展范本》,中信出版社2019年版,第50页。

政府决策科学化、民主化，优化政府治理流程；社会体制改革则将改革向社会领域延伸，充分借助社会力量，推动治理主体多元化，优化县域治理体系。五大改革相互配合、协同发力，有力助推顺德政府治理能力的提升。

（一）实施大部门制改革，调适政府横向结构

自中共十四大正式确立社会主义市场经济体制的改革目标后，发展市场经济便成为我国推进发展的重要目标定位。我国长期处于计划经济体制下的党政机构一度存在着职能交叉、机构重叠、人浮于事等一系列问题，严重阻碍了我国经济社会的发展进步。在此背景下，顺德于1992年率先发起大部门制改革，取得了一定成效。中共十七大以后，随着市场经济发展和民主法治建设推进，国家适时启动实施以大部门制改革为主题的新一轮行政管理体制改革。这其中，顺德作为改革先行者，也较早遇到经济社会发展中的深层次问题，特别是政府职能转变不到位、层级责权关系不合理、管理和运行机制不完善等突出问题。在这样的背景之下，顺德新一轮大部门制改革在各级党委政府的高度重视下展开。

2008年3月，十一届全国人大一次会议通过了《国务院机构改革方案》。随后，新一轮行政管理体制改革以大部门制为主题，从中央到地方逐步展开。2009年9月，顺德启动并实施了新一轮大部门制改革，主要做法有：一是优化整合部门。对于原来分散在各个党政部门中相近的职能进行同类项整合。同时为减轻改革阻力，此次部门整合中对部门人员采取不减人、不降级的做法，将相关职能的人员整体移动，合并到新组成的部门[①]。二是实施部门属地化管理。顺德充分利用广东省委、省政府赋予的地级市管理权限，将省、市垂直管理的工商、地税、质检、食品药品监管以及公安、国土、规划、社保基金管理等部门改为属地管理，并依据职能将其整

---

① 李芝兰、梁雨晴：《地方政府行政改革何以持续——广东顺德个案探析和启示》，《学术研究》2012年第11期。

合纳入相关大部门。三是强化党政联动。综合设置党政机构，实现全部6个党委机构均与有关政府机构合署办公。改革后，顺德全区设置了6个党政合署的政务管理部门、5个经济管理部门和5个社会服务部门等共计16个党政机构，顺德由此成为全国部门数量最少的区县政府[①]。这次大部门制改革，通过职能同类项合并，形成了"宽职能、少机构"的大部门体系，减少了部门间的推诿扯皮，显著提升了行政管理效能；通过部门属地化管理，打破垂直管理部门和地方管理部门的界限，部门分工更为明晰，使得问责更加容易，减轻了政府机构的内耗，使其将更多的精力放在社会治理上；党政联合办公减少了党政机构之间的摩擦，使得原来分散在党政各部门关联性较强的人力、物力、财力等资源得到了系统整合，强化了党政工作合力。

2013年中共十八届三中全会明确提出"推进国家治理体系和治理能力现代化"这一重大命题之后，顺德积极响应中央号召于2014年再次启动机构改革，在维持大部门组织框架和区领导兼任大部门首长领导体制不变的基础上，进一步优化部门设置，新组建政府部门并调整部分大部门职能，构建"大社会工作""大市场监管"格局。调整后，顺德区党委设置纪委机关和组织部、宣传部、政法委、统战部、办公室等5个工作部门，而区政府则设置办公室、发展规划和统计局等17个部门，其中5个部门与区委工作部门合署办公，总体维持18个大部门不变[②]。2015年，为进一步完善部门运行管理机制，顺德开始实行区属部门分职能板块管理和分党组运作，各职能板块相对独立运作，根据对应职能划分各自职责范围以及内设机构、下属单位的管理权属。

2018年3月，十三届全国人大一次会议表决通过了关于国务院机构改革方案的决定，开启了全国新一轮的机构大调整。2019年2

[①] 郑永年、张培发：《顺德实践：中国县域发展范本》，中信出版社2019年版，第65页。
[②] 张培发：《顺德再启机构改革 新组建政府部门》，《南方日报》2014年10月14日第FC02版。

月,广东省委批准《佛山市顺德区机构改革方案》。这一轮改革,顺德主要做了三方面工作:一是机构职能调整。顺德对应上级机构改革,调整优化机构和职能,一方面建立健全和优化区委对重大工作的领导体制机制,加强区委职能部门的统一协调管理;另一方面对部分机构进行撤销或重新增设,进一步优化机构职责调配。二是机构对应设置。顺德部分机构与中央和省级机构基本对应设置,一方面按照职能对应原则,设置与上级政府部门直接对应的机构,便于上下级部门直接联系和沟通;另一方面,立足顺德地方特色和自身特点,因地制宜设置部分机构,便于本地创造性履行职能、开展工作。三是统筹其他改革。顺德不断强化机构编制管理刚性约束,加强党对机构编制工作的集中统一领导,推进区级人大、政协机构和群团组织改革、区委区政府直属事业单位和承担行政职能事业单位改革、综合行政执法改革以及基层政权建设和审批便民化改革等多项改革,改革的系统集成性得到有效发挥[1]。

通过组建新的部门,充实了顺德政府组织中比较薄弱的板块,适应了顺德基层社会的现实发展需要;通过撤销部分部门,使相关权力集中到另一个大部门,实现集中管理,提高行政效率。因地制宜地设置机构是顺德改革实事求是精神的最直接体现,依据顺德治理需要进行机构配置为顺德政府的良好治理奠定了组织基础。通过持续的大部门制改革,顺德在政府组织层面做出了较多调整,促使顺德政府机构的设置和管理更加适应新时代县级政府内部治理结构的要求,沿着建设服务型政府的方向前进。

(二)开展简政强镇改革,推动区镇权责重构

大部门制改革侧重于同级党政部门的横向职能调整,而简政强镇改革则强调区镇间的纵向权责重构,是"纵向理顺管理机制"[2],有利于充分激发基层治理的动力和活力。"'简政强镇',从字面上

---

[1] 郑永年、张培发:《顺德实践:中国县域发展范本》,中信出版社2019年版,第68—70页。

[2] 《顺德:简政强镇 改革再起步》,《山东经济战略研究》2010年第10期。

看，容易引起一定的误解，以为'简政'为了'强镇'；实际上，是为'强镇'而'简政'"①。镇（街道）作为顺德推进经济社会发展的前沿地带，往往率先遇到深层次的体制机制障碍、改革创新矛盾和发展模式局限。随着改革的深入，权责利不对等的问题不断加重，镇（街道）局部的发展瓶颈逐渐转化成为顺德整体改革发展的约束条件。改革之前，顺德区10个镇（街道）面临"镇级的权限、县级的人口、市级的经济"局面，镇（街道）政府缺少与其经济社会发展客观需要相匹配的管理权，"人大衣服小""小马拉大车"的失衡现象较为显著。2009年9月、10月，佛山市委、顺德区委分别召开常委会，讨论修改试点方案，最后形成《佛山市顺德区容桂街道"强镇扩权"试点工作方案》。同年11月，佛山市委市政府印发《佛山市简政强镇事权改革试点指导意见》，顺德区委区政府按照省、市的工作部署，选取容桂开展简政强镇事权改革试点工作。2010年6月，广东省印发《关于简政强镇事权改革的指导意见》，强调加快推进简政强镇事权改革，创新行政管理体制。2010年7月，《中共佛山市顺德区委、佛山市顺德区人民政府关于简政强镇事权改革的实施意见》出台，在全区下辖的10个镇（街道）推广简政强镇改革，赋予其县级管理权限。2010年9月，顺德区召开简政强镇事权改革事权调整动员大会，将3197项行政管理事权划由镇（街道）行使。②

此次简政强镇改革依据"宏观决策权上移、微观管理权下移"的原则展开，区级着重强化统筹协调区域发展的能力，主要负责全区经济社会发展规划、宏观政策的制定和实施，并对镇（街道）的业务指导和监督考核；镇级主要负责经济社会发展的微观管理和服务③。具体来看，简政强镇改革主要包括以下三个方面：一是坚持便民利民原则，着力构建区、镇、村三级一体化的行政服务体系和公

---

① 燕郊：《"简政强镇"是一种先行先试》，《南方日报》2009年11月16日第FC01版。
② 叶石界：《简政强镇：顺德改革再起步》，《21世纪经济报道》2010年9月9日第7版。
③ 徐靖、王丽平：《顺德三五年内全部撤镇为街》，《广州日报》2011年11月15日第FSA23版。

共服务体系，打造区、镇（街道）行政服务中心与村（社区）行政服务站，有效促进管理权限下放、政府服务前移。二是注重厘清政社关系，划基层事务为行政事务和社区（村）事务，一方面按照"一村（社区）一中心"或"多村（社区）一中心"的模式建立村（社区）行政服务中心，推动政府服务向村（社区）延伸；另一方面促进村（社区）委会回归自治职能，按照法律法规履行自治范围内事项，实现政府治理与基层自治的相对分离、良性互动和有效衔接。三是创新人事管理机制，将村（社区）行政服务站人员按聘员身份由街道公共事务服务中心统一聘任，"实行'一种人员身份、一套工资体系、一个管理考核办法、一种晋升机制'的'四个一'人事管理制度"①，不断提高部门人员管理的规范化、专业化水平。

（三）深化行政审批改革，重塑政府权力边界

大部门制改革侧重于行政权力在政府组织内部的重新配置，重在优化政府内部治理结构，顺德深化行政审批制度改革则旨在重构政府—市场关系，通过简政放权，规范审批事项、流程和服务，推动政府职能转变，重塑政府权力边界，进而提升政府治理能力。顺德的行政审批改革主要分两个阶段：

第一阶段是 2009 年到中共十八大召开。2009 年广东省赋予顺德地级市行政管理权限，在推动大部制改革的同时，进一步深化审批制度改革。随后，顺德推进"三集中三到位"② 行政审批权改革，实现审批运作高度集约化。改革后，区直部门均已成立审批服务科，并全部进驻顺德区行政服务中心对外开展业务，各部门事项的完全集中率达到 80% 以上③。同时，顺德健全三级服务体系，实现"一站式"审批服务全覆盖，按"一镇一中心"的模式，将更

---

① 樊继达：《"简政强镇"改革的顺德样本》，《行政管理改革》2011 年第 1 期。
② "三集中三到位"是指将部门内原来分散在各个科室的行政审批权向一个科室集中，将已经集中的行政审批权向首席代表集中，将首席代表向行政服务中心集中；实现行政审批职能 100% 向一个科室集中到位，行政审批权 100% 向首席代表授权到位，行政审批事项进驻中心 100% 到位。
③ 郑永年、张培发：《顺德实践：中国县域发展范本》，中信出版社 2019 年版，第 79 页。

多的公共服务向基层延伸。2012年顺德启动商事登记改革，将商事主体资格与经营资格相分离，从重事前审批转向重事后监管，降低企业进入市场的门槛，强化对企业的事后监管，减少了政府对市场的控制和干预[①]。

第二阶段是我国进入新时代以来。随着新时代的前进步伐，顺德不断创新行政审批方式，加强行政审批电子网络管理系统建设，积极推行审批服务的智能化管理，营造一流的营商环境。自2015年起，顺德区行政服务中心对现有窗口再次进行整合，进一步打通窗口受理壁垒，在区镇两级设置不同主题的综合窗口，由综合窗口代替原职能部门的审批窗口为群众提供综合服务，一个窗口通办多个事项，极大地提高了行政服务效率。2018年召开的中共顺德区委十三届五次全会明确提出，要在营造一流营商环境上实现领跑，启动新一轮行政审批制度改革。具体做法包括：一是理顺区镇关系，科学配置职责和事权；二是探索实施重大项目落地"承诺制"改革，实行信任审批和"容缺受理"，压缩重大项目建设工程审批时限；三是商事登记电子化，全面推进全程电子化商事登记，实现企业登记注册"网络化"。2019年11月顺德推出《顺德区企业投资建设项目"1121"改革实施方案》，进一步精简审批事项，减少项目报建环节，营造"审批最少、流程最短、服务最优"的特色营商环境，放松了政府对市场的过度监管，进一步界定了政府在市场中发挥宏观调控作用时的权力边界[②]。

（四）完善决策咨询体系，健全政府决策机制

"科学决策是解决实际问题的关键一环"[③]，也是顺德推进综合改革的重要内容和重点要求。为切实提高决策的有效性、化解不断

[①] 李芝兰、梁雨晴：《地方政府行政改革何以持续——广东顺德个案探析和启示》，《学术研究》2012年第11期。

[②] 郑永年、张培发：《顺德实践：中国县域发展范本》，中信出版社2019年版，第81—82页。

[③] 袁达：《科学决策是解决实际问题的关键一环》，《旗帜》2020年第11期。

增加的决策风险,切实提升顺德区委、区政府科学决策的能力,顺德积极推进决策咨询机制改革,成立了区委决策咨询和政策研究室[1](以下简称区委政研室)和区公共决策咨询委员会(以下简称区决咨委),二者共同制定了《顺德区决策咨询工作规程》,形成了规范的工作规程[2]。"根据佛山市的调研,顺德区委政研室设立以来,'较好地发挥了以文辅政、以智辅政、以法辅政的决策参谋作用'"[3],而区决咨委的设立"整合了作为决策模式和治理模式的协商民主的双重属性,是协商民主的制度创新,也是地方政府治理体系创新的尝试和重要成果,有效地提升了政府的治理能力"[4],为我国特色新型智库的建立开辟了路径,"已成为我国协商民主和政府科学决策的重要补充"[5]。随着时间的推移和改革的深入,"顺德决策咨询和政策研究架构已初步显现独特的优势和明显的成效"[6]。

顺德推进决策咨询机制改革主要经历了四个阶段:一是探索阶段。1999年,广东确立顺德为率先基本实现现代化试点市。为了保证试点任务顺利完成,顺德着手建立区域研究咨询机制,开展现代化研究,为现代化试点提供理论支撑和智力支持。2000年8月3日,顺德现代化研究中心正式挂牌。作为早期的决策咨询机构,现代化研究中心人员主要由政府部门领导和专家学者组成,较好地发挥了战略研究、决策咨询、信息交流和教育培训的功能[7]。二是完善阶段。面对日益复杂化的治理问题、多样化的群众需求和尖锐化的社

---

[1] 《顺德政研室——不仅仅是"帮领导写材料"》,《领导决策信息》2011年第21期。

[2] 周林生、涂成林主编:《广东全面深化改革研究报告(2015)》,社会科学文献出版社2015年版,第271页。

[3] 罗艾桦、贺林平:《出台一份文件,不再那么轻易》,《人民日报》2011年5月20日第14版。

[4] 朱亚鹏:《协商民主的制度化与地方治理体系创新:顺德决策咨询委员会制度的经验及其启示》,《公共行政评论》2014年第2期。

[5] 王辉耀:《提高新型智库的决策咨询能力》,《人民日报》2017年5月7日第5版。

[6] 罗艾桦、贺林平:《出台一份文件,不再那么轻易》,《人民日报》2011年5月20日第14版。

[7] 郑永年、张培发:《顺德实践:中国县域发展范本》,中信出版社2019年版,第89—90页。

会矛盾，顺德坚持群策群力、汲取民智。2010年1月，顺德区容桂街道出台《容桂街道公共决策和事务咨询委员会暂行规定》，率先成立顺德首个、也是全国首个镇街道级别的公共决策和事务咨询委员会①，有效提升了决策咨询效率。三是成熟阶段。为提高党委政府决策与管理的前瞻性、科学性和实操性，2010年9月12日，在充分吸取容桂街道"决咨委"发展经验的基础上，顺德区成立了全国首个县域公共决策咨询委员会，作为区公共决策和治理体系的重要组成部分，区决咨委通过专家学者指导和深入调查研究，对全区经济社会发展战略和策略、公共政策和措施的制定、重要项目安排以及其他公共事务、议题进行咨询、论证，提出政策创议，较好地发挥了辅助决策咨询和社情民意征集的作用②。四是推广阶段。随着决策咨询优势的凸显，至2011年5月，顺德下属10个镇、街中，有7个已经建立公共决策咨询委员会，多个区属部门也建立了专业咨询机构，此外，决咨委还向村（社区）、学校、医院等基层单位扩展③，初步建立起以区、镇（街道）两级为主、向村（社区）和公营机构延伸拓展的多层次决策咨询体系，在此基础上，顺德逐步形成了严格缜密的决策程序和系统完善的决策机制。

（五）推进社会体制改革，优化县域治理体系

顺德沿着"大部门制—小政府—大社会—好市场"的路径推进综合改革④，面对复杂多样的公共需求和日益尖锐的社会矛盾，顺德于2009年启动社会体制改革，突破了大部门制改革仍属于行政体制内调整和优化的局限，实现了体制改革向社会领域的延伸和蔓延，打破了改革过程中行政权力转移和下放局限于行政组织内部的

---

① 张培发：《容桂成立公共决策和事务咨询委员会》，《南方日报》2010年1月19日第FC02版。

② 张培发：《政府决策先问民智渐成常态》，《南方日报》2011年8月3日第FC02版。

③ 罗艾桦、贺林平：《公共决策，智囊团能使多大劲》，《人民日报》2011年5月16日第14版。

④ 钟翻：《改革促进发展 发展保障改革——顺德力推经济社会综合转型》，《人民日报》2014年1月28日第13版。

藩篱，促使顺德改革步入从向市场放权到向社会放权的崭新阶段。具体来看，顺德的做法包括以下两个方面。

一是探路赋权社会，推进政社互动。顺德以行政审批制度改革为契机，按照决策、执行和监督三权分立的原则，深入推进政府职能转移，将部分管理和服务职能向法定机构和社会组织转移，实现了政府角色由"划船"向"掌舵"的转变，逐步建立了"一级政府、两级管理、三级服务、社会参与"[①]的扁平化行政管理模式，县域治理体系进一步优化。顺德注重治理过程中社会力量的发挥，主动向社会放权赋能，将行业管理与协调、社会事务管理与服务、技术服务与市场监督、行政审批等四项职能纳入向社会转移范围，向社会转移与企业、市民密切相关的经济民生事项120多项，进一步促进了政府职能"瘦身"[②]，努力做到了"社会管理社会办"。

二是培育社会组织，完善考核评价。顺德积极完善社会组织管理和监督机制，出台了《关于规范社会组织管理加快社会组织发展的实施意见》，为县域范围内的社会组织的发展壮大提供良好的制度环境和充足的资金保障。同时，顺德积极借鉴我国香港特别行政区以及新加坡的成功经验，探索推进法定机构试验改革和事业单位改革，既促进了决策和执行职能的分离，也有效解决了编制不足的问题。此外，为有效防止社会组织行政化问题的产生，保证社会体制改革成果的巩固，顺德注重对社会组织的评价考核。一方面严格社会组织的审核准入，引入市场机制，选择规范成熟的社会组织承接政府转移的职能，努力提高服务质量；另一方面加强对社会组织的跟踪指导和评估考核，对于不符合既定要求和管理规定的社会组织及时清理，增强社会组织的公信力和服务能力。

---

① "一级政府"是指顺德区政府；"两级管理"是区级政府负责决策，街道、事业单位和法定机构负责执行；"三级服务"则是构建由区、街道、社区或村居服务站三级服务体系；"社会参与"则是集合社会组织、法定机构、公共决策咨询委员会等社会各方力量。
② 钟翀：《改革促进发展 发展保障改革——顺德力推经济社会综合转型》，《人民日报》2014年1月28日第13版。

三 基本经验

顺德之所以能够在政府治理能力现代化上取得如此成效,原因是多方面的。从内外两方面概括来看,有力的外部支持和强大的内部动力是顺德改革成功的基本经验。

(一) 有力的外部支持

改革是对现有利益格局的突破和重构,必然会损害部分人的利益,容易招致一些利益群体的反对,因此,单靠顺德政府自身的力量推进改革进而提升政府治理能力往往力有未逮。上级政府的支持构建了良好的政治环境,社会组织的协同构建了有利的社会环境,二者的有机结合为顺德改革的顺利推进提供了有力的支撑,也为顺德政府治理能力的现代化营造了良好的外部环境。

一是上级政府的支持。我国作为单一制国家,长期以来实行中央高度集权的行政管理体制,鼓励地方在中央的统一领导下充分发挥其积极性、主动性和创造性。在地方的改革发展中上级政府不再以管制者和命令者的身份发号施令,而更多地扮演引领者和支持者的角色。2008年11月,在广东省经济特区工作会议上,广东省政府正式确定顺德为大部门制改革的试点地区,由此开启了顺德的大部门制改革。在接下来的改革过程中,广东省政府不断激励顺德坚持改革并帮助其突破改革过程中的各种限制,为顺德政府改革创新营造了积极有利的政治环境。首先,为充分调动顺德改革的积极性,广东省政府适当给予一些政策支持和优惠,并赋予其一些地级市的经济管理权限。例如,2009年广东省委、省政府发文称"同意在维持顺德区目前建制不变的前提下,赋予顺德区在经济、社会、文化等方面的事务行使地级市管理权限"[1]。此外,在广东省政府制定相关改革方案时,优先考虑将顺德已具备相应基础条件的改

---

[1] 《中共广东省委广东省人民政府关于佛山市顺德区开展综合改革试验工作的批复》(粤委〔2009〕35号),2009年。

革措施在顺德先行先试。例如，2011年广东省政府先后颁布多个文件，将顺德作为社会体制改革的试点。其次，广东省政府积极协助顺德改革者解决改革中的困难。例如，在行政审批制度改革过程中，顺德作为县级政府行政级别较低，无权对一些审批事项进行减免或转移，致使改革者受到限制而不敢有所突破。时任广东省委书记汪洋在调研时提出，"对顺德提出的需要省里进一步支持解决的事项，涉及到省里审批的尽量给予批准，鼓励他们先行先试。省里虽然没有权限，但实施新的细则不影响履职的，那么省里担当责任，同意你们先行先试；影响履职、影响放权效果的，省里协助向中央报告争取"①。可以说，正是广东省委、省政府的正面激励和积极支持，直接推动和保障了顺德改革的顺利进行。

二是社会组织的支撑。《2011年国务院政府工作报告》中提出"广泛动员和组织群众依法参与社会管理，发挥社会组织的积极作用，完善社会管理格局"②，这充分彰显了中央政府对社会组织作用发挥的高度重视。同年7月，时任广东省委书记汪洋到顺德就加强社会建设进行专题调研时强调，"巩固大部制改革成效必须深化社会服务和管理体制改革。实行大部制必须建设'小政府'，建设'小政府'必须建设'大社会'"③。换言之，政府要着力解决在社会管理中的"越位"问题，真正做到"社会管理社会办"。由此顺德进一步推进以培育社会组织为重点的社会体制改革。顺德政府一方面完善对于社会组织的管理和监督，确保其发展的制度和资金保障；另一方面加强对社会组织的考核与评价，提高其在自身领域的管理能力。随着改革的推进，党的十八届三中全会后，顺德社会组织进入发展高峰期。不断发展壮大的社会组织既夯实了政府职能向社会转移的基础，促进了政府决策和执行的相对分离，又提

---

① 转引自肖滨、郭明：《以"治权改革"创新地方治理模式——2009年以来顺德综合改革的理论分析》，《公共行政评论》2013年第4期。
② 《2011年国务院政府工作报告》，国务院新闻办公室门户网站：http://www.scio.gov.cn/xwfbh/xwbfbh/wqfbh/2015/20150305/xgbd32605/Document/1395844/1395844.htm，2021年1月10日。
③ 胡键、岳宗：《实行"大部制"必须建设"大社会"》，《南方日报》2011年7月15日第A01版。

高了社会自我管理能力，有力支撑了公共服务的社会化改革，推动了政府与社会协同治理新格局的构建。

（二）强大的内部动力

虽然改革中有上级的支持和推动，但很多时候，下级政府容易基于自身利益的考虑或在实际执行中消极行动，使改革难以深入推进。正所谓"内因是根本"。顺德政府主动向先进地区不断学习优秀经验的开放进取态度以及其经济蓬勃发展带来的改革敏锐性与前瞻性，使其能够充分发挥行动主体的自主性，推行各项有利于政府治理能力现代化的改革措施。

一是主动抓住发展机遇。由于较早推行市场经济，良好的经济发展基础使得顺德积累了较多的治理资源，为保证政府职能的有效发挥，顺德政府相应要求有更多的发展自主权。同时，经济的发展促进了社会、文化的进步，顺德人民对于公共管理和服务的要求越来越高，给顺德政府带来了压力。因此，顺德政府愿意在上级领导下抢抓发展机遇，积极配合广东省改革试点工作，从而使顺德改革成效显著。例如，2009年3月广东省委正式确定顺德为深化行政管理体制改革先行先试地，9月14日广东省机构编制委员会正式批复了顺德党政机构改革方案，仅仅两天之后顺德就召开党政机构改革动员大会，启动了第二轮大部门制改革[①]；2012年广东省政府要求实施商事登记改革，顺德又在省内率先开展商事制度改革，构建起一整条"宽准入强监管"的商事制度改革链。在这一系列改革中，顺德政府改革者并不是简单听命行事，而是事实上的第一行动主体。可以说，顺德政府的积极行动是改革持续进行的必要条件。

二是积极学习先进经验。顺德相对靠近港澳台，有着一定的地理位置优势，早在改革开放初期顺德政府就带队到港澳学习经验，之后走上工业化道路。顺德官员向来重视向先进地区学习，顺德政府多次带队赴新加坡和我国香港、深圳等地考察咨询，灵活借鉴这

---

① 郑永年、张培发：《顺德实践：中国县域发展范本》，中信出版社2019年版，第64页。

些地方的行政体制和城市规划的先进经验。顺德官员一直把香港的社会治理模式作为借鉴的样本来思考顺德的综合改革。在社会体制改革中，顺德积极借鉴香港特别行政区的经验，遵循职责法定、运作独立、决策民主、执行高效、监管到位的原则，探索在专业性、行业性强的领域开展法定机构试点工作[①]。同时，借鉴我国香港特区和新加坡的法定机构运作模式，推进事业单位改革，使其承担政府的公共服务职能[②]。此外，学习香港特区政府对社会组织的多元化资金扶持方式，促使顺德社会组织提高了资金的利用效率，同时也提升了政府治理效能。概而言之，顺德的主动学习精神是顺德综合改革顺利推进的重要保障。

四 有益启示

改革被誉为顺德发展之魂，为顺德的前行提供不竭动力。地处改革开放前沿地带的顺德通过综合改革，探索创新促进经济社会科学发展的理论框架、政策体系、体制机制和运行模式[③]，既打造了中国县域高质量发展的顺德范本，又为其他县级政府解决同类型问题提供了参考，其改革力度之大、持续时间之长较为少见。总体来看，顺德推进综合改革对于推进县级政府治理能力现代化的启示主要在于以下三点。

（一）凝聚上下联动、齐抓共管的工作合力

上级政府的指示和要求是县级政府开展治理活动的外在压力和直接动因，而地方实际情况则是县级政府改革创新的基本立足点和出发点，县级政府必须在上级任务安排和本地实际情况的对立统一中反复权衡，充分落实治理责任。顺德一方面准确把握改革进行中的关键节点，积极承担广东省委、省政府赋予的使命和要求，敢为

---

① 郑永年、张培发：《顺德实践：中国县域发展范本》，中信出版社2019年版，第86页。
② 李霞、傅秉潇、卢剑忧：《"小政府、大社会"：创新地方治理格局的实践与思考——以顺德社会体制改革为视角》，《长春教育学院学报》2015年第15期。
③ 郑永年、张培发：《顺德实践：中国县域发展范本》，中信出版社2019年版，第50页。

人先，始终走在改革创新的第一线；另一方面立足自身改革发展实际和未来发展要求，将地方经济社会发展融入上级政府的总体规划和统筹协调之中，不断凝聚上下联动、齐抓共管的工作合力。这启示县级政府在推进县级政府治理能力现代化过程中要勇当改革创新的先锋营和开路兵，"既要吃透上级精神，又要结合本地实际"①，寻求贯彻上级意志与实现本地发展的最佳契合点，同向发力，避免"上级压担子，下级撂挑子"的不良现象的滋生。

（二）发挥多措并举、协同发力的系统效应

"单兵突进"式的改革可以发挥集中性优势，在短时间内将有限的资源发挥出最大效力，保证阶段性政策目标得以快速实现。而"综合配套"式的改革强调整体布局筹划，可以有效促进长期性目标和长远型规划的实现，有利于改革的政策连续性和长期稳定性，同时在一定程度上节约了改革成本。从1992年起，顺德在每次改革中都紧紧抓住制约发展的关键性因素，在推进核心改革举措的同时综合推进多项具体改革措施，注重发挥复合型改革的集成效应和系统效应，具有很强的"整体性"。县级政府推进治理能力现代化是一项长期系统工程，涉及治理理念、治理结构、治理机制等多方面的变革，只有通过根本性变革和深层次转变才能实现全面的现代化。因此，县级政府在推进治理能力现代化的过程中必须从整体进行着眼、从全盘开始谋划，"既需注重整体联动、同步推进，又要寻求统筹有序、重点突破"②。

（三）营造改革创新、开拓进取的文化氛围

政府间竞争的加剧和市场化理念的盛行倒推县级政府不断革新治理理念，加强自身能力建设，县级政府只有坚持守正创新，增强创新的内生性动力，才能获得持久的发展动力和长期的竞争优势。多年来，顺

---

① 魏红英：《公共产品视角下县级政府服务能力建设路径探析》，《广东社会科学》2006年第2期。

② 王杰：《基于Ward系统聚类的县级政府网上信息公开工作改进研究》，《情报杂志》2016年第11期。

德多以改革创新著称,敢闯敢试,敢于打破各种束缚。从1992年的"拆庙搬神"到1999年的率先基本实现现代化试点,从2009年的大部门制改革到2018年的率先建设高质量体制机制改革创新实验区,顺德的改革一路前行,从未间断。[1] 因此,县级政府需要以创新发展为方向指引,"破体制障碍、拆制度藩篱,除陈规旧矩、扫暮气旧习,由此带来更高的行政效率、更好的公共服务,促成政府与市场、政府与企业的良好互动关系"[2],统一政府部门机构和行政工作人员的思想和行动,保证所有的治理行为始终走在全面深化改革的道路上,进而打造县一级的"有为政府"。

第二节 江阴探索

确定江阴为县级集成改革试点,是江苏省委、省政府立足新时代党中央关于全面深化改革精神做出的重大战略部署,是江苏省推进县域治理体系和治理能力现代化的重要试验环节。近年来,江阴坚持县域治理现代化的基本目标定位,聚焦重点领域和关键环节,以系统思维和集成理念攻难点、去痛点、谋亮点,初步探索出一条具有时代特点、区域特征、江阴特色的县域治理现代化建设新路。作为县域治理的典型案例,江阴集成改革"既有丰富的实践意义和示范导向,又有深刻的方法论创新和理论价值"[3],对全国县域改革具有重要的探索价值和示范意义。

一 探索历程

江阴隶属江苏省无锡市,截至2019年底,辖区总面积986.97平方千米,下辖镇10个、街道7个、村民委员会197个、社区居

---

[1] 郑永年、张培发:《顺德实践:中国县域发展范本》"前言",中信出版社2019年版。
[2] 《万众创新,政府革新要先行》,《人民日报》2015年5月29日第5版。
[3] 仲剑主编:《江阴县级集成改革发展报告(2019)——县域治理现代化探索》,社会科学文献出版社2019年版,第31页。

民委员会55个、村居合一社区46个，户籍人口126.41万人，常住人口165.34万人，①总体经济实力超过全国80%的地级市②。

江阴古称暨阳，有7000年人类生息史、5000年文明史、2500年文字记载史。西晋太康二年（281年）置暨阳县，属毗陵郡，治所在今江阴市东南。南梁绍泰元年（555年）废县置郡，建治君山之麓，因地处长江之南，遂称江阴郡，下辖江阴、利城、梁丰3县，为"江阴"名称之开始。此后江阴分别为郡、国、军、路、州治，建置几经变化。元至正二十七年（1367年），恢复县建置。1949年4月23日江阴解放后，属苏南行署常州专区。1953年改属苏州地区。1983年3月实行市管县体制，改属无锡市。1987年4月经国务院批准撤县建市③。

中共十八届三中全会强调"必须更加重视改革的系统性、整体性、协同性"④，这为指导新时代地方政府全面深化改革、提升治理能力提供了指导、指明了方向。基于对中央全面深化改革战略部署的深刻理解和准确把握，2017年7月13日，江苏省委办公厅、省政府办公厅正式印发《江阴市县级集成改革试点总体方案》，要求"到2020年县域治理体系更加成熟、更加定型，把江阴建设成为全省同类城市服务效率最高、发展环境最优、创新活力最强、人民群众获得感最多的改革发展示范区"，为全省乃至全国县域治理体系和治理能力现代化建设做出示范，"提供更多可复制可推广的改革成果"⑤。由此拉开了江阴县级集成改革的序幕。自被正式确定为江

---

① 《江阴概况》，江阴市人民政府门户网站：http://www.jiangyin.gov.cn/jygk/jygk.shtml，2021年1月10日。

② 仲剑主编：《江阴县级集成改革发展报告（2019）——县域治理现代化探索》，社会科学文献出版社2019年版，第10页。

③ 《江阴概况》，江阴市人民政府门户网站：http://www.jiangyin.gov.cn/jygk/jygk.shtml，2021年1月10日。

④ 《中共中央关于全面深化改革若干重大问题的决定》，《人民日报》2013年11月16日第1版。

⑤ 《〈江阴市县级集成改革试点总体方案〉获省批复》，无锡机构编制网：http://bzb.wuxi.gov.cn/doc/2017/08/04/1418619.shtml，2021年1月10日。

苏省唯一的县级集成改革试点以来，江阴结合实际谋划了"12355"推进思路①，坚持以推进县域治理体系和治理能力现代化为目标，构建起集政务服务、基层治理、社会救助、生活服务、公共安全于一体的县域治理"1+5"总架构，形成了一批可复制可推广的"江阴经验"，打造了改革方法论创新的"江阴样本"，对全国县域改革具有重要的探索价值和示范意义②。江阴县级集成改革试点作为重要典型成功入选"改革开放40年地方改革创新40案例"，江阴也被誉为"集成改革第一县"③。目前，江阴集成改革已逐步释放出体制改革的叠加效应、机制创新的集约效应和政策调整的聚合效应，总结江阴创新县域治理的先进经验和推进集成改革的成功实践，不仅对我国推动县级政府治理能力现代化有重要启示价值，对新时代的改革再出发也有重大实践意义④。

---

① "12355"推进思路，即"瞄准一个定位、突出两个重点、区分三个阶段、聚焦五个目标、彰显五大主题"。其中，"瞄准一个定位"即围绕提升县域治理体系和治理能力现代化水平，把江阴建设成为全省乃至全国同类城市中服务效率最高、发展环境最优、创新活力最强、人民群众获得感最多的改革发展示范区，探索出更多可复制、可推广的改革成果。"突出两个重点"即坚持问题导向、需求导向和效果导向，着力破解制约江阴长远发展的根本性问题和当前亟须解决的突出矛盾问题。"区分三个阶段"即：第一阶段以行政管理体制改革为"先手棋"、以"放管服"改革为突破口，将徐霞客经济发达镇改革试点经验复制推广到江阴全市，组建市级"三局三中心"和镇街"三大平台"；第二阶段推动行政管理、经济、生态文明、开发开放、城乡发展一体化、社会事业、基层党的建设等七大领域改革协同并进，持续推进县域治理能力现代化；第三阶段提升完善县域治理"1+5"总体架构，全面完成试点任务，形成县级集成改革的"江阴样本"、县域治理体系的"江阴标准"，为县域治理体系现代化提供可复制推广的制度性成果。"聚焦五个目标"即以党建统领为根本保障，着力构建便捷高效的政务服务体系、沉底到边的基层治理体系、精准有力的社会救助体系、温馨周到的生活服务体系、全域覆盖的公共安全体系，形成县域治理的基本框架。"彰显五大主题"即将"优化营商环境、市场化改革、绿色转型、城乡融合、优质基本公共服务"理念贯穿改革各领域全过程，实现改革方案的系统集成。参见仲剑主编《江阴县级集成改革发展报告（2019）——县域治理现代化探索》，社会科学文献出版社2019年版，第8—9页。

② 吕永刚：《县级集成改革的"江阴样本"》，《决策》2019年第5期。

③ 仲剑主编：《江阴县级集成改革发展报告（2019）——县域治理现代化探索》，社会科学文献出版社2019年版，第11页。

④ 仲剑主编：《江阴县级集成改革发展报告（2019）——县域治理现代化探索》，社会科学文献出版社2019年版，第2—3页。

二 推进举措

江阴作为江苏省首个县级集成改革试点,是江苏省探索县域社会主义现代化的先头兵,为新时代推进县域治理现代化提供了参照、积累了经验。综合来看,江阴进行县级政府改革创新、推进县级政府治理能力现代化的举措主要包括革新治理理念、优化治理结构、健全治理体系、整合治理资源和创新治理工具五个方面。

(一) 以人民群众满意为导向,革新治理理念

江阴始终坚持开门搞改革,通过改革内容公开、进展公开、评价公开和广泛的公众参与,确保改革的科学性和实效性。江阴一改政府"闭门造车""单打独斗"的工作方法和工作思想,注重从人民群众中汲取智慧和力量,坚持"以人民为中心"的治理理念。科学的治理理念为县级政府治理能力现代化指引了正确的前进方向。实际上,只有坚持以人民为中心,让人民群众共享改革发展成果,让改革红利惠及全体人民,增强获得感,提升满意度,才能使人民群众的切身利益同改革的命运紧密联系在一起,使改革得到更广泛的认同、拥护和支持。习近平总书记强调:"把是否促进经济社会发展、是否给人民群众带来实实在在的获得感,作为改革成效的评价标准"[①],"推出一批能叫得响、立得住、群众认可的硬招实招,处理好改革'最先一公里'和'最后一公里'的关系,突破'中梗阻',防止不作为,把改革方案的含金量充分展示出来,让人民群众有更多获得感"[②]。在集成改革试点中,江阴始终坚持"以人民为中心"的改革价值取向,从大处着眼、小处着手,加快推进民生领域体制机制改革,着力保障和改善民生水平,着力解决人民群众关心的现实问题。江阴将此前分散在各职能部门的民生服务内容

---

① 《习近平主持召开中央全面深化改革领导小组第二十一次会议强调:深入扎实抓好改革落实工作 盯着抓反复抓直到抓出成效》,《人民日报》2016年2月24日第1版。

② 《习近平主持召开中央全面深化改革领导小组第十次会议强调:科学统筹突出重点对准焦距 让人民对改革有更多获得感》,《人民日报》2015年2月28日第1版。

最大限度地集成到一起，在网格化管理、不见面审批、"最江阴"App、社会救助、集团化办学、医联体建设等30多个领域实现了跨部门的数据共享和业务协同，变"群众来回跑"为"内部协同办"，变"百姓跑腿"为"数据跑路"，打通联系服务群众的"最后一米"，以"不见面"改革的"减法"换取市民满意度的"加法"，清晰勾勒出了集成改革的民生逻辑和价值追求①。

（二）以机构职能调整为突破，优化治理结构

县级政府治理能力现代化与县级政府机构职能的科学配置是分不开的。江阴坚持统筹考虑各类机构设置，统筹使用各类编制资源，科学配置党政部门及内设机构权力，明确和理顺部门职责权限，探索对职能相近的党政机关综合设置或合署办公，在优化机构职能的过程中，不断调整和优化政府治理结构，为打造"有为政府"构建了基本框架。一方面，组建"三局三中心"，优化政府机构设置。2017年10月，江阴市行政审批局、政务服务中心、社会救助中心和江阴市城市综合管理局、综合行政执法局、综合管理服务指挥中心同步揭牌②，形成了精简高效的扁平化组织结构，管理层级进一步减少，为江阴推进行政管理体制改革、行政执法体制改革打通了关键一环。另一方面，围绕职能转变，同步推进事业单位等改革。江阴紧跟国家机构改革步伐，实现了环境资源、地方金融监管和军人服务保障等诸多领域的综合性改革。以事业单位改革为例，江阴坚持"精简、统一、效能"原则，"全面完成承担行政类事业单位改革试点工作，稳步推进从事生产经营活动事业单位改革，创新从事公益活动事业单位管理方式，继续探索事业单位监管方式"③，有效地促进了职能机构的优化设置和高效运作。

---

① 仲剑主编：《江阴县级集成改革发展报告（2019）——县域治理现代化探索》，社会科学文献出版社2019年版，第33页。

② 仲剑主编：《江阴县级集成改革发展报告（2019）——县域治理现代化探索》，社会科学文献出版社2019年版，第195页。

③ 仲剑主编：《江阴县级集成改革发展报告（2019）——县域治理现代化探索》，社会科学文献出版社2019年版，第196页。

（三）以审批制度改革为抓手，健全治理体系

中共十八届三中全会强调"进一步简政放权，深化行政审批制度改革，最大限度减少中央政府对微观事务的管理，市场机制能有效调节的经济活动，一律取消审批，对保留的行政审批事项要规范管理、提高效率"①。可以说，没有放权让利的"失"和"痛"，就换不来企业群众办事的"得"和"乐"。便捷高效的政务服务既是区域竞争的软实力，也是展示区域发展的靓丽名片。为切实破解群众办事难题，江阴"紧扣制约经济社会发展的深层次问题，聚焦宽放、优服、严管，纵深推进放管服改革，努力打造全国同类城市审批事项最少、办事效率最高、营商环境最优，创新活力最强的地区"②。江阴围绕构建"集中高效审批、强化监管服务、综合行政执法"的基层治理架构，以"大精简、大清单、大提速"为重点，大力精简审批服务事项、压缩环节，组建江阴市行政审批局，"将涉及市场准入、建设投资等85项许可事项和工作人员集中，组建覆盖市、镇、村三级近300人的代办员队伍，全面推行'网上办、集中批、联合审、区域评、代办制、不见面'"③，"公布'可不见面'审批服务事项1158项，95%以上政务事项可实现'不见面'审批"④，实现了市、镇（街、开发区）两级审批服务权限的合理划分、高效联动⑤。在改革过程中，江阴加大资源重组、体制重构、权责重配的力度，努力营造简约利民、透明高效的政务环境，构建科学合理、运行有效的治理体系，以降低制度性交易成本为着力点，以简政放权、提高增效为突破口，推动行政审批大提速、行政

---

① 《中共中央关于全面深化改革若干重大问题的决定》，《人民日报》2013年11月16日第1版。

② 《江苏省江阴市纵深推进放管服改革》，《中国机构改革与管理》2018年第7期。

③ 《江苏省江阴市：以社会治理体系化推进县域治理现代化》，人民网：http://unn.people.com.cn/n1/2021/0119/c435200-32004764.html，2021年1月20日。

④ 田杰、俞忠杰：《江阴构建"五大体系"全力推进县域治理现代化》，法润江苏普法平台网：http://frjs.jschina.com.cn/31022/31026/202101/t20210119_6951872.shtml，2021年1月20日。

⑤ 《江阴市县级集成改革图解》，《领导决策信息》2018年第9期。

服务大便民、行政效能大提升，实现了"2440"① 高效审批服务目标。② 据 2019 年 10 月 18 日《人民日报》报道，"随着多举措、多途径纵深推进重点领域的各项改革，江阴全市形成了改革的集成和叠加效应，开办企业流程不断优化、全程电子化登记等多元化登记渠道全面推广、市场活力和社会创造力得到进一步激发；全市市场主体从 2017 年底的 139003 户增长到目前的 193661 户"。③

（四）以网格化管理为手段，整合治理资源

随着我国迈向高质量发展阶段，社会治理和企业群众的需求日趋多样化、个性化，需要更加精准高效的政府治理手段，县级政府需要及时更新工作方法、创新工作手段，不断推进治理能力现代化。在集成改革中，江阴以网格化为手段，推动基层治理方式由点线到块面、由被动到主动、由单边到多元的有效转变，着重为人民群众以及各类社会组织提供精细化、标准化的管理服务，有效加快了基层治理现代化步伐。针对职能多头、力量分散、衔接不畅等治理重点难点问题，江阴市政府将部门职能进行融合，最大程度上整合治理资源，打造"无例外、无死角、无空当"的综合网格，努力实现县级政府治理的精细化和高效化，推动县级政府治理能力现代化建设。这一过程中，江阴市政府"瞄准服务群众'最后一公里'问题，按照纵向到底、横向到边的要求，依据户籍人口、流动人口和区划面积，将 987 平方公里市域面积划分设定为市、镇（街）、村（社区）三级网格，全市共划分出 17 个一级网格、269 个二级综合网格、1363 个三级综合网格、118 个专属网格，实现了市域范

---

① "2440"目标，即企业注册开业 2 个工作日内，不动产登记 4 个工作日内，一般工业建设项目施工许可 40 个工作日内完成。

② 仲剑主编：《江阴县级集成改革发展报告（2019）——县域治理现代化探索》，社会科学文献出版社 2019 年版，第 44 页。

③ 《江苏省江阴市探索县域治理"1+5"总架构——城乡活力增强 企业群众获益（改革落实在基层）》，《人民日报》2019 年 10 月 18 日第 5 版。

围内的网格全覆盖①。网格化管理实行'一长五员'②，配备信息化移动终端，收集、受理、监督、处理网格内的各类事项，变被动防为主动查"③。网格化管理平台汇聚了全市31个部门、153项数据采集信息和154项日常巡查类事项，配备3659名网格员，实现了基层治理的精准精细、全域联动、多元参与④。

（五）以信息化手段为支撑，创新治理工具

受传统官僚体系的影响，县级政府多采用单一、强硬的传统治理方式和治理工具来进行行政管理工作，但面对新时代县域治理的新形势、新任务、新挑战，单一的治理工具已经不能满足高质量发展的需要和人民群众对于美好生活的向往，创新治理工具势在必行。以信息化手段助力改革，既为推进治理改革提供了全新的视角，也为提升治理效能插上了腾飞的翅膀。数据是一种资产，是实现县级政府治理能力现代化的基础，而数据发挥作用的关键在于数据的联通，只有融合起来的数据，才能激发不可限量的能量。江阴集成改革坚持"大集中、大整合、大共享"理念，针对数据的碎片化、分散化和部门化特点，着力打破信息孤岛、打通数据壁垒，加强数据基础建设，实现信息资源的共享和交换。江阴主动顺应信息公开与数据共享这一时代趋势，着力在融通和运用上下功夫、使长劲，通过加强信息资源跨部门、跨层级互通和协同融合，发挥数据聚合支撑多部门、多地区协同服务的作用，实现了最大限度的利企便民。例如，"运用'互联网+'创新村级医疗互助模式，将补助流程、村民报销、资金管理等全部实现标准化和线上操作，既减少了村民跑腿报销、人工审核等复杂、繁琐的程序，又降低了村民获得救助的交易成本，该做法已在全国7个省1424个村得到复制推

---

① 《平安江阴，以治理创新提升百姓安全感》，《江阴日报》2019年9月28日第A03版。
② "一长五员"指网格长、网格员、督查员、联络员、巡查员以及信息员。
③ 仲剑主编：《江阴县级集成改革发展报告（2019）——县域治理现代化探索》，社会科学文献出版社2019年版，第51页。
④ 邵燕：《县域社会主义现代化的江阴之路》，《江南论坛》2020年第10期。

广"。江阴大数据在各领域的深度开发、广泛运用，为政府科学决策、城市精准管理、温馨便民服务、社会救助服务等提供了强有力的支撑。①

三 基本经验

江阴集成改革的谋划和推进具有显著的系统性、整体性和协同性，注重把当前改革与长远改革、单项改革和系统改革、结构性改革和体制性改革、局部改革和全局改革结合起来，各项改革举措在政策取向上相互配合、在实施过程中相互促进、在改革成效上相得益彰，政策合力充分释放。纵观江阴集成改革的全过程，其改革试点的成功实践与多方面因素息息相关，其中以系统集成为基本路径、以群众路线为根本遵循是其重要经验。

（一）系统集成为基本路径

中共十九大报告继中共十八届三中全会提出的"必须更加注重改革系统性、整体性、协同性"之后，再次强调"着力增强改革系统性、整体性、协同性"②。随着全面深化改革向纵深化推进，县域治理起着基础支撑作用，具有"核心破局"意义，县域改革必须坚持系统化推进、集成化落实，才能切实发挥治理现代化的整体效能。而江阴作为县级集成改革试点的核心和灵魂正在于"集成"二字。集成改革注重顶层设计和内部协同，较单项改革涉及面更广，比综合改革系统性更强且复杂难度更大，是最能彻底解决矛盾问题根源的一种改革③，具有明显的全面化、系统化优势。在试点过程中，江阴以唯物辩证法为指导，运用系统化思维和集成化方式，在

---

① 仲剑主编：《江阴县级集成改革发展报告（2019）——县域治理现代化探索》，社会科学文献出版社2019年版，第54—58页。
② 习近平：《决胜全面建成小康社会 夺取新时代中国特色社会主义伟大胜利——在中国共产党第十九次全国代表大会上的报告》，《人民日报》2017年10月28日第1版。
③ 《学习时报》调研组：《江阴：集成改革第一县——江苏省江阴市探索县域治理体系和治理能力现代化的改革方法论创新实践（上）》，《学习时报》2018年12月19日第A4版。

思想方法上提出了"三个超越"①,紧紧围绕江苏省委提出的"开展集成改革试点、形成改革集成效应"的总体要求,结合实际谋划出了"12355"集成改革总体思路。在推进改革的过程中,江阴坚持以系统化思维统筹改革方案,注重各领域改革方案之间的协同融合,成功破解了基层改革中的"碎片化"和"分散化"问题,增强了改革顶层设计的整体性、互补性、关联性和耦合度②,在一定程度上实现了顶层设计与基层创新的良性互动,形成了"1+1>2"的叠加效应。

从本质上讲,江阴集成改革试点是一种方法论创新:"一是上级部门对改革试点的支持政策集成;二是围绕制约发展的突出问题根源作一揽子系统性解决方案的思路举措集成;三是集众家之长、众人之智、众创之力,对有益于江阴提升县域治理能力的成果借鉴集成;四是将推进落实机制与改革试点方案同步谋划、一体部署的推进机制集成;五是改革项目具有跨领域关联、诸要素协同的改革效应集成。"③ 同时,江阴的集成改革实践得到了各级党委政府的高度重视,江苏省委、省政府不仅在试点政策上给予全力支持,更是派出重要骨干挂职指导改革试点,支持力度之大前所未有;江阴所属的无锡市也及时组织下放市县同权清单,并将江阴改革经验复制推广到所辖各个县区,重视程度之高也是前所未见。实践证明,县级集成改革面临着许多单靠基层无法啃下的"硬骨头",唯有依靠各级支持、多方协力才能形成有效突破④。

---

① "三个超越"指江阴提出了"超越一时之需看改革",着眼为未来新一轮发展拓展空间、提availability动力、形成保障,建立长效机制;"超越一事之谋改革",着眼建立经济社会发展的长效支撑,系统谋划改革;"超越一己之念促改革",着眼为全国县域改革探新路、作示范、出经验,超越小我、凝神聚力,率先探路、勇当先锋。
② 学习时报调研组:《江阴:集成改革第一县——江苏省江阴市探索县域治理体系和治理能力现代化的改革方法论创新实践(上)》,《学习时报》2018年12月19日第A4版。
③ 仲剑主编:《江阴县级集成改革发展报告(2019)——县域治理现代化探索》,社会科学文献出版社2019年版,第325页。
④ 学习时报调研组:《江阴:集成改革第一县——江苏省江阴市探索县域治理体系和治理能力现代化的改革方法论创新实践(下)》,《学习时报》2018年12月21日第A4版。

（二）群众路线为根本遵循

江阴在推进集成改革的过程中始终坚持以党建为引领，而群众路线更是贯穿改革的始终，在党的群众路线的指引下，江阴坚持"一切依靠群众"的基本原则和"一切为了群众"的价值目标，"不断夯实党的基层基础，引导和激励广大党员干部保持良好的精神状态，奋发有为，勇于担当，着力抓好各项改革工作落实，切实把党的建设成果转化成为改革发展的持续动力"[1]。在推进改革的过程中，江阴坚持群众路线集中表现在两个方面。

一是强化干部担当，加强群众参与。一方面，江阴"围绕压实改革责任，突出'改革抓一把手、一把手抓改革'，建立签订责任状、项目领衔、例会推进、公众参与、督查督办、三方约谈、台账管理、限时办结、信息发布、智库支持等制度"[2]，有效激发了领导干部担当作为的勇气、提升了领导干部担当作为的能力。在一定意义上，江阴集成改革之所以能取得如此成效，既得益于江苏省委的科学谋划和强力推动，更得益于江阴市委领导班子特别是"一把手"强烈的改革意愿和改革担当；另一方面，江阴注重收集群众意见、利用群众智慧、发挥群众力量，在决策咨询、监督评估等多个环节开展广泛的群众参与，在改革中"利用'报、屏、声、网、微'五大平台，面向社会公开征集改革议题216条，反馈193条，吸收借鉴29条"[3]，有效发挥了人民群众建言献策、促进改革的优势。

二是满足群众需求，坚持便民服务。党的十九届五中全会强调"扎实推动共同富裕，不断增强人民群众获得感、幸福感、安全感"[4]，这是改革发展的基本出发点和立足点。江阴抓住人民群众最

---

[1] 仲剑主编：《江阴县级集成改革发展报告（2019）——县域治理现代化探索》，社会科学文献出版社2019年版，第135—136页。

[2] 吕永刚：《县级集成改革的"江阴样本"》，《决策》2019年第5期。

[3] 仲剑主编：《江阴县级集成改革发展报告（2019）——县域治理现代化探索》，社会科学文献出版社2019年版，第28页。

[4] 《中共中央关于制定国民经济和社会发展第十四个五年规划和二〇三五年远景目标的建议》，《人民日报》2020年11月4日第1版。

直接最关心最现实的利益问题精准发力，把老百姓的小事作为党委政府的大事，积极回应百姓诉求，真正做到"群众有所呼、政府有所应"，在服务群众、方便群众方面一直走在改革的前头。例如在社会事业体制改革中，江阴"坚持以人民为中心，以高质量发展为引领，强化排头兵、先天下、利长远意识，坚持多办利民实事，多解民生难事，高起点、高标准推进社会建设，着力推进教育、医疗卫生、民政、文化等社会领域改革，在满足群众多层次多样化美好生活需要方面取得显著成效"[1]。因此，当改革出现方向困惑或举措踌躇不定之时，要始终坚持一个清晰的判断标准，即是否有利于实现好、维护好、发展好人民群众的当前利益和长远利益，是否有利于增进人民福祉，促进人的全面发展，增强人民群众的获得感、幸福感、安全感，这是谋划改革的初心和着眼点。改革是一项创新性的探索，其并没有标准答案，如果非要有的话，符合上述要求的就是标准答案[2]。

四　有益启示

江阴在集成改革中围绕破解"四难"即群众企业办事之难、基层一线治理之难、扶贫脱困攻坚之难、生活服务便利之难，着力推进县级政府治理能力现代化，重构县域治理体系。梳理江阴集成改革试点经验，带给我们如下启示。

（一）加强顶层设计和基层创新的有机结合

改革试点是加强顶层设计和基层创新有机结合的关键枢纽，试点意图将顶层设计和基层探索联系起来，一方面为顶层设计积累实践经验，另一方面有助于鼓励基层敢于摸着石头过河，积极探索各具特色的发展道路。当前，基层治理面临许多仅靠基层难以甚至无

---

[1] 仲剑主编：《江阴县级集成改革发展报告（2019）——县域治理现代化探索》，社会科学文献出版社2019年版，第235页。
[2] 仲剑：《集成改革：让县域改革落地生根——江阴集成改革试点的实践探索及启示》，《群众》2019年第3期。

法啃下的"硬骨头",改革必须加强顶层设计,突出上级的统一谋划、强力推动,同时要鼓励各地进行差别化探索,为基层留足创新发展的空间。一方面,上级政府与部门要对地方发展给予高度重视和权威性支持,在宏观层面提供一揽子的政策扶持,指导编制好改革总体方案及专项计划,营造上下一盘棋、齐力抓改革的良好氛围;另一方面,尊重地方发挥首创精神,鼓励支持有条件的地方先行先试,主动创新实践,最大限度地调动基层积极性、创造性,增强推进县级政府治理能力现代化的内生活力,为顶层设计"提供脚本、积累经验",防止顶层设计成为无源之水、无本之木。

(二)重视改革力量的充分投入和有效保障

集成改革的破浪前行离不开改革力量的汇聚,同样在推进县级政府治理能力现代化过程中,需要充分重视各类治理资源要素的集聚和投入。一是要加大对改革领域的资金投入,尤其要加大针对地方长远发展的重点领域和关键行业的改革项目的支持力度;二是要借智借力促改革,邀请相关智库专家、科研机构为改革问诊把脉,提供智力支持和战略咨询;三是要善于抓住关键少数,发挥好"一把手""一班人"特别是主管领导的关键作用,压实各级部门和单位"一把手"的主体责任,以担当作为撬动贯彻落实;四是要抽调精干力量,建立实体化运作的深化改革领导小组办公室,充分发挥好其谋划、协调、指导、督查等职能。

(三)注重发挥市场机制和社会组织的作用

处于"深水区""攻坚期"的改革较之以往推进难度更大,单纯依赖政府行政手段的单兵突进显然难以满足复杂多样的现实诉求,必须牢牢把握住市场化主线不动摇,让市场活力成为改革的原动力。县级政府需秉承"专业人做专业事"的理念,将政府不该做、不善做、做不好的事项尽可能地交给市场和社会,大力培育社会组织承接政府公共服务项目,努力发挥市场在公用事业、环保、医疗卫生、产业转型、生活服务等改革领域资源配置中的决定性作用,同时更好发挥政府作用,推动"有效市场"和"有为政府"

更好结合。以往不少地区的公用事业服务主要依靠政府自身招兵买马、大包大揽，有限的财政投入和单一的供给模式往往导致成本高昂、服务低质、人力负担重等问题，难以持续保证服务的高效利民。在推进县级政府治理能力现代化过程中，县级政府亟须主动转变职能定位，充分运用市场化、社会化手段工具，实现服务的专业化、智能化和高效化。

第五章

县级政府治理能力现代化：
制约因素

如前文所述，近年来一方面中央有关举措直接促进了县级政府治理环境特别是政治环境在实践中不断优化，另一方面县级政府也立足于中央全面深化改革要求，或被动或主动进行相应改革创新，所有这些客观上助推县级政府治理能力建设在实践中不断向前迈进。但推进县级政府治理能力现代化是一项系统工程，不可能一蹴而就，特别是"随着时代的发展，由于政府所面对的经济、政治、社会、文化及自然环境发生了很大的变化，外部环境的动态性、多样性和复杂性成为政府职能变迁及目标定位的驱动机制"[①]。辩证唯物主义指出，事物的发展往往是内外双重作用的结果。根据这一原理，依据第二章构建的分析框架，县级政府推进治理能力现代化既要关注外部环境因素塑造的现实场域，又要重视内部环境要素形成的内在动力，内外部因素往往相互作用、相互影响，共同构成县级政府的治理环境。从内外两个角度对县级政府治理能力现代化的制约因素进行分析，有助于为县级政府治理能力现代化提供基本依据和现实参照。

---

① 包国宪、文宏、王学军：《基于公共价值的政府绩效管理学科体系构建》，《中国行政管理》2012年第5期。

第一节 外部因素

政府治理能力往往被理解为制度执行能力，而"良好的外部环境能够增进政府执行力；相反，不利的外部环境会制约政府执行力"[①]。在高质量发展理念的指引下，县级政府治理能力现代化过程意味着一种动态化、可调整的政府发展模式，"这种发展突出地反映在政府为了适应外部环境变化，对履行政府管理职责的理念、方式以及管理过程的控制等所做出的新的选择"[②]。本研究跳出县级政府本身，基于行政生态学视角，从政治、经济、社会和文化四个方面入手探析县级政府治理能力现代化面临的外部制约因素。

一 政治环境：纵向层级压力传导，横向竞争压力凸显

政治环境对政府治理能力的影响是长期且稳定的，对县级政府治理的政治环境进行分析可以帮助阐释现有的治理体制和治理模式何以对县级政府的管理活动产生影响。一般而言，"政治环境是政治体系存在和从事政治活动、政治决策的背景条件"[③]，包括制度、方针、政策等多项要素。我国是单一制国家，现行社会主义制度具有极高的政治稳定性和合法性，县级政府从事行政管理活动所面临的国家政治体制、法律法规、方针政策等宏观政治环境具有同一性，这里主要立足我国行政管理体制特点和县级政府实践运行，从纵向和横向两个维度探讨纵向层级压力和横向竞争压力对县级政府治理能力现代化的影响[④]。

一是纵向层级压力传导。我国实行的是中央—省—市—县—乡

[①] 莫勇波、刘国刚：《地方政府执行力评价体系的构建及测度》，《四川大学学报》（哲学社会科学版）2009 年第 5 期。

[②] 汪玉凯：《公共管理基础问题研究》，《中国行政管理》2001 年第 11 期。

[③] 杨连专、张新民：《权力运行的系统分析》，《云南社会科学》2016 年第 3 期。

[④] 需要指出的是，压力也可以是动力。只是在县域治理实践中，面对"压力型体制"与"政绩锦标赛"的双重约束，一些县级政府在治理上容易产生短期行为和负面性的策略性行动。

五级行政管理体系，县级政府位于层级结构的下层，需要承接来自上级政府的层层加码的行政压力。在这种层级关系下，上级政府常常通过设置目标以及经济激励、政治激励相结合的方式要求下级政府贯彻政策意图或完成工作任务。这种纵向传递的行政压力在县级层面表现得更为突出，一方面是因为县级政府位于或者靠近传导链条的末端，"层层加码的指标化的任务分解机制、与奖惩紧密挂钩的政绩考核体系、越来越流行的'一票否决'的责任追究机制使县级政府及其领导承受着自上而下的体制性压力"[1]；另一方面是因为县级政府直接面向社会、市场和人民群众，是政策方针和目标任务的具体执行者。但是在行政压力传导的过程中，上级政府往往容易忽略县级政府的承接能力，不断加重的行政负担和有限的资源之间的矛盾催生了县级政府多样化的消解行政压力的方式，使得县级政府通过选择性或象征性执行上级指令、跨部门同谋、向基层政府转嫁压力等方式来应对考核压力成为可能，致使很多政策目标达不到预期效果。

2017年11月有博士生在中部地区某县调研时发现，当日县政府为了完成上级下达的"大气污染治理攻坚战"任务，发动几乎所有政府工作人员前往基层检查污染源。该县主管科教文体卫生事业的副县长访谈时对其表示，县各职能部门的工作人员基本都出去检查了，日常工作实际上已经停顿，"我手下只剩一个年轻同志没有下乡，什么事都干不了。"[2]

二是横向竞争压力凸显。县级政府除了要面对上级政府层层向下传递的行政压力，还需要承担在同级官员晋升锦标赛中取得晋升

---

[1] 陈国权、毛瑞福、徐露辉：《论县级政府行政改革的战略选择》，《公共管理学报》2006年第4期。

[2] 刘潇阳：《县级政府社会治理能力评估研究——以H省6县为例》，博士学位论文，郑州大学，2018年，第74页。

资格的横向压力。周黎安最早提出的地方官员晋升锦标赛模式是为了破解中国经济高速增长的背后动因,主要指的是同级政府部门的多个地方官员通过以上级政府决定的一种可度量的指标(多以GDP增长率)为标准进行晋升竞赛,优胜者可以获得晋升资格①。县级政府官员同样处于这种横向的竞争体系之中,为了赢得竞争优势,自然会不遗余力地促进县域经济发展。但这种治理模式不可避免地会产生一些问题,如地方发展过程中偏于注重短期效应、以上级的行政偏好代替本地区内人民群众的偏好、政府间恶性竞争等。随着时代的变迁和中央对高质量发展的强调,县级政府的治理目标不应局限于经济效益,还应该追求社会领域、民生领域的发展,这种部分地区仍然存在唯GDP增长率的竞赛标准已经显得不合时宜。总之,纵向的行政压力和横向的竞争压力构成了县级政府的政治环境,也隐含了其为化解沉重的行政负担而可能陷入的现实困境。

中部地区某县长曾这样描述绩效考核的重要性:"全县每年的工作安排基本上是依据上级绩效考核的具体内容来设置,一切工作的目标都是为了完成绩效考核所规定的项目,各项考核指标的权重就是我们工作的先后次序和重要程度……我们基本没有多余资源发展考核体系中不涉及的内容。我也知道有些社会问题、民生问题关系到老百姓的日常生活,但是考核体系中没说,这样我们就没办法创造性地开展工作。"②

二 经济环境:县域经济发展失衡,经济下行压力较大

作为国家行政管理体系中的基础单元,县级政府需要依据国民经济发展规划和本地现实状况,切实处理好政府和市场的关系,履行经济发展规划、管理、服务和监督等职能,"在质量效益明显提

---

① 周黎安:《中国地方官员的晋升锦标赛模式研究》,《经济研究》2007年第7期。
② 刘潇阳:《县级政府社会治理能力评估研究——以H省6县为例》,博士学位论文,郑州大学,2018年,第73页。

升的基础上实现经济持续健康发展"①,进一步夯实县域经济在国民经济中的基础地位。同样,县级政府治理能力的提升也离不开坚实的经济基础。县域经济是国民经济的基本单元和基础层级,也是功能较为完备的综合性经济体系,在基层政府治理工作中是最基础的关键性因素。从二者相互影响、相互促进的关系以及现实情况来看,县级政府治理能力的现代化进程往往受到县域经济发展状况的制约:

一是县域经济发展失衡。我国拥有数量庞大的县级行政单位,县域自然地理环境和历史文化底蕴不尽相同,经济社会发展水平存在明显差异。县级政府在发展经济方面的热情普遍高涨,部分县在发展过程中甚至过度强调速度的提升和规模的扩张,片面追求GDP指标上升和财政收入增长,存在"透支式""粗放式"发展,由此造成县域经济的质量和效益提升困难,无法为县级政府履职尽责提供充足的物质资源和生产要素,而"片面化""偏离化"的发展模式甚至在一定程度上存在"忽视农业和农村的倾向"②。同时,我国大部分县域规模目前还比较小,难以形成区域经济增长中心,而地级市比较有条件形成中等城市辐射区③。但是目前,大中小城市间的经济发展辐射体系尚未完全形成,县级政府受到上级政府的辐射带动作用有限,甚至存在市级政府与县级政府争项目、争资金的现象,县级政府的资源禀赋优势和比较优势无法得到有效发挥。

> 2018年7月笔者在西部地区XJ县调研时,该县招商局局长曾表示:"县里招商引资不容易,好不容易有几个好的项目,有的还会被市里拿走,对此我们也无能为力,还是要服从大局。"④

---

① 《中共中央关于制定国民经济和社会发展第十四个五年规划和二〇三五年远景目标的建议》,《人民日报》2020年11月4日第1版。
② 谭建华:《新常态下县域经济发展的难题》,《学习时报》2015年4月6日第8版。
③ 郑风田:《不宜神化"省直管县"》,《人民论坛》2009年第18期。
④ 访谈资料:2018-07-XJ。

二是经济下行压力较大。县域经济发展方向与政府履行职能和提升能力同向，政府提升治理能力必须"向适应县域经济发展的方向调整"①，县级政府在发展经济时会在不同程度上面临体制机制阻梗、资金人才短缺、地理区位不佳、思想观念滞后、信息交通闭塞、产业结构失衡、基础设施落后和物质资源匮乏等一系列难题，有学者将其概括为"没钱""没权""没人""没地"②。这在某种程度上与县级政府提升治理能力所面对的难题处于同一维度，经济基础薄弱的县域，县级政府往往缺乏强有力的治理能力推进治理现代化工作。近年来，面对复杂严峻的国内外形势，特别是受新冠肺炎疫情影响，我国县域经济增速总体放缓、回落幅度较大，经济下行压力持续加大，这在无形中增加了县级政府的工作压力和负担，在脱贫攻坚与乡村振兴有效衔接的过程中如何实现县域经济高质量发展成为县级政府必须直面的现实难题。

中国社会科学院财经战略研究院发布的《中国县域经济发展报告（2020）》显示："县域经济增速回落幅度增大，中部地区县（市）经济相对平稳，投资增速总体回落，西部地区恢复性回升。云贵地区县域经济增速高位调整，两湖地区表现亮眼。样本县（市）经济规模急剧调整，山东县（市）下调最多。三大地区全面陷入调整，中部地区县（市）经济相对平稳。东部地区已是连续三年回落，而中、西部地区则连续两年回落。"③

---

① 杭珂、赵连章：《城镇化进程中县级政府职能重构的对策建议》，《江淮论坛》2014年第2期。
② 于建嵘：《县政运作的权力悖论及其改革探索》，《探索与争鸣》2011年第7期。
③ 该报告根据经济规模、地方公共财政收入、规模以上工业企业数和区域竞争地位等因素在全国近2000个县经济单元中遴选出400强样本县（市），构建了县域经济竞争力和投资潜力指标体系，对2020年400个县（市）的经济竞争力和投资潜力指数进行实证研究。参见《〈中国县域经济发展报告（2020）〉在京发布》，中国社会科学网：http://www.cssn.cn/jjx/jjx_gzf/202012/t20201203_5228467.shtml，2021年1月20日。

三　社会环境：县域利益结构复杂，社会公众参与不足

社会环境主要涉及主体层面的社会公众和社会组织以及关系层面的利益结构。社会深度转型时期，经历深刻复杂变化的社会环境对县级政府治理能力提出了更高的要求，县级政府面临更深层次的矛盾和更为复杂的局面。

一是县域利益结构复杂。任何一项政策和改革均会涉及多种利益关系，"相对于县以上的省市空间，县域内的个体之间因求学、通婚、工作等因素影响，关系网络更密、时间跨度更长、互动频率更高、关系作用更强、影响领域更广，县域社会所具有的'差序格局'的地方性特征更为显著"[1]。县域内错综复杂的利益结构和盘根错节的关系网络使得县级政府改革创新往往需要在县域内激烈的利益冲突和复杂的利益博弈中寻求突破。一方面，在治理实践过程中，县级政府作为当地经济或政府自身的利益代表，追求地方利益的最大化[2]，在多元利益主体不同利益诉求的影响下，出于维护本地利益或自身利益的考虑，县级政府往往会陷入地方保护主义的怪圈，在短期利益与长远收益、局部利益与整体效益的对比权衡中决策失误、行为失范。"强势的经济发展取向、利益取向使县级政权组织以追逐部门利益、单位利益和个人利益为第一选择，而县级政府作为一个独立的利益整体，其'经济人'的角色也逐渐压倒其作为'公共事务管理者''公共物品提供者'的角色，从而导致县域社会治理的日益恶化。"[3] 另一方面，层级间、县域间、城乡间和不同群体间存在着复杂的利益关系，"兼具国家利益代表、地方利益

---

[1] 田雄：《强激励与弱激励：县域社会中的经济增长与组织运作》，《中国社会科学评价》2020年第1期。

[2] 赵静、陈玲、薛澜：《地方政府的角色原型、利益选择和行为差异——一项基于政策过程研究的地方政府理论》，《管理世界》2013年第2期。

[3] 于建嵘、张正州：《理念、体系、能力：当前县域治理的转型困境与发展方向》，《学术界》2019年第6期。

代表和民众利益代表的县级政府常常处于社会矛盾的高发区域"①，县级政府不仅"容易受到地方既得利益集团的约束"②，有时甚至会为了"建立本地政治支持网络或保证地方稳定"③ 而损失公共利益、牺牲群众利益，而且容易陷于多元利益主体的利益纠葛，在协调利益关系、构建合作机制方面无从下手，从而导致县级政府治理工作难度日益增强。

> 学者欧阳静曾写道："以我们调研的 D 县为例，在商人的许多项目中，大部分都有领导参与。比如，对于征地拆迁而言，许多领导十分积极，因为征地背后项目所产生的利益都有他们一份。领导与商人的关系也可以从政府招商引资工作中得到充分展现和说明。D 县政府的招商文件中，甚至有对商人采取'保姆式服务'的措辞。"④

二是社会公众参与不足。"公众作为政府有机体的外部环境是政府组织存在的根据"⑤，县级政府治理能力现代化离不开社会组织的承载与配合，需要人民群众的支持与参与。从现实来看，一方面县域社会组织自主不足、能力不高，结构功能松散，关键时刻顶不上去，难以有效承接治理责任。"社会组织是公民参与公共政策制定的重要载体，也是决策主体联系公民的桥梁。"⑥ 根据国家民政部《2019 年民政事业发展统计公报》，截至 2019 年底全国共有社会组

---

① 汪鸿波、费梅苹：《乡村振兴背景下农村社会工作的实践反思及分层互嵌》，《甘肃社会科学》2019 年第 1 期。
② 李祥云、陈建伟：《财政分权视角下中国县级义务教育财政支出不足的原因分析》，《教育与经济》2010 年第 2 期。
③ 袁飞、陶然、徐志刚、刘明兴：《财政集权过程中的转移支付和财政供养人口规模膨胀》，《经济研究》2008 年第 5 期。
④ 欧阳静：《治理体系中的能动者结构：县域的视角》，《文化纵横》2019 年第 2 期。
⑤ 郑文静：《论政府回应的公众环境》，《理论探索》2001 年第 2 期。
⑥ 霍海燕编著：《有效性：公共政策制定中的公民参与研究》，中国社会科学出版社 2019 年版，第 209 页。

织 86.63 万个，其中县级民政部门登记的共 65.48 万个，约占总数的 75.59%[1]。从数量来看，县域内社会组织发展喜人。但县域的经济发展水平、政策支持环境、人才储备资源等相较于市级和省级比较欠缺，难以吸引高质量的社会组织产生和培育，加之政府培育下的本土化社会组织长期以来过度依赖政府补给，"从活动经费来看，大部分社会组织是依靠县级政府拨款运行的"[2]，自我生存能力较弱且易加重县级政府的财政负担，目前在发展质量上还不具备与政府实现通力合作、协同共治的能力。另一方面，县域居民参与能力和意愿较低，难以实现有效参与。已有研究倾向于将有效性作为衡量公民参与政治生活和政策过程的主要判断依据，认为"积极的公民意识和良好的科学文化素质是公民参与政治生活和政策过程的前提，也是提高公民参与能力和有效性的内在基础和保证"[3]。第七次全国人口普查结果显示，我国乡村人口为 509787562 人，占全国人口的比重为 36.11%[4]。随着新型城镇化的推进，我国农村人口总量在不断减少，特别是随着农村精英的流出，农村空心化问题突出，农村常住居民在专业知识与经验素养方面与现代治理的要求还存在一定差距，并不同程度存在"凡事依靠政府"的思维惯性，参与能力较弱[5]。同时相关研究显示，"从纵向看，公众对政府的信任随着行政层级的降低依次递减"[6]；与西方公众对地方政府的信任度普遍高于中央政府不同，"中国公众对政府的信任随着行政层级的

---

[1] 民政部：《2019 年民政事业发展统计公报》，民政部门户网站：http://images3.mca.gov.cn/www2017/file/202009/1601261242921.pdf，2021 年 1 月 20 日。

[2] 张立荣、刘毅：《整体性治理视角下县级政府社会管理创新研究》，《管理世界》2014 年第 11 期。

[3] 霍海燕编著：《有效性：公共政策制定中的公民参与研究》，中国社会科学出版社 2019 年版，第 85 页。

[4] 国家统计局：《第七次全国人口普查公报（第七号）》，国家统计局门户网站：http://www.stats.gov.cn/tjsj/zxfb/202105/t20210510_1817183.html，2021 年 5 月 11 日。

[5] 郑志龙、刘潇阳：《县级政府社会治理能力的制约因素与提升路径——基于河南省四县的调查与思考》，《中州学刊》2018 年第 6 期。

[6] 朱光磊、周望：《在转变政府职能的过程中提高政府公信力》，《中国人民大学学报》2011 年第 3 期。

降低而降低"①。而县域内公众的参与意愿通常也随着对政府信任程度的降低而逐渐降低，这种情形无疑会增加政府的治理成本和协作治理的难度。总之，社会组织发展滞后、居民有效参与不足导致政府与社会协作治理的目标难以达成，较难实现治理方式由传统向现代的转型，这也是困扰县级政府治理能力提升的重要因素。

2018年11月笔者带领学生在中部地区ZQ市某小区调研时，该小区业委会成员谈到物业纠纷维权问题时说道："有的业主对物业更换矛盾问题漠不关心；有些业主因物业纠纷解决过程漫长，最终选择放弃维权；也有业主因为维权成本较高，自己觉得无法与物业公司抗衡，慢慢地就不关注换物业的事情了""不少业主不清楚业主委员会和业主代表大会等组织是什么，也不善于去了解相关的知识，总是觉得必要的时候会有上面来通知，自己等等就可以了。而且，小区里有知识背景、参与能力高的青年们都由于工作繁忙没有时间与精力去长时间关注物业更换问题，而一些参与度较高的老人、家庭妇女又因缺乏相关的知识支撑，参与能力比较低。"②

四 文化环境：县域文化多元交织，民众有限信任政府

中共十九届四中全会指出，"发展社会主义先进文化、广泛凝聚人民精神力量，是国家治理体系和治理能力现代化的深厚支撑"③。文化环境同样是县级政府治理能力现代化的外在支撑，并为县级政府治理能力的提升提供了内在的思想驱动力，在潜移默化、润物无声中影响着县级政府治理能力现代化进程。从现实观察来

---

① 刘雪华、辛璐璐：《公民参与视野下的政府信任差序化危机及应对》，《上海行政学院学报》2015年第2期。

② 访谈资料：2018-11-ZQ。

③ 《中共中央关于坚持和完善中国特色社会主义制度　推进国家治理体系和治理能力现代化若干重大问题的决定》，《人民日报》2019年11月6日第1版。

看，目前县域文化环境在激发县级政府治理能力建设的内在动力方面仍有较大提升空间，主要表现在两个方面。

一是县域文化多元交织。"政府作为复杂的社会系统中的一个组织，无时无刻不处于其所在地区独特文化的熏陶之下。处于社会大环境中的政府及其官员也不可避免地会受到文化的影响，并按照其所宣扬的意识形态和价值观行事"[1]。县域文化作为"乡村文化与城镇文化的交融，传统文化与现代文化的结合"[2]，具有典型的多元性特征，先进文化与落后文化、健康文化与腐朽文化不断交织、激荡，在一定程度上直接影响并反映了县级政府治理能力的强弱。从整体来看，我国的文化环境氛围是积极向上、健康进步的，集中表现为社会主义核心价值观的基本理念和具体内容深刻影响了县域治理的全领域、全过程。但随着新形势下一些落后、腐朽、庸俗文化的不断渗透、侵蚀，部分县级政府在一些陈旧的思想观念的影响下极易出现一些消极错误的思想苗头和行动表现，严重制约县级政府治理能力的现代化进程。一方面，在不良文化的冲击下，一些地方背离社会主义核心价值观的要求，"宗派主义、山头主义、拜金主义不同程度存在，形式主义、官僚主义、享乐主义和奢靡之风问题突出，滥用权力、贪污受贿、腐化堕落、违法乱纪等现象滋生蔓延"[3]；另一方面，部分县级政府及其工作人员将社会主义核心价值观的培育和践行与实际工作脱离、内化不够，逐渐形成了消极保守、因循守旧的组织文化和工作作风，思想僵化懈怠、行动拖沓迟缓，在政府治理现代化工作的贯彻落实中安于现状、易于满足，缺乏创新精神和进取信心，不能适应新时代下的新形势、新要求。

---

[1] 范柏乃、张鸣：《地方政府信用影响因素及影响机理研究——基于116个县级行政区域的调查》，《公共管理学报》2012年第2期。

[2] 李晓园：《县级政府公共服务能力与其影响因素关系研究——基于江西、湖北两省的调查分析》，《公共管理学报》2010年第4期。

[3] 《关于新形势下党内政治生活的若干准则（2016年10月27日中国共产党第十八届中央委员会第六次全体会议通过）》，《党建》2016年第11期。

中共中央办公厅印发《关于培育和践行社会主义核心价值观的意见》指出:"党的十八大提出,倡导富强、民主、文明、和谐,倡导自由、平等、公正、法治,倡导爱国、敬业、诚信、友善,积极培育和践行社会主义核心价值观。这与中国特色社会主义发展要求相契合,与中华优秀传统文化和人类文明优秀成果相承接,是我们党凝聚全党全社会价值共识作出的重要论断。富强、民主、文明、和谐是国家层面的价值目标,自由、平等、公正、法治是社会层面的价值取向,爱国、敬业、诚信、友善是公民个人层面的价值准则,这24个字是社会主义核心价值观的基本内容,为培育和践行社会主义核心价值观提供了基本遵循。"[1]

二是民众对县级政府信任有限。现代社会中民众与政府间的良好关系和双向互动,会为政府履行职能打造坚实的群众基础。民众对于地方政府的价值认同蕴含政府行为、过程和结果的合理合法性的考量和认同,这种考量直接表现为民众对政府的信任。县级政府作为直面群众的基层政府组织,其一言一行将直接影响民众对县级政府的肯定和支持。研究显示,我国"公众对政府的信任随着行政层级的降低而降低"[2],相对于上级政府特别是中央政府,民众对县级政府的信任度有限。尽管近年来服务型政府建设不断加强、行政体制改革不断深化,但长期以来在层级节制的行政体制和传统官僚主义文化影响下,"全能政府、管制政府、人治政府和官本位的价值观念依然十分顽固"[3],县级政府治理能力不能适应民众信任要求,二者之间存在一定的差距和鸿沟。现实中县级政府的产出质量

---

[1] 《中共中央办公厅印发〈关于培育和践行社会主义核心价值观的意见〉》,《党建》2014年第1期。
[2] 刘雪华、辛璐璐:《公民参与视野下的政府信任差序化危机及应对》,《上海行政学院学报》2015年第2期。
[3] 赵理富:《改革开放以来中国政府治理文化的创新》,《孝感学院学报》2011年第6期。

和工作人员的能力态度不能满足群众日益增长的多样化需求,其引领发展"角力"、提供服务"乏力"、解决问题"无力"等现象层出不穷,极易引起民众的质疑和不满,造成政府信任的降低,政府公信力极易滑入"塔西佗陷阱"的泥沼而危及其合法性①,这对于政府治理能力的提升造成无形中的阻碍。

据媒体报道:江西省某县人民政府因违反财产报告制度,拒不履行生效判决,被宜春市中院纳入失信被执行人名单。2017年4月1日,该县政府对此作出回应称:"将尊重法院裁决,严格按法律履行义务,配合法院做好相关工作。"北京京师律师事务所律师表示:"县政府被纳入失信黑名单,政府的公信力就会遭受质疑,对其以后招商引资等方面肯定会有负面影响。此外,根据最高法对'老赖'的相关限制条款,被执行人是单位的,县政府的法定代表人也就是县长,办公出行是不允许选择飞机、列车软卧等高消费行为的。"②

第二节 内部因素

"政府内部环境主要和政府管理模式相关,不同的管理模式带来的是差异的行政效率和作风。"③ 基于治理视域从县级政府内部出发,县级政府治理能力现代化面临的内部制约因素主要包括治理理念、治理结构、治理资源、治理机制、治理文化、治理工具六个方面。

---

① 付耀华:《县级政府公信力及其多元治理模式研究》"前言"第2页,云南大学出版社2016年版。

② 温潇潇:《县政府被纳入失信"黑名单",对当地带来哪些影响?》,参考消息网:http://www.cankaoxiaoxi.com/society/20170402/1842328.shtml,2021年1月20日。

③ 何文盛、王焱、蔡明君:《政府绩效评估结果偏差探析:基于一种三维视角》,《中国行政管理》2013年第1期。

一 治理理念存在偏差

治理理念直接为治理行为提供指导，县级政府坚持正确的治理理念为其做好县域治理工作提供了基本遵循，但部分县级政府往往对人民至上、执政为民理念和"创新、协调、绿色、开放、共享"五大发展理念理解贯彻不到位，造成治理行为失范甚至异化，做不好上级的"代理人"和民众的"代言人"[1]，治理能力提升面临思想困难。目前县级政府治理理念偏差主要存在以下三种误区。

一是"埋头式"治理理念。受行政层级差异和现实环境局限的影响，县级政府与包括中央政府在内的上级政府在治理理念方面可能存在一定的差别，县级政府"面对的治理任务更加庞杂、具体，更直接面对多元利益主体和公众需求，矛盾触点更多、压力更大，陷于具体治理任务之中，而较少考虑宏观规划"[2]。同时，与上级政府特别是中央政府相比，县级政府受视野的局限，更多瞄准自身所在的一亩三分地，往往拘泥于局部利益的获取和"微观目标"的达成，"'即兴式'举措多于制度规范"[3]，全局思考和长远谋划不足，治理理念较之于上级政府特别是中央政府往往滞后，即使偶尔有些地区较为先进也常常是出于对特定情境的具体应对。

二是"选择式"治理理念。从应然层面来看，"县级政府处于国家政权金字塔的最底层"[4]，更多地从事制度执行工作、扮演政策落实角色，在治理理念的秉承上应该、也必须和上级政府保持一致，充分贯彻落实中央和上级政策意图。但实践中，县级政府出于对县域现实情况和本地利益格局的考量，在完成上级下派任务时容

---

[1] 胡萧力：《"县治"与"宪治"：县级政府的组织、模式及功能研究》，载姜明安主编《行政法论丛》（第16卷），法律出版社2014年版。
[2] 胡薇：《理解地方治理现代化的五个维度》，《学习时报》2015年11月30日第5版。
[3] 姜晓萍：《国家治理现代化进程中的社会治理体制创新》，《中国行政管理》2014年第2期。
[4] 李祥云、陈建伟：《财政分权视角下中国县级义务教育财政支出不足的原因分析》，《教育与经济》2010年第2期。

易产生对上级政府治理理念的认知偏差，造成上下级政府间的理念错位，在短期政绩效应的影响下有时会显得急功近利，倾向于选择投入小、见效快的项目展开工作以满足各类考核指标，在一定程度上忽略了县域经济社会发展的长期规划和远景目标，造成治理"变味""走样"。

"A市是广东省珠三角地区的发达城市之一，也是广东省政治经济体制改革的前沿阵地……Y区作为A市最古老的中心城区，是A市的行政、文化中心及经济强区，也是A市行政体制改革成绩尤为突出的行政区……而从对Y区政府权责清单制度执行情况的观察中可看出，目前权责清单制度执行虽然还未得知最终的验收结果，但是已经存在一定的问题，其并未严格按照广东省方案的所有要求执行政策，明显存在形式大于内容的状况，不仅对政策内容实行选择性、敷衍化落实，而且在执行时间上存在拖延现象，没有按照省方案所要求的工作进度上报并以政府文件形式在网上公布及收集社会意见，都不同程度上影响权责清单制度的质量及效果。"[1]

三是"片面式"治理理念。"贯彻新发展理念明确了我国现代化建设的指导原则"[2]，为各级政府推进治理能力现代化提供了基本遵循，县级政府在提升治理能力、推进治理工作的过程中必须完整、准确、全面贯彻"创新、协调、绿色、开放、共享"的新发展理念。然而在治理实践中，部分县级政府在治理过程中往往顾此失彼甚至相互替代，片面追求单一性的治理目标，极易出现保守消极、封闭僵化、破坏生态等一系列问题，不能兼具全面化的治理和高质量的发展，这无疑会加剧基层政府治理工作不平衡不充分的矛

---

[1] 徐刚、杨雪非：《区（县）政府权责清单制度象征性执行的悖向逻辑分析：以A市Y区为例》，《公共行政评论》2017年第4期。

[2] 陶文昭：《完整准确全面贯彻新发展理念》，《湖北日报》2021年1月21日第11版。

盾，对县级政府治理能力现代化造成阻碍。

国家生态环保部官网显示："2019年7月25日至29日，中央第二生态环境保护督察组在福建省漳州市漳浦县督察发现，该县党委、政府及有关部门长期不作为、慢作为，长期以来石材矿山非法开采问题突出，石材加工行业整治不到位，一些企业环境管理普遍粗放，污染治理水平较低，晴天尘土飞扬，雨天遍地泥浆，常常形成'牛奶河'和'石粉山'。矿山生态修复治理严重滞后，大量废石随意倾倒，植被破坏、水土流失问题、区域污染严重，群众反映强烈。"①

二 治理结构权责失衡

传统垂直的纵向政府等级制与水平的横向职能部门制相结合，为我国经济快速发展和社会有效治理做出了贡献，然而随着我国社会主要矛盾的转化，传统的政府治理结构也表现出与经济社会发展不相适应的趋势，并对治理效能产生不利影响。某种程度上，"官僚制在强调纵向等级和横向专业分工的同时埋下了'政出多门'和'多龙治水'的伏笔"②。就此而言，当前县域治理的困境一定程度上正是由于"县级政府自身的治理结构和水平不能适应市场经济条件下变化了的农村经济社会环境"③。而从政府内部来看，治理结构主要包括层级结构、横向结构和条块结构。

一是层级结构权责不均。"一竿子插到底"的管理模式容易形成上大下小、头重脚轻的倒置问题④。权力向上集中与责任向下传

---

① 《福建漳州市漳浦县矿山非法开采严重破坏生态环境》，生态环境部门户网站：http://www.mee.gov.cn/xxgk2018/xxgk/xxgk15/201908/t20190818_729161.html，2021年1月20日。
② 王佃利、吕俊平：《整体性政府与大部门体制：行政改革的理念辨析》，《中国行政管理》2010年第1期。
③ 王国红、瞿磊：《县域治理研究述评》，《湖南师范大学社会科学学报》2010年第6期。
④ 张国忠：《解决好县域治理"最后一公里"问题的关键》，《人民论坛》2020年第16期。

递的矛盾长期存在，上下级之间沟通不畅、联系不紧、衔接不到位，县级政府既要听从上级安排、对上级政府负责，又要对乡镇政府指导、接受群众监督，集中的权力结构和严格的考核机制不断压制县级政府的治理活力，双重的行政层级压力使得县级政府在治理工作中往往缺乏足够的积极性、主动性和创造性。同时，纵向层级结构中权力、信息和资源等要素在纵向传导和流动的过程中往往不够均衡，极易造成职能交叉、权责失衡等问题，县级政府在从事治理活动时无法拥有与之匹配的财政事权。有效解决"县级党政有限权力与无限责任间的结构性矛盾""合理确定县级政权在国家纵向治理结构中的位置"[1] 成为亟须解决的问题。

  桐县是安徽省全方位改革的试点县。2012年至2015年期间，该县展开了全面省直管县改革，改革内容涉及财政省直管、调整管理体制、加快政府职能转变、扩大管理权限、理顺条块关系与改革组织干部人事管理等，并形成了新型政府间的组织架构模式及职能配置体系。改革释放了活力，桐县开展各类范围活动试点，收到省级政府下放的八百余项事权，在政策倾斜、申请项目方面畅通无阻，掌握的可支配事权增多，行政、服务效能大幅提高，实现了管理链条缩短、行政层次扁平化……但随着改革的深入，桐县与安庆市之间的关系却走向了权力博弈与恶性竞争，市县之间的府际信任逐渐流失。[2]

  无独有偶，笔者2019年8月在省直管县改革试点县——中部地区ZF县调研时，该县的一位领导曾表示："处理与原属省辖市的关系是直管改革中的棘手问题。改革后尽管部分业务直接对接省直厅局，但不能忽视和原属省辖市的关系，一些事

---

[1] 于建嵘：《县政运作的权力悖论及其改革探索》，《探索与争鸣》2011年第7期。
[2] 杨发祥、伍嘉冀：《"省直管县"下的新型县域治理何以可能？——以安徽省桐县为个案》，《江苏行政学院学报》2017年第3期；林琪：《省直管县改革中的市县关系转变研究——以安徽桐县为例》，《管理观察》2019年第10期。

项在直接向省直厅局申报的同时，也得向省辖市对口单位申报。"①

二是横向结构协作不足。职能部门的分工和协作构成了政府管理体制内部的横向维度，保证了政策措施的执行和功能职责的履行。县级政府内部管理事务和治理工作的复杂性决定了跨部门合作应该成为一种常态。然而现实情况反映出县级政府部门间的横向协作仍有待加强：一方面，县级政府部门间工作范围界定不够清晰、职责分工不够明确，"各部门间职能的碎片化"② 问题普遍存在，"不同的政府部门具有不同的目标并且相互交织"③，政出多门和管理脱节的现象时有发生，整体治理效能的发挥受到严重制约；另一方面，各部门各司其职、各行其是，部门间缺少交流合作的机会，缺乏合作意识和信任关系。面对日益复杂、多样、琐碎的需要跨部门协作的治理问题，"部门本位主义"④ 影响下的县级政府部门协作治理的能力愈显不足，极易造成顶层设计方案执行中的"时滞效应"⑤，治理内容的碎片化和治理行为的间断化不断加剧，结果是既导致了治理资源的严重浪费，又造成了治理效率的低下。"充分调动政府内部各职能部门的力量，处理好部门之间的关系，发挥政治系统整体的合力"⑥ 成为县级政府治理能力现代化不容回避的现实问题。

---

① 访谈资料：2019-08-ZF。
② 张立荣、刘毅：《整体性治理视角下县级政府社会管理创新研究》，《管理世界》2014年第11期。
③ 武亚军：《中国本土新兴企业的战略双重性：基于华为、联想和海尔实践的理论探索》，《管理世界》2009年第12期。
④ 姜晓萍、吴宝家：《国家治理中的地方机构改革——新时代地方机构改革的趋势、差异与逻辑归因》，《社会科学研究》2020年第2期，第47页。
⑤ 杨雪冬：《政府治理动力亟待提升》，《北京日报》2017年5月15日第14版。
⑥ 郑志龙、刘潇阳：《县级政府社会治理能力的制约因素与提升路径——基于河南省四县的调查与思考》，《中州学刊》2018年第6期。

"Z省的农村土地改革多年来一直走在全国前列，而无论是在'农地入市'和征地制度改革方面的探索，还是在宅基地利用方式方面，D县都堪称该省乃至全国农地改革的一个明星县。田野调查时发现，'三块地'统筹推进改革事宜主要涉及D县国土资源局、住房和城乡建设局、农业局、民政局、财税局等六个政府部门，但在实际的工作中六个部门往往'貌合神离'、陷入'合作困境'，表现为'六牛耕地、方向不一'。这可以概括为跨部门合作困境的'横向罅隙'。同时，根据三年多的跟踪观察发现，D县的这种'横向罅隙'具有长期存在、重复再生特质，并不仅局限于'三块地'改革领域，其他事务中也同样经常存在。比如，'美丽乡村'建设过程中，农办、民政等不同政府部门操办出'美丽村庄、美丽庭院、美丽田园、美丽庄园'等不同版本的'美丽乡村'。调研中，一位在D县工作了近30年的老同志指出：'一起做事时，部门之间互相扯皮是经常发生的事；至于跨部门合作，空喊口号多过实际行动。'而这种'横向罅隙'实际上并不局限于D县，其他地区的基层政府以及其他层级政府内部不同部门之间也同样存在。"[1]

三是条块结构存在冲突。"在科层体制内，处于'条'上的职能部门只关注所在条线、所在层级、所管范围内的具体事务，难免与处于'块'上的地方政府产生条块冲突，并对政府的行政权力产生掣肘。"[2] 而县级政府部门同样需要接受本级政府和上级职能部门的双重领导或指导，同时也要对下一级政府职能部门进行领导或指导，这种条块分割的政府机构在履行职能的过程中常常因为权责边

---

[1] 李敢、徐建牛：《"横向罅隙"：政府部门间的合作困境——基于D县"三块地"统筹推进改革的案例分析》，《天府新论》2019年第5期。

[2] 吴青熹：《资源下沉、党政统合与基层治理体制创新——网格化治理模式的机制与逻辑解析》，《河海大学学报》（哲学社会科学版）2020年第6期。

界模糊而陷入迷茫，变得无所适从。因此，"县级职能部门相互间经常出现政令不一致、职能冲突和责任推诿的现象，致使县级公共政策表现出极大的不确定性和不协调性"①。这种"条块冲突"也易造成部门林立、职责重叠，运行不畅、协调困难等问题，面对跨层级、跨部门的治理难题更是增加了双重管理、双重领导引发潜在危机的可能性。

"云南省M县为国家级贫困县，也是农业县，几乎无工业，总人口近33万，下辖6镇2乡，居住着23个民族，有34个深度贫困村。2017年，一般公共财政预算收入3.72亿元，一般公共财政预算支出20.82亿元，财政严重入不敷出。为更好地统筹整合使用财政涉农资金，M县成立了工作领导小组负责具体工作，但在实践中却面临诸多问题，'条条'横向之间难以协作，'块块'纵向之间难以沟通。一方面各'条条'部门依据政策文件以及资金实施方案，对财政涉农资金据理力争，往往存在较多个人主观偏好和利益矛盾冲突。另一方面，作为'块块'的乡镇政府，既要面临村委会积极申报项目的难题，又要处理好与垂直部门的关系，往往处于两难状态。"②

三　治理资源供给不足

"随着地方政府由管理型转向服务型，其所面对的任务和工作愈加细致，而乡镇政府职能弱化和自主性的降低也导致了治理压力和治理成本上移，由此造成县级政府普遍面临治理资源不足

---

① 尹廷：《浅议县级政府行为能力之不足》，《江西行政学院学报》1999年第4期。
② 余锋：《基层治理中的条块关系及其行动逻辑——基于云南省M县财政涉农资金整合的案例分析》，《云南行政学院学报》2020年第4期。

的困境"①，无法为回应顶层设计和基层民众需求提供足够数量和质量的治理资源。从"人""财""物"三个角度来看，县级政府主要面临以下三个方面的难题。

一是公务人员能力素质不足。习近平总书记强调，"没有人才，我们的现代化目标就会化为泡影"②。县级政府因为自身经济社会发展局限，往往处于"引不来人才""留不住人才"和"用不好人才"的尴尬境地，在人才的引进、培育、使用和激励等方面还处于探索阶段，尚未形成成熟具体、可执行的人才管理方案，高层次人才的流动性和匹配性较低，人才资源总量和素质还不能满足政府治理要求。一方面，县级政府缺少紧缺急需的专业技术人才。很多重要行业和岗位面临无人愿来、无人可用的困境，部分工作人员专业素养和工作态度方面有待提升，具体的治理工作难以快速推进，从而影响政府治理能力现代化总体进展；另一方面，县级政府缺少德才兼备的政府管理人才。政府治理能力本质上是政府治理主体的能力，而治理主体能力的高低关键在于"人"的素质，尤其是政府官员的素质③，然而部分县级政府官员的官德修养和政策水平不足，经验和能力不能完全适应岗位要求，工作积极性不高，发现、回应、解决问题的能力不强，在工作中疲于应付、敷衍了事。同时受岗位待遇和工作条件等限制，县级政府也缺少足够数量的高水平专业技术人才充实公务员队伍。在与大城市展开公务员招录考试等方面的人才竞争时始终处于弱势，"县级政府公务员的构成中，受过专业训练的专业技术人员、高级知识分子等人才比较少，不能有效满足需求"④。

---

① 杜鹏：《基层运动型治理的组织运作逻辑——基于"临时机构"的分析》，《甘肃行政学院学报》2017年第5期。
② 习近平：《知之深 爱之切》，河北人民出版社2015年版，第37页。
③ 赵新峰：《京津冀协同发展背景下雄安新区新型合作治理架构探析》，《中国行政管理》2017年第10期。
④ 张菊梅、吴克昌：《滞后与重构：社会转型冲击下的县级政府能力》，《广东行政学院学报》2011年第2期。

2018年7月笔者在西部地区XJ县调研时，XJ县的政府工作人员在访谈时表示："与大城市比，县里对人才的吸引力弱多了。即便我们县走出去的大学生回来的也不多，外地人才特别是高层次人才来的就更少了。目前县政府工作人员中硕士比较少、博士更少，很多对专业技术要求较高的工作现在都没有合适的人来做。"[1]

二是财政收支能力较弱。"县级财政是县级政府运行和发展的基础，也是地方财政运行的晴雨表"[2]。从收入来看，县级政府经济基础薄弱，财政来源种类较少且较大程度上依赖于土地财政收入，扩大财政收入的能力和水平有待提升，同时这种以干预市场要素来缓解财政压力的方式本身是不合理且不可持续的，在面对日益增长的公共服务需求和上级政府的绩效考核时压力渐显，难以实现自给自足，"高度转移支付依赖使大量县级财政成为寄生型财政，缺乏动力创造本级税源，寄生于上级财政"[3]。从支出来看，我国现行的财税体制使得不少县级政府的支出相当程度上依赖于上级政府的转移支付，而财政资金又经常会出现被挤压、截取、挪用等现象，加之扶贫等工作造成县级政府的预算外支出持续增长，县级政府往往面临较大的隐性债务风险和财政运行风险。刚性的财政支出与紧缩的财政收入加之不尽合理的财政支出结构，大大压制了县级政府的财政自主性，导致没有充分的资金和能力去开展县域改革的治理实践，妨碍了政府治理能力的提升。

《瞭望》新闻周刊记者在中部某省调研时，"一位县长反

---

[1] 访谈资料：2018-07-XJ。
[2] 王敬尧：《财政与庶政：县级政府治理能力研究——对中部Y县的实证分析》，博士学位论文，华中师范大学，2008年。
[3] 宋小宁、葛锐、苑德宇：《县级行政管理费增长与财政转移支付依赖》，《中国行政管理》2015年第1期。

映,以公益性岗位薪酬支出为例,这些岗位用于安排贫困户或低保户就业,其出发点是好的,但这项支出最初并没有纳入县级财政预算安排。'相关部门一竿子到底,直接到乡镇,要求一个村搞七八十个公益性岗位,一个乡镇开发几百个,全县仅此一项就要多支出近1亿元。'该县长说,起初这些项目他并不知道,等到最后花钱时,需要找县长审批签字,他才知道有这笔财政支出。'有困难怎么办?上级就让我们创造性落实。如果县里不给钱,年终这项考核会被扣分,我们只能想方设法补窟窿。'一位乡镇财政所负责人告诉记者。目前,扶贫基本项目资金和基础设施建设资金缺口相对较大,尤其'两不愁三保障'项目,地方财政配套压力大。以低保费用的县级财政支出为例,随着保障面扩大、保障标准提高,县级配套资金压力越来越大。2015年,该县低保费的地方配套部分中县级支出占比10%,县级财政一年低保费用支出约1000万元。随后逐年增加,到2019年,县级财政占比提高到50%,县级财政当年低保费用支出接近2亿元,县级财政压力极大"[1]。

2020年8月笔者在中部地区ZY县调研时,该县一位领导也曾谈道:"受新冠肺炎疫情等的影响,当前基层财政运行风险在加大,县国库款运行已逼近甚至超出安全警戒线。"[2]

三是物质资源供应失衡。"县级政府治理资源的有限性,决定了对于目标资源的分配应当是'重点投入'和'分散均衡'之间的妥协"[3],但是县级政府在治理资源的汲取和吸纳方面总体较弱,经过上级的层层"盘剥"和同级政府的不合理的竞争,县级政府促

---

[1] 程士华、汪奥娜:《县级国库款亮红灯 基层财政干部挠破头》,《瞭望》2020年第18期。

[2] 访谈资料:2020-08-ZY。

[3] 许中波:《"环保嵌入扶贫":政策目标组合下的基层治理》,《华南农业大学学报》(社会科学版)2019年第6期。

进发展所需的物质资源往往存在缺口，物质资源短缺与政府职能扩展的矛盾不断积累，逐渐成为制约县级政府治理能力提升的瓶颈。同时，由于信息误差、技术落后和资源禀赋差异等因素影响，市场利益驱使下物质资源流向未来发展较好、预期收益更大的县域，县级政府在资金人力、办公场所、技术支撑等方面的获取存在一定差异，这就进一步拉大了县域间的发展差距。同时，上级政府"以资源下沉为借口下放责任"[1]，不断加重基层负担的问题也需要高度警惕。"深化资源要素共享，强化政策制度协调"[2]，"破除制约要素合理流动的堵点，矫正资源要素失衡错配"[3]成为县级政府在推进县域治理过程中必须解决的重难点问题。

> "四川省苍溪县，是川陕革命老区国家级贫困县、中国红心猕猴桃原产地、国家现代农业示范区。苍溪在整合政府资源的同时，开放式的撬动和引进外部资源，不仅充分发挥产业扶贫的增收功能，而且利用产业发展形成要素聚合效应。一方面整合政府资源。苍溪每年统筹整合涉农项目资金2亿多元，用于解决贫困村、贫困户产业发展的道路、水利、电力、通讯、土地治理、高标准农田建设等基础设施配套建设。另一方面撬动社会资源。近三年全县通过'以奖代补''先建后补'等方式，撬动社会资本投入8.1亿元发展猕猴桃产业，撬动民间资本3.1亿元投入猕猴桃改土建园等基础建设。苍溪的探索实践表明，只有实现扶贫资源的有效整合，才能促进产业扶贫多主体的融合、多产业的融合、多渠道的融合、多目标的融合，破解单一化和分散化推进产业扶贫收效甚微、事倍功半的困局，

---

[1] 杨雪冬：《政府治理动力亟待提升》，《北京日报》2017年5月15日第14版。
[2] 《中共中央关于制定国民经济和社会发展第十四个五年规划和二〇三五年远景目标的建议》，《人民日报》2020年11月4日第1版。
[3] 《中华人民共和国国民经济和社会发展第十四个五年规划和2035年远景目标纲要》，《人民日报》2021年3月13日第1版。

从而形成资源的聚合效应，增强产业扶贫的整体支撑。"①

与苍溪县形成鲜明对比的是，"L县属于全自治区扶贫开发重点县，同时也是滇桂黔石漠片区县，为保证顺利脱贫，L县制定了以产业扶贫为核心的县域扶贫政策。但在实施过程中，县级政府部门、乡镇政府层层开会、层层发文、层层加入各自的理解和要求。该县农业局副局长表示，'这个很好理解，只要县委县政府这么强调了，职能部门自然该开会的开会，该发文的发文，一来显示的确重视了，二来也顺便把责任下推了'。"②

四 治理机制不够健全

现代化的治理机制不仅是政府治理能力现代化的有效保障和支撑，也有利于政府激发行政活力、释放治理效能。因此，"建立健全并运行一套行之有效的地方政府治理机制"③ 显得尤为重要。习近平总书记指出，"相比过去，新时代改革开放具有许多新的内涵和特点，其中很重要的一点就是制度建设分量更重，改革更多面对的是深层次体制机制问题"④，而县级政府治理同样面临不少机制阻碍。

一是内部运行机制不健全。运行机制的建构是政府部门高效运转的关键，然而现实中上下贯通、执行有力的运行体系尚未完全建立，县级政府运行机制仍然没有发挥出最大效用，政府内部运行阻滞、延迟、缓慢的现象时有发生。一方面，县级政府运行机制仍在

---

① 郭晓鸣、虞洪：《具有区域特色优势的产业扶贫模式创新——以四川省苍溪县为例》，《贵州社会科学》2018年第5期。

② 郭小聪、吴高辉、李刘兴：《政策脱节中的政府行为机制——基于深度贫困县L产业扶贫过程的案例分析》，《西北农林科技大学学报》（社会科学版）2019年第5期。

③ 陈伟松、许欢科：《我国地方政府治理创新的困境、趋势和路径探析》，《西安石油大学学报》（社会科学版）2012年第1期。

④ 习近平：《关于〈中共中央关于坚持和完善中国特色社会主义制度、推进国家治理体系和治理能力现代化若干重大问题的决定〉的说明》，《人民日报》2019年11月6日第4版。

探索试行阶段。"在西方国家,包括决策机制、信息机制、责任机制、监督机制、协调机制、绩效评估机制和社会参与机制在内的政府各类运行机制,均以法律和制度的形式加以确认。"① 而我国县级政府层面并未形成统一的标准和要求,各个县往往在实际工作中自行探索并颁布完善政府工作高效运行机制的各类意见。2019 年 7 月笔者在中部地区 ZT 县调研时,该县政府办工作人员谈到,"为进一步推进政府决策科学化、制度化和规范化,促进政府工作高效运转,县政府先后修订完善了周一县长工作例会、项目建设月例会、城管委月例会、政府领导班子学习月例会、政府工作月通报、县政府常务会议、政府工作部门工作月小结报送、重要工作备案和重大事项向县人大常委会报告等制度。县政府办还专门下发了《关于进一步规范政府工作运行机制的通知》"②。另一方面,县级政府实际运行中人格化倾向明显。"虽然从形式上看,我国各级行政组织已经建立了完备的层级化与部门化的体制,但实际上行政组织的权力运行仍呈现出严重的人格化倾向,关系、人情往往代替制度和规则成为行政权力运行的依据,县级政府管理体制中占支配地位的权威体系是人情伦理以及'开明'领导,而不是法律规章以及制度。"③ 内在规则的缺乏和贯彻不到位促使县级政府各个部门、各个方面、各个部分彼此割裂,沟通合作受阻,组织效能低下。因此,县级政府必须结合中央政策部署、上级任务要求和本地现实情况,探索适合本县政府部门内部协作配合和有效衔接的运行机制,以确保其治理能力与职能定位相匹配、工作机制与权责要求相统一。

二是协商合作机制不健全。"多元的治理主体和互动合作的治理模式内含着现代化的治理要建立权责对称的关系架构,能否构建

---

① 张成福、李丹婷、李昊城:《政府架构与运行机制研究:经验与启示》,《中国行政管理》2010 年第 2 期。
② 访谈资料:2019 – 17 – ZT。
③ 彭国甫、李春、刘期达:《基于完善科层制的县级政府管理体制创新》,《北京行政学院学报》2005 年第 2 期。

权责对应的治理关系应成为检验治理现代化的重要标尺"①，这种治理关系实质上就是一种合作共治的关系。然而目前县域层面尚未形成高效协调的合作机制，县级政府在统筹多元主体共同参与公共事务治理、实现治理目标方面还存在一定局限。从政府内部来看，"政府治理采用的是合作机制，无论是自治还是共治维度，各治理主体是主客体的统一，处于多维度的关系制约均衡结构之中"②。首先，多元主体内部必然存在各种各样的矛盾冲突和利益对立，作为相对独立的"理性经济人"，各治理主体倾向于从自身利益出发进行思考和行动，很多公共治理目标便因为"搭便车"等现象屡禁不止而迫于流产。其次，从权责关系来看，不够科学合理、运行顺畅的治理结构极易增加治理目标、过程和结果的不确定性，使得治理责任难追踪、治理效果难考核，各类治理主体受制于集体行动的困扰而难以发挥实际效用。概而言之，复杂的利益关系和模糊的权责关系使得治理主体尚未形成治理合力，各主体难以找到合理的权责边界和适宜的合作模式，因此迫切需要县级政府搭建合作共治的平台，提出符合共同利益的原则，构建平等协商、共同参与、互利共赢的合作机制，实现主体的高效合作和组织的灵活运作。

五　治理文化氛围欠缺

文化既是人类行动与思想的产物，又反过来塑造着人类的行动与思想③。"从文化—制度的视角来看，公共组织的发展与其说是设计，不如说是演变，每个公共组织最终都会发展出独特的体制或非正式的规范和价值观。"④ 优秀的治理文化作为一种与硬性的制度规制相对的软性的思想指引，可以为县级政府治理能力的提升提供

---

① 陈朋：《治理现代化是啥状态》，《学习时报》2016年7月21日第5版。
② 石佑启、杨治坤：《中国政府治理的法治路径》，《中国社会科学》2018年第1期。
③ 张国臣、贾宝先：《应重视发挥文化的治理功能》，《光明日报》2015年8月10日第11版。
④ Tom Christensen & Per Lægreid, "The Whole-of-Government Approach to Public Sector Reform", *Public Administration Review*, Vol. 67, No. 6, 2007, p. 1062.

价值理论方面的指导。长期以来，中国传统国家治理中"德主刑辅"治理模式本质上塑造了"礼法融合"的治理文化①，在习近平法治思想的影响下逐渐转化为"德法合治"的治理文化，并深刻影响着县级政府治理能力的现代化。然而目前，县级政府内部的治理文化层面，道德文化和法治文化氛围的营造还有待加强。

一是道德文化建设仍需完善。习近平总书记强调，"要坚持依法治国和以德治国相结合，实现法治和德治相辅相成、相得益彰"②。有效发挥治理文化在塑造价值共识、规范思想行为、协调社会矛盾和提升治理绩效方面的作用，必须将法律的规范作用与道德的教化作用相结合。具体到县级政府内部，道德的引导功能主要体现在对政府部门行政文化的培育和对工作人员个人行为的规范。一方面，县级政府习惯于依靠行政命令展开县域治理，上传下达、贯彻执行类的工作较为普遍，较少使用道德文化这类"软治理"方式，相较于市场主体而言，缺少一种民主自由、平等合作、协调配合的良好治理氛围，因此较少有县级政府部门能够在汲取传统德治文化精髓和吸收当代先进文化内涵的基础上，形成具有自身特色的高效的行政组织内部文化。另一方面，县级政府工作人员道德失范的例子屡见不鲜，较低的道德水准和素质水平严重影响着县级政府的外在形象和内在效率，部分工作人员在社会公德、职业道德、家庭美德和个人品德四个层面上的建设仍需要加强。习近平总书记指出："核心价值观，其实就是一种德，既是个人的德，也是一种大德，就是国家的德、社会的德。国无德不兴，人无德不立。"③ 因此，加强思想道德建设，以社会主义核心价值观作为政府工作人员日常行政和履行公务时的道德引领和价值遵循尤为关键。

---

① 沈小勇：《礼法融合的中国传统治理文化》，《学习时报》2020年6月19日第7版。
② 《习近平在中央全面依法治国工作会议上强调 坚定不移走中国特色社会主义法治道路 为全面建设社会主义现代化国家提供有力法治保障》，《人民日报》2020年11月18日第1版。
③ 习近平：《青年要自觉践行社会主义核心价值观》，《人民日报》2014年5月5日第2版。

《中华人民共和国公务员法》第七条规定："公务员的任用，坚持德才兼备、以德为先，坚持五湖四海、任人唯贤，坚持事业为上、公道正派，突出政治标准，注重工作实绩。"第十四条规定："公务员应当履行下列义务：……（六）带头践行社会主义核心价值观，坚守法治，遵守纪律，恪守职业道德，模范遵守社会公德、家庭美德。"①

二是法治文化建设有待增强。"政府法治文化是在政府法治建设过程中形成的关于制度文明、思想理念和行为方式相统一的文化现象和法治状态。"② 县级政府内部的法治文化主要是指县级行政机关及其工作人员在日常行政工作中所遵循的法治价值观念。法治文化的培育直接关乎法治政府的建设和依法行政能力的提升。现在，"法治政府建设还有一些难啃的硬骨头，依法行政观念不牢、行政决策合法性审查走形式等问题还没有根本解决"③。同时，从县级政府推进依法行政的实践来看，有法可依基本实现，但部分部门单位有法不依、执法不严、违法不究的现象依旧存在；部分领导干部懒政怠政、越权滥权、失职渎职的现象屡禁不止，法治素养和依法履职能力有待提升；部分工作人员知法犯法、以权谋私、滥用职权的现象层出不穷，法治意识和法治思维亟须提升。根据新华网消息，"2020年1月至11月，全国共查处民生领域腐败和作风问题10.46万起，批评教育帮助和处理14.95万人，其中党纪政务处分9.2万人"④。构建"保障权利、正当程序、诚实守信、权责一致、高效

---

① 《中华人民共和国公务员法》，中国人大网：http://www.npc.gov.cn/zgrdw/npc/lfzt/rlyw/2018-12/29/content_2071578.htm，2021年1月20日。

② 周继东：《以政府法治文化引领法治政府建设》，《前线》2013年第9期。

③ 《习近平在中央全面依法治国工作会议上强调　坚定不移走中国特色社会主义法治道路　为全面建设社会主义现代化国家提供有力法治保障》，《人民日报》2020年11月18日第1版。

④ 朱基钗：《巩固发展压倒性胜利——新时代纪检监察工作高质量发展之"反腐篇"》，新华网：http://www.xinhuanet.com/2021-01/17/c_1126992360.htm，2021年1月20日。

便民"① 的政府法治文化任重道远。

六　治理工具效用不高

受传统层级节制的权力体系的影响，县级政府较多采用强制性的治理工具来推进政府管理工作，新时代面对多元化的治理目标、复杂化的治理任务，仅凭借单一的治理工具推进县域治理现代化已经不合时宜。当前县级政府在治理工具使用方面主要存在三个方面的问题。

一是政策性工具效用不高。治理能力经常被理解为制度执行能力，"县级政府的行为主要表现为一个制定政策、执行政策的过程，具体包括选择政策问题、确定政策目标、制定政策方案、政策合法化、政策实施、政策反馈等若干环节，因此，政府能力也就集中表现为政府的政策能力"②，县级政府制定和执行政策的能力直接反映了政府治理能力的现代化水平。在政策制定方面，县级政府往往是依据上级政策要求或根据本地发展规划而制定具体政策，针对性较强，一般只涉及本县域内的经济社会发展，但有时会存在科学性、前瞻性不够的问题，面对动态化的治理环境适应性不强，政策容易朝令夕改。在政策执行方面，县级政府主要承担中央和上级政府制定的各项路线方针政策的具体落实，"所有涉及基层民众的公共政策最终都通过县级政府来执行"③，自主性相对较小，可供调整的政策范围和空间较小，执行效果往往有限。

> 《半月谈》记者调研时注意到，"一段时间以来，一些地方存在'规划浪费'问题：有的地方规划过度，有的地方规划失当，还有的地方规划反复折腾'翻烧饼'，带来一堆盲目上

---

① 周继东：《以政府法治文化引领法治政府建设》，《前线》2013年第9期。
② 周平：《西部地区县级政府能力分析》，《思想战线》2002年第2期。
③ 王敬尧：《县级治理能力的制度基础：一个分析框架的尝试》，《政治学研究》2009年第3期。

马、失败烂尾的项目。号称全国首家以大数据、人工智能为核心优势的智慧型农场，是在贵州某县前任县委书记在位时主抓的重点工程。当地政府官网介绍，这个'数谷农场'项目占地面积163亩，总投资接近2亿元。当地基层干部告诉《半月谈》记者，虽然农场的硬件早就建好，但这两年对所在村没什么带动作用"[1]。

二是技术性工具利用不够。信息化时代，大数据、云计算和互联网等现代信息技术不断融入县级政府治理的各个领域和环节，有效提升了治理效率、降低了治理成本，为县级政府开辟了数字化、智慧化、精细化治理的全新治理方向和路径，"大数据治理"在提高治理科学化、民主化方面的价值被高度重视。然而这类技术性工具作为新生事物，本身存在较大的不确定性和风险性，在推广的过程中还存在不少问题，部分县级政府了解程度不够、利用程度不高、信息共享不够、技术创新不强，软硬配套设施建设和专业技术人员配备不足，对网络安全风险防范预估和应对不足。2020年新冠肺炎疫情暴发后，一些地方数字治理并不成功，政务服务抗压能力弱、应变能力差，涉及城市管理、服务的智能化体验更是糟糕。

据《半月谈》记者调查，新冠肺炎疫情发生后，东部某地开通了在线口罩免费申领服务。应当说，这是一项人性化的便民服务，但实际效果却是难如人意。市民张女士表示，"为了抢口罩自己守着点紧盯手机，但是刚开始两次登录，系统都显示错误。连续抢了三四天，一开始始终登录不上，没过两分钟

---

[1] 薛天、向定杰、梁建强：《规划浪费："瞎折腾"别无所谓》，半月谈网：http://www.banyuetan.org/jrt/detail/20210309/1000200033134991614757172984483989_1.html，2021年3月10日。

口罩又领光了,感觉根本抢不到"。①

三是市场化工具运用不足。复杂多变的社会环境和政府治理的现实经验告诉我们,仅靠政府单打独斗很难有效完成既定的政府治理目标,因此引入市场化的技术手段来弥补县级政府在提供社会公共服务等方面的不足和短板迫在眉睫。"受高度集中的官僚组织结构的制约和影响,当前县级政府实际上很难有效地执行市场化的职能目标与任务"②,较多采用传统强制性的行政手段进行管理。而县级政府对引入市场机制的工作范围、种类和领域认识不深、把握不准,不仅不能满足群众需要,还会造成财政资金浪费。另外,在县域内,目前承接管理和服务工作的社会组织发展还不够成熟、市场环境培育还不够完善,必须进一步深化"放管服"改革、完善相关管理办法,为打造有效市场和有为政府扫清障碍。据《经济参考报》报道,"各地探索政府购买公共服务过程中,因财政预算管理上的弊端及监督管理机制不完善,资金管理问题较为突出,违规、垄断、暗箱操作、逆向选择等现象多发,一些公共服务项目回扣高达40%,政府购买公共服务恐成寻租与腐败的新灾区"③。

> 2018年11月笔者在中部地区ZQ市对某行业协会进行调研时,该行业协会负责人谈道:"政府购买服务的出发点一方面是为了更好地履行社会管理与公共服务职能,更好地满足服务对象的多元化需求;另一方面也是为了提高政府资金使用效率。但实践中,凑预算、拿回扣等现象屡见不鲜。"④

---

① 吴帅帅:《手段工具"花架子",关键时刻"掉链子",数字治理实战暴露三大短板》,《半月谈》2020年第7期。
② 郑风田:《新时期基层治理什么模式最合适》,《人民论坛》2010年第1期。
③ 王昆、潘晔:《政府购买服务成腐败新灾区》,《经济参考报》2014年7月3日第7版。
④ 访谈资料:2018-11-ZQ。

第六章

县级政府治理能力现代化：
推进路径

　　立足"十四五"时期"国家治理效能得到新提升"[①] 的重要目标，县级政府必须在强调更好发挥政府作用的基础上，加快推进县级政府治理能力现代化，打造"有为政府"，为县域经济社会高质量发展提供指引，为国家治理现代化有序推进奠定基础。实际上，随着高质量发展主题对治理工作提出更高的要求，作为治理工作的基础载体的政府必然面临着复杂的内外部环境和挑战。"变革和创新政府治理范式，使之保持对社会环境的最佳适应状态，是政府治理的永恒课题"[②]。县级政府作为县域公共事务治理的核心主体，其治理能力的高低在很大程度上决定着县域治理的现代化程度。前述分析表明，县级政府治理能力的现代化进程受到来自政府内外部环境一些因素的制约，且这些内外环境要素是相互交织、相互影响，共同作用于县级政府治理能力的。因此，如何采取措施优化环境并形成内外良性互动，是推进县级政府治理能力现代化的关键所在。例如，县级政府治理理念既受到来自政府内部公务人员自身因素的影响，又受到来自外部行政层级压力等因素的影响，所以理念的革

　　[①] 《中共中央关于制定国民经济和社会发展第十四个五年规划和二〇三五年远景目标的建议》，《人民日报》2020年11月4日第1版。
　　[②] 张立荣、冷向明：《当代中国政府治理范式的变迁机理与革新进路》，《华中师范大学学报》（人文社会科学版）2007年第2期。

新需要从内外两方面着手采取措施。综上，立足现实环境约束条件持续加强县级政府治理能力建设，革新治理理念、优化治理结构、开发治理资源、壮大治理主体、完善治理机制、建构治理文化、改进治理工具是推进县级政府治理能力现代化的应然选择。

第一节　革新治理理念

思想是行动的先导，先进的治理理念是矫正县级政府治理行为的先决条件，也是提升县级政府治理能力的重要因素。面对县级政府治理能力现代化进程中存在的埋头式治理、选择式治理、片面式治理等问题，县级政府需要从革新治理理念入手，坚持以人民为中心，牢记执政为民，贯彻五大发展理念，不断推进治理理念实现现代化。

一　坚持人民至上理念，落实中央部署

2020年5月22日，习近平总书记在参加十三届全国人大三次会议内蒙古代表团审议时强调："必须坚持人民至上、紧紧依靠人民、不断造福人民、牢牢植根人民，并落实到各项决策部署和实际工作之中，落实到做好统筹疫情防控和经济社会发展工作中去。"①6月28日，习近平总书记对防汛救灾工作作出重要指示，要求"各地区和有关部门要坚持人民至上、生命至上，统筹做好疫情防控和防汛救灾工作"②。始终坚持人民至上理念，集中体现了我们党全心全意为人民服务的根本宗旨。实际上，县级政府治理能力现代化的最终目标在于推动县域高质量发展，满足人民群众日益增长的美好生活需要，提升人民群众的幸福感、获得感和安全感。前述分

---

① 习近平：《坚持人民至上　不断造福人民　把以人民为中心的发展思想落实到各项决策部署和实际工作之中》，《人民日报》2020年5月23日第1版。
② 《习近平对防汛救灾工作作出重要指示》，新华网：http://www.xinhuanet.com/politics/leaders/2020-06/28/c_1126169376.htm，2021年1月20日。

析表明，县级政府治理能力现代化推进过程中存在着埋头式治理的困境，即县级政府在治理理念上与中央存在偏差，不能够严格落实中央的决策部署。推进县级政府治理能力现代化要求县级政府必须坚持人民至上，认真贯彻执行中央决策部署，将以人民为中心的发展理念落实到县级政府各项决策和治理工作中。为了解决这一困境，县级政府可从以下两个方面做出努力。

一是加强学习，领会政策意图。党中央和国务院站在全局高度提出各项治理工作的指导原则并指明行动方向，县级政府作为具体执行者，既要根据指导原则制定符合本区域实际的行动方案，又要保持根本方向原则不变。做到这一点，需要县级政府反复学习中央下达的各项政策文件，了解政策制定的初衷和目标，进而结合县情去制定更加全面完备的行动方案，以严格贯彻落实中央的决策部署。

二是转变观念，强化服务意识。埋头式治理困境产生的一个重要原因在于县级政府采用局部的眼光看待问题，致使治理理念不能和中央同步。为此，县级政府需及时更新治理理念，转变思维方式，强化服务意识。具体来说，需要在县级政府内部加强专题培训学习，通过日常培训和沟通交流牢牢把握中央的政策意图，时刻谨记国家公职人员的初心使命；同时，通过深入基层、在了解民情民意和帮助民众解决实际困难的过程中自觉主动地将思想认识转化为实际行动，知行合一方能保证中央的决策部署得到根本落实。

二 牢记执政为民理念，明确治理目标

科学合理的治理目标对于治理能力的发挥能够起到引领性的作用。但在现实中，不论是基于现实利益的考量还是理念错位等缘故，县级政府往往容易在治理目标上出现偏差，不同程度地"存在着'选择性缺位'与'自利性越位'等错位现象"[1]。为消除县级政府选择性治理偏差，可以从以下三个方面做出努力。

---

[1] 林兴初：《地方政府治理能力现代化路径研究》，《行政与法》2015年第4期。

一是牢记执政为民。县级政府在治理过程中应该消除畏难情绪和短期政绩思想，不以部门利益或者个人利益为出发点，时刻牢记执政为民思想，紧紧围绕县域治理中心工作，坚定不移地着力于推动县域高质量发展，着眼于满足人民群众日益增长的美好生活需要，致力于提升人民群众的幸福感、获得感和满足感。

二是持续推进基层减负。尽管近年来中央减负政策已经取得了一定的成效，但是在任务层层下压的状态下，基层政府及其工作人员仍难以从文山会海中抽离出来，难以从非事务性的工作中脱离出来，因此也无法保证有足够的时间和精力去从事真正有助于县域发展的治理性工作。为此，应结合中央大力推动为基层减负要求，深入实施基层减负行动，"激发干部干事创业精气神"[1]。同时结合高质量发展优化绩效考核指标，引导基层政府和政府工作人员专注于高质量发展等中心工作，而不必深陷于"痕迹管理"的怪圈[2]。

三是明确县域治理目标。县级政府所辖县域县情不尽相同，经济社会发展水平不一，短期治理目标必有所区别。面对此种情况，县级政府可以通过广泛调研的方式深入了解县域发展的实际情况，征求多方意见，明晰当前以及今后亟待解决的现实问题，确定一个科学合理的治理目标体系。同时积极寻求上级政府的支持和理解，通过上下级政府间的协商交流将县级政府治理核心目标纳入发展规划，并将其作为绩效考评的依据，通过此种方法既能精准识别治理目标又能在一定程度上保证治理目标的执行度。

三　贯彻五大发展理念，推动全面发展

基于我国经济社会发展过程中面临的一系列不平衡、不协调、

---

[1]　岳坦平：《人民网评：为基层减负，激发干部干事创业精气神篇》，人民网：http://opinion.people.com.cn/n1/2019/1223/c1003-31519145.html，2021年1月20日。
[2]　张国磊、张新文：《行政考核、任务压力与农村基层治理减负——基于"压力—回应"的分析视角》，《华中农业大学学报》（社会科学版）2020年第2期。

不可持续等问题[1]，以及人民群众对美好生活的向往，党中央适时提出"创新、协调、绿色、开放、共享"五大发展理念。县级政府在推进治理能力现代化过程中需要坚持把强县和富民统一起来，把改革和发展结合起来，把城镇和乡村贯通起来，将五大发展理念融入其中。

一是坚持创新发展。县级政府应在治理活动的各个方面中坚持以创新发展理念为指导，改变传统守旧的治理思维，使用创新性手段开展治理工作，将理念融入实践中去。例如县级政府可以对五大发展理念做特色型阐释，形成体现地方特点的宣传标语，既能起到宣传作用又可以对政府工作起到监督作用。

二是协调治理内容。贯彻协调发展理念，需要县级政府在发展地方经济的同时投入足够资源在改善生态、公共服务、乡村建设等薄弱环节和重点领域，切实协调好城与乡、经济发展与环境保护等之间的关系，注重县域整体上的可持续发展。

三是推动绿色发展。改革开放以来我国在取得一系列经济社会发展成就的同时也付出了资源枯竭、生态恶化等发展代价。在县域层面，农村生活垃圾处理、水土污染等环境问题也一度成为县级政府民生治理的难题。县级政府应该秉持绿色发展理念，正确处理好人与自然的关系，加以政策引领，保护生态环境，切实改善城乡人居环境。例如县级政府可以探索"生态+旅游"新路子，将环境保护与经济发展相融合，美化乡村环境，建设旅游景区，即拉动了经济增长又实现了绿色发展。

四是开放治理眼光。推进县级政府治理能力现代化需要政府官员特别是领导干部具有开放的战略思维，积极学习借鉴国内外各地政府治理能力建设的成功经验，结合本地实际创造性转化为服务于本级政府发展的制度措施。

---

[1] 谷亚光、谷牧青：《论"五大发展理念"的思想创新、理论内涵与贯彻重点》，《经济问题》2016年第3期。

五是实现成果共享。提升政府治理能力的根本目的在于推动高质量发展，更好地将治理目标转化为治理成果，满足人民群众日益增长的美好生活需要，提升人民群众的幸福感、获得感和满足感。因此，县级政府应该坚持共享发展理念，将治理成果更多更好地转化为提高人民福祉的公共服务中去。

第二节 优化治理结构

如前文所述，上级政府的层级压力、横向同级政府的竞争压力以及县级政府内部治理结构存在的权责失衡等问题对于治理能力的提升有着或多或少的影响。因此，有必要改革与县级政府治理能力现代化要求不相适应的管理结构和管理体制，全面优化政府内部治理结构。

一 合理划分权责，优化层级结构

在我国中央到地方五级行政管理体系中，县级政府一方面要对上一级政府负责并接受国务院的统一领导，另一方面又要依法管理本区域内各项行政工作并领导辖区内乡镇基层政府，可以说是上级政府与基层民众、城市与乡村之间的桥梁。此外，县级政府的重要职能之一在于提供公共产品和公共服务，这就要求在正确处理中央和地方、政府与市场、政府和社会等关系的基础上，转变县级政府职能，推进县级政府治理能力现代化。但是，纵向层级节制关系导致责任的层层下压却没有与之匹配的权力得以下放，使得县级政府陷入权力与责任不对等、职责交叉等困境，阻碍了其能力的发展和功能的发挥。因此，实现县级政府治理能力现代化的前提之一在于合理地划分各级政府间的权责关系。

一是合理划分各级政府职责范围。在全面依法治国进程中，中央政府需以法律法规的形式从根本上划分各级政府间的职责关系，根据确定性原则将需要中央政府以及上级政府承担的职能返还给中央和上级，减少模糊地带的产生和支出责任转移的随意性；根据协调性的原则确保各级政府间事权互补但不冲突；根据效率性原则确定各类公共服务的提供由哪一级政府负责，保证既有助于实现区域间公共服务均等化又能够降低成本、提高效率；根据科学性原则确定划分标准，比如对于那些受益范围小，不需要在大范围内调动治理资源的公共服务、公共物品可以由县级政府提供。

二是平衡政府间财权和事权关系。各级政府间权责关系失衡最直接地体现在财权与事权的不对等，县级政府承担着重要的公共服务职能、面临着巨大的财政支出压力，但财政自主性弱，治理能力也就难以彰显。基于此，可以采取诸如完善中央对地方的财政转移支付制度和省以下财政转移支付制度等措施，增加一般性转移支付的规模和比例，并加强对资金转移情况的监督，确保资金使用精准到位[1]；同时，通过调整中央和地方的税收来源，增加合适的地方税种，建立具有稳定性和支柱性的地方税种，适当加大县级政府在共享税分成上的比例，以增加县级政府的财政收入等。

二 强化合作治理，优化横向结构

如前所述，县级政府往往面临政府间的恶性无序竞争与部门间的沟通协作不畅并存的困境，这就要求县级政府在协调纵向间层级关系的同时，强化横向间的合作治理。

一是加强政府部门间合作。"政府碎片化理论认为横向政府部门间存在广泛的讨价还价，导致部门间难以达成合作。"[2] 这就要求县级政府一方面加快厘清部门间的权力边界，合理划分部门间的职责范围，"要根据结构紧凑、运转灵活、讲求效率的要求，调整县级政府的有关机构和部门的权力配置方式和职能配置方式，理顺县

---

[1] 荣秋艳：《中国地方政府职能：问题、成因及转变》，《经济问题探索》2014年第3期。
[2] 王清：《政府部门间为何合作：政绩共容体的分析框架》，《中国行政管理》2018年第7期。

级政府组织的内部关系"[1]，以有效防止"行政权力部门化、部门权力利益化、部门利益法制化"[2]；另一方面积极构建常态化的合作交流机制，"开拓合作共赢新局面"[3]，"提升跨部门协同治理能力"[4]，借助公共价值观念的整合和协商合作意识的培育，增加部门间交流协作的机会，实现县级政府内部治理结构的优化、系统功能的发挥和整体效能的提升，进而有效解决治理内容的碎片化和治理行为的间断化难题。

二是加强县级政府间合作。以下派的考核任务和常态的巡视监督为代表的行政压力加剧了县级政府间的竞争，容易导致地方保护主义盛行、以邻为壑行为增多、府际合作难以为继，严重困扰县域经济社会高质量发展。为此，建立健全合作机制以有效解决跨县域治理难题，化解无序竞争，显得极为必要。一方面，通过搭建对话交流的桥梁、构建协商合作的平台，协调县级政府间的利益关系，加强县级政府间的协调沟通。例如通过建立类似于"跨县域公共服务治理委员会"[5]一类常设或临时的组织协商机构，用以化解矛盾冲突、统筹合作。另一方面加强制度约束，"运用相应的规则来约束彼此的行为"[6]，使县级政府间在达成共识的基础上打破长期存在的屏障和隔阂，实现互信互利、合作共赢。具体来说，可以"建立常态化的工作协调联动机制，利用政策制定、资源调配、项目管理、行政考核等多种手段，建立和完善跨县域协同治理的奖励、补

---

[1] 周平：《县级政府能力研究》，《云南行政学院学报》2007年第2期。
[2] 尤光付：《我国县级政府行政监督体系存在的问题及改进措施》，《中国行政管理》2010年第3期。
[3] 《中共中央关于制定国民经济和社会发展第十四个五年规划和二〇三五年远景目标的建议》，《人民日报》2020年11月4日第1版。
[4] 《中华人民共和国国民经济和社会发展第十四个五年规划和2035年远景目标纲要》，《人民日报》2021年3月13日第1版。
[5] 张鹏、郭金云：《跨县域公共服务合作治理的四重挑战与行动逻辑——以浙江"五水共治"为例》，《东北大学学报》（社会科学版）2017年第5期。
[6] 杨小森：《加强地方政府间横向合作与协调机制建设》，《黑龙江社会科学》2006年第1期。

偿、惩罚机制，对跨县域协同治理行为形成正向激励或反向惩戒"，不断拓展合作领域、加强合作深度。值得注意的是，县级政府间的合作尽管可以弥合县域间的治理缝隙、填补县域间的治理空白，但必须"明确跨域公共事务与地方自身事务之间的合理边界，避免内部事务区域化或区域事务内部化"[①]。

三 厘清权责边界，优化条块结构

我国各级政府内部形成了横向职能部门和纵向专业管理部门的条块关系，关系协调不畅就会产生权责冲突、各自为政、管理不顺等困境。而在长期条块分割的体制背景下，我国地方各级政府之间逐渐形成了"权力向上集中，包袱向下转移"的格局。县级政府治理内容涉及面广，利益调整和管理事务愈加错综复杂。推进县级政府治理能力现代化，提高县级政府治理有效性，亟须优化条块关系。

一是明确职责分工，创新管理模式。条块冲突本质上在于条块之间权责划分不清晰，导致出现重复管理、多头领导等现象。因此，从根本上还是要界定条、块之间的职责权限和管理范围，明确划分各职能部门应承担的职权和职责。制度化的管理方式使得在发生责任冲突等情况的时候能够避免推诿扯皮等现象的发生，提高治理效率。例如，"广东省云安县打破了传统的条块分割问题，创新性地将县域内的各个乡镇原来的站、所重新配置，向县级政府各个职能部门看齐，如县环保局在乡镇对应镇环保办"[②]，既创新了政府管理模式，理顺了上下关系，又便于监督与治理。

二是深化机构改革，优化治理流程。各级政府职责不尽相同，机构设置也不宜完全对应。在一定程度上，"解决我国县级政府中

---

① 周俊、孙鹏、马浩：《城镇密集区跨县域协同发展的浙江实践与思考》，《城市规划》2020 年第 S1 期。

② 李铁牛、李渡：《我国县级政府府际关系优化问题研究——以改革"条块"结构为视角》，《哈尔滨师范大学社会科学学报》2019 年第 3 期。

'条块'结构的深层问题,关键在于遵循理性原则,确保县级政府机构设置合乎客观规律,符合社会发展的现实需要,具有科学性"[1],能够因地制宜地解决县域内各种各样的治理问题。在此基础上,县级政府需要将上级任务安排、自身功能定位与部门机构设置相结合,系统考量政策制定、执行与监督等环节的安排,"构建完整顺畅的政府治理流程"[2]。

第三节 开发治理资源

治理资源是开展一切治理活动的现实基础。县级政府治理能力现代化推进过程中面临着一定的人才资源、财力资源、物质资源欠缺等现实困境。如何拓宽治理资源并将有限的资源发挥最大的功效,愈加考验县级政府治理能力。从整体层面看,通过专业人才的引进培训、财政收支结构的均衡调整、县域产业结构的转型升级等措施有助于改善县级政府治理资源状况,为促进县级政府治理能力现代化奠定资源基础。

一 加大培训引进,积累人才资源

人才是治理资源中的第一大资源,政府治理能力的发挥需要优秀的公务员队伍运用各类物质治理资源才得以实现,同样,县级政府治理能力现代化离不开人才的支撑。由于县域经济发展条件、政策支持力度、整体社会环境等因素的限制,县级政府人才储备相对有所欠缺。为此,县级政府需要从以下三个方面做出努力。

一是加强对政府公务员的培训。从外部引进人才周期长且存在着对于政府运作情况不甚了解等弊端,难以在短期内解决县级政府

---

[1] 彭国甫、李春、刘期达:《基于完善科层制的县级政府管理体制创新》,《北京行政学院学报》2005年第2期。

[2] 赵晨光:《我国跨域公共危机治理的政策碎片化问题研究——基于整体性治理的视角》,《吉首大学学报》(社会科学版)2016年第S2期。

人才短缺等问题。因此，切实有效的手段是组织和加强对县级政府现有公务员的培训，提升其专业技术技能。通过制定符合县级政府实际的公务员能力素质提升培训计划，围绕先进的公共治理理念、强烈的公共服务意识、过硬的专业知识技能、熟练的治理工具使用技巧等，创新使用多种培训模式，提高培训的科学化精准化，全面提升既有公务员队伍的整体素质和治理能力[1]。

二是完善公务员考核激励机制。经历针对性培训后，使县级政府公务员自觉发挥自身才干，充分转化培训成果，将理论运用于实践，需要"健全激励导向的绩效评价考核机制和尽职免责机制"[2]，构建适应高质量发展要求的内生激励机制。唯有如此，才能调动广大干部特别是基层干部的积极性、主动性、创造性，促使其更加积极地投身到县域治理活动中来，从而在实践中找到县域治理的难点、痛点和热点问题，提高对治理问题和治理目标的分析研判能力，在实践中增长才干，锻炼治理能力。

三是吸纳政府外人才参与政府治理。县级政府应结合本地实际研究吸纳和支持社会优秀人才通过公益服务项目、创新创业项目、政策咨询活动参与政府治理和提供公共服务，以对县级政府治理工作起到有益的补充作用，更好地满足县域民众对于公共服务的需求；同时"深化人才发展体制机制改革，全方位培养、引进、用好人才"[3]，通过薪酬激励、优惠政策、优化环境等措施扩充人才数量，做好人才储备。

二 优化收支结构，增加财政收入

财政资源是治理资源中最基础的要素，县级政府履行职能，提

---

[1] 邱志强：《多元治理+机制创新：地方政府治理能力提升的路径选择》，《江海学刊》2015年第6期。

[2] 《中华人民共和国国民经济和社会发展第十四个五年规划和2035年远景目标纲要》，《人民日报》2021年3月13日第1版。

[3] 《中共中央关于制定国民经济和社会发展第十四个五年规划和二〇三五年远景目标的建议》，《人民日报》2020年11月4日第1版。

供公共产品和公共服务都离不开资金的支持。但是，"当县级政府的财政压力变大时，公共服务支出会显著下降"①。因此，必须采取措施增加县级政府的财政资源，具体来说可以从财政收入与财政支出两方面着手。

一是减少县级政府的财政支出责任。坚持财权和事权相平衡，规范各级政府间的行为，减轻县级政府的财政负担。中央、省、市三级政府相较于县级政府拥有更大的财权，应坚持财权与事权相匹配原则，承担应该承担的支出责任，以减少县级政府财政支出责任。比如县域内义务教育阶段教师的工资支出，义务教育作为国家承诺保障的公益事业，属于全国性公共物品性质的事权，其相对应的财政支出应该由中央财政负主要责任。此外，中央到地方财权和事权的划分需要通过法律予以规范和约束，这样在实践环节才能有循可依，防止县级政府承担不必要的支出责任。

二是多途径增加县级政府的财政收入。既要"节流"，更要"开源"。中央政府需要完善省以下的分税制改革内容，明确合适的地方主体税种，探索将较为稳定且税源明晰的财产税作为县级政府的主体税种，降低县级政府税种的征收难度；适当加大县级政府在共享税上的合理占比，保证县级政府充足的税收收入；适时推进房产税改革，以征收房产税代替县级政府不合理的土地出让金收入，确保县级政府财政收入稳定可持续。县级政府本身也需要积极努力，不断优化投资营商环境，完善基础设施建设，吸引企业入驻，壮大县域经济，拓宽财政税收来源。

三 推动产业发展，加快要素集聚

改善县级政府治理资源不足根本上还是要练好"内功"即推进县域经济高质量发展。当前，我国县域之间发展情况虽然千差

---

① 余靖雯、陈晓光、龚六堂：《财政压力如何影响了县级政府公共服务供给？》，《金融研究》2018年第1期。

别，但推动一二三产业融合发展、优化产业布局和结构，进而加快要素集聚是最切实的途径。

一是大力发展县域特色产业。从我国县域经济发展现状来看，相当一部分县缺乏坚实的产业支撑，发展动力和底气不足。县级政府应立足县域经济发展实际，"推动农村一二三产业融合发展，丰富乡村经济业态"[1]，通过延长农业产业链条，发展各具特色的现代乡村富民产业，发展壮大县域经济。例如，宁夏回族自治区永宁县的闽宁镇被誉为全国特色小镇，当地政府在福建省对口帮扶工作指导下，借助东部的资金、技术和人才等要素，结合当地特色，培育出酿酒葡萄和红树莓种植、肉牛养殖、设施温棚等特色产业，并建立了扶贫产业园区，既拉动了经济增长，又提升了治理效能[2]。

二是与时俱进优化产业结构。县级政府特别是县政府管辖着广大的农村地区，可以通过政策支持改变传统的农业生产方式，提高科技化自动化水平，助力农产品实现深加工，形成产业链条，提升整体效益。此外，县级政府是连接城市和乡村的枢纽，应该充分利用这一特殊优势，开辟农村市场，刺激农村消费，打通城市与乡村的信息链、物流链、交通链等连接渠道，以带动和促进农业产业化、信息中介、大型仓储以及美丽乡村旅游服务业等第三产业，使县域经济结构更加完善。对于经济发展基础较好的地区，应充分发挥其辐射带动作用，发展本地的高新技术企业和科技工业园区，实现产业转型升级。

第四节　壮大治理主体

治理主体多元化是治理时代的典型特征，治理现代化在一定意

---

[1] 《中共中央关于制定国民经济和社会发展第十四个五年规划和二〇三五年远景目标的建议》，《人民日报》2020年11月4日第1版。

[2] 《闽宁镇：携手共圆小康梦》，新华网：http://www.xinhuanet.com/video/2020-06/13/c_1210659173.htm，2021年1月20日。

义上是治理主体的多元化及其能力的现代化。因此，积极培育治理主体，提升治理主体能力，是县级政府治理能力现代化的应有之义。对于县级政府来说，首先是要提升县级政府官员的领导能力，同时要有针对性地采取措施培育和支持社会组织发展，引导和提升社会公众的参与意愿和参与能力。

一 强化担当意识，提高领导能力

在多元治理格局下，政府组织及政府官员在县域治理中起着主导作用。因此，政府官员的整体能力特别是领导干部的领导能力能否跟得上现代化的步伐显得尤为重要。基于此，政府官员应加强自身学习，通过思想淬炼、实践打磨来提高自身领导能力。

一是强化担当意识。县级政府官员特别是领导干部的服务理念、经验能力和工作积极性等因素对于组织领导力起着关键性的作用，这些要素的提升动力很大程度上来自政府官员是否具有足够的责任担当意识，譬如是否能够意识到自身能力不足而自觉主动加强学习，是否能够意识到人民群众的困难并积极靠前服务等。但是，一些政府官员往往具有一定的惰性，这一方面来源于体制的稳定性；另一方面在于其责任意识不强，不能够意识到治理责任和治理任务的艰巨性，从而自觉提升自身技能。因此需要建立健全治理创新的责任制度体系，增强政府官员提升治理能力的内在动力，运用制度约束形成自律机制，自觉将治理责任转化为个人的责任和义务，打造具有公共服务精神、自我创造精神和高度责任感的政府领导干部；同时引导其在实践锻炼中增长才干，在与人民群众面对面交流的过程中意识到自身的思维和能力的欠缺，并在今后的工作中加以弥补和完善。

二是提高领导能力。2020年10月10日，习近平总书记在2020年秋季学期中共中央党校（国家行政学院）中青年干部培训班开班式上发表重要讲话强调："干部特别是年轻干部要提高政治能力、调查研究能力、科学决策能力、改革攻坚能力、应急处突能力、群众工作能力、抓落实能力，勇于直面问题，想干事、能干事、干成事，不断解决问题、破解难题。"① 县级政府官员身处治理一线，应当以此为指引不断提高七种能力，练就过硬本领，切实提高自身领导能力和解决实际问题能力。此外，现代化是一个理念、技术、管理等各方面集成的过程，社会环境在不断发展变化，特别是随着互联网时代的到来，对县级政府治理能力提出了新的要求，需要应用大数据等现代治理技术开展治理活动，并且具备大数据管理思维和驾驭大数据治理的本领。但是在县级政府层面，专业人才和专业知识的缺乏制约其治理水平的提升，因此，县级政府需要结合新时代治理要求，强化政府官员特别是领导干部专业化、现代化、精细化和数字化能力的培养。

二 提升参与意愿，培养协作能力

县级政府治理能力现代化的推进过程离不开县域内社会组织、公民团体的协同治理和有效参与。面对县域治理中社会公众参与不足等现实问题，可以从培育社会组织和提升公众参与意愿与能力入手，着力培养和提升社会主体的协作能力，为政府与社会合作治理奠定基础。

一是加强对县域内社会组织的培育和引导。县级政府应在尊重和保障社会组织独立性和自主性的前提下，积极"发挥群团组织和社会组织在社会治理中的作用，畅通和规范市场主体、新社会阶层、社会工作者和志愿者等参与社会治理的途径"②。例如，通过完善制度鼓励社会组织积极寻求来自社会的资源支持，如社会捐赠、售出服务、互助基金等，以逐步减少其对政府的依赖性，提高社会组织的独立性和自主性；通过融资支持、房租减免、降低社会组织

---

① 习近平：《年轻干部要提高解决实际问题能力 想干事能干事干成事》，《人民日报》2020年10月11日第1版。

② 《中共中央关于制定国民经济和社会发展第十四个五年规划和二〇三五年远景目标的建议》，《人民日报》2020年11月4日第1版。

准入门槛、提供活动场所等优惠政策措施支持社会组织前期的发展；通过大力发展县域经济、完善社会组织发展的配套政策等来吸引高质量社会组织入驻本县域。此外，政府在购买公共服务的过程中应规范合同流程和招投标制度，真正做到不以亲疏远近为依据，优先选择专业程度高、执行能力强的社会组织以提高社会组织的竞争意识和公共服务能力。例如，浙江省安吉县近年来持续加强县域内社会组织培育，多措并举做好社会组织培育引导工作，值得肯定和借鉴。具体包括：制定《关于加快推进"三社联动"创新社会治理的若干意见》，放宽公益慈善类、社工机构和社区社会组织登记门槛，简化登记手续，大力发展公益基金会、电商联盟会、村级社会工作服务站等枢纽型支持型社会组织[1]；下发《关于加快推进社会组织示范园区建设的实施意见》等政策性文件，依托全县幸福邻里中心、村（社区）便民服务大厅等载体，推动社会组织示范园区建设，构建起了县、乡镇（街道）、村（社区）三级社会组织党群服务中心实体化运作模式，为社会组织提供坚强保障；强化资金支持，2019年以来每年投入近百万元用于县级社会组织服务平台运营管理，为社会组织提供培育、孵化和能力提升服务，同时积极资助社会组织实施扶老、助残、救孤、济困等公益性项目等[2]。

二是提升县域民众的参与意愿和能力。县级政府可以通过搭建互联网平台如微信公众号、政府服务平台、官方微博等增强与民众的互动，为民众提供更广泛的参与场所和渠道，并在交流过程中提升其表达和沟通能力；同时注意发挥社区和村集体的宣传教育功能，通过日常的宣传教育引导民众转变传统思维，吸引其参与社区和村集体的日常活动，为县域内民众参与更多公共事务治理做好衔接准备工作。此外，教育是提升县域内公民整体素质的根本之策，县级政府应引导县域内各级各类学校在传授知识的同时着力培养学

---

[1] 《安吉县凝聚社会组织力量助力脱贫攻坚》，浙江省民政厅门户网站：http://mzt.zj.gov.cn/art/2020/8/10/art_1632804_54258183.html，2021年1月20日。

[2] 《县民政局：让社会组织焕发新活力》，《安吉新闻》2020年12月12日第2版。

生的公民意识和社会责任感，为培育高素质的公民团体做好准备，提升可参与公民的治理能力。

第五节　完善治理机制

治理机制的改革和创新是县级政府治理能力现代化的内在要求，面对现实中存在的政府内部运行机制不健全、多元协商合作机制不完善等问题，需要县级政府主动改革，系统完善治理机制，破除各项体制机制弊端，为政府部门更好地处理内部关系，处理与市场、社会之间的关系，更好地履职尽责，提升治理效能保驾护航。

一　健全内部机制，推动高效运转

政府组织的高绩效实质上取决于两个方面的因素："一是政府体制和机构内部诸要素的合理组合；二是政府运行机制的灵活协调，并恰当地作用于管理对象的功能效应……没有任何一种特定的政府机构模式和运行机制能够永无止境地提高效率、增加效益和增强反应能力，政府管理需要改进和变革以符合环境的变化。"[1] 就内部运行机制而言，当前县级政府可重点从两个方面作出努力，推动县级政府高效运转。

一是建立健全决策执行机制。针对政府决策质量不高、执行受阻、运行不畅、效率低下等问题，县级政府应贯彻落实中央有关精神和要求，依法依规建立健全符合县域治理实际特点的决策执行机制。例如，通过构建决策信息收集传递机制、利益相关者决策参与机制及专家咨询论证制度等推进决策的民主化、科学化；根据"谁决策、谁负责"的原则，健全决策追踪和责任追究机制，对于违反法律法规、超越自身权限、造成重大损失的行为予以追究和问责；

---

[1] 张成福、李丹婷、李昊城：《政府架构与运行机制研究：经验与启示》，《中国行政管理》2010年第2期。

加强上下级之间、部门之间的信息沟通与组织协调，构建运行有效的执行流程，强化决策执行中的协调和控制，确保决策和政策正确高效执行。

二是完善权力运行监督机制。为了有效防范和应对县级政府权力运行过程中可能出现的人格化倾向，"对行政权力进行必要的规制"①，更好地保证各项规则制度得以贯彻执行，需要"健全发现问题、纠正偏差、精准问责有效机制，构建全覆盖的责任制度和监督制度"②，特别是要"完善监察权、审判权、检察权运行和监督机制"，"加强政治监督，强化对公权力运行的制约和监督"③。例如充分发挥县级人大、县级监察委员会、县级人民法院和检察院对县级政府的监督制约作用，增强网络时代媒体和网民的监督力度和监督的时效性，同时完善政府内部监督系统，推动权力运行和贯彻执行过程中的监督常态化和网络化，提升监督合力。

二 完善合作机制，促进多元协同

协同治理作为一种新的治理模式和趋势，使得政府的传统角色发生了变化，也对政府治理能力提出了新要求。如何平衡各方利益，使治理主体能够自觉主动地承担自身责任，发挥自身作用，并最终达成协同合作结果，是政府需要考虑的问题。在县级政府层面，治理主体参与意识不强、参与素质不高，制约着多元主体间协同治理的实现。为此，县级政府作为协同治理的主导者，需要通过完善合作机制来破解难题，促进多元协同，实现协同治理。

一是健全沟通协调机制。凝聚共识是协同合作得以维持和进行的前提之一，也是应对具有复杂性、不确定性政策任务的策略之一。

---

① 蔡林慧：《试论中国行政监督机制的困境与对策》，《政治学研究》2012 年第 5 期。
② 《中华人民共和国国民经济和社会发展第十四个五年规划和 2035 年远景目标纲要》，《人民日报》2021 年 3 月 13 日第 1 版。
③ 《中共中央关于制定国民经济和社会发展第十四个五年规划和二〇三五年远景目标的建议》，《人民日报》2020 年 11 月 4 日第 1 版。

县级政府应通过建立协商与沟通机制以平等对话的方式解决矛盾、化解冲突、协调利益、凝聚共识；通过寻找利益共同点来凝聚各方力量，形成命运共同体，为达成共识奠定坚实基础[①]；通过完善利益分配机制，确保各方合法、正当的利益诉求得到公平公正地兑现。

二是完善风险应对机制。协同治理过程中存在着很多的不确定性，例如，政府在服务外包的过程中，如果不能有效监督各治理主体可能会出现损害公共利益的行为，如果不能各尽其责就容易出现"搭便车"现象，如果不能有效协调各方关系往往会引发不满情绪，造成合作失败等问题。面对此类风险，可以通过完善法规制度来对治理主体进行活动规则和行为规范的控制和监督，明确权利、义务和责任，避免各治理主体谋取私利或行为失范；同时建立健全监督机制包括建立专业化的监督机构发挥对各治理主体的监督监管作用，特别是要保证监督机构的独立性和专业性，并通过规范化的监管程序对可能出现的风险进行规避。

第六节　建构治理文化

治理文化往往制约着政府管理的具体操作，官僚意识形态导致的是部门主义的盛行，而在政府改革的同时甚至之前应当是文化的重构，在文化没有变革的背景下，任何政府改革都会有被传统官僚意识形态和行政文化俘虏的危险。[②] 针对前述制约县级政府治理能力现代化的治理文化和文化环境因素，县级政府须主动建构治理文化以营造良好的文化氛围，并引导治理主体做出正确的行为选择。具体说来，应通过主动建构治理文化形成价值认同，坚持依法治理树立组织权威，改变沟通方式形成合治氛围等措施，切实加强县域

[①] 党秀云：《论合作治理中的政府能力要求及提升路径》，《中国行政管理》2017年第4期。

[②] 王佃利、吕俊平：《整体性政府与大部门体制：行政改革的理念辨析》，《中国行政管理》2010年第1期。

民众对于县级政府的信任度和向心力。

一 注重价值引领，增强文化认同

对于软治理力量的运用是推进县级政府治理能力现代化进程中需要予以重视并采取措施进行提升的部分。实际上，县级政府治理能力现代化的进程是一个全面综合的过程，价值认同和政府信任往往是不需要任何胁迫和强制力就能够凝聚力量、实现目标的，而这正是当前县级政府所欠缺的部分。习近平总书记指出："推进国家治理体系和治理能力现代化，要大力培育和弘扬社会主义核心价值体系和核心价值观，加快构建充分反映中国特色、民族特性、时代特征的价值体系。"[1] 因此，县级政府应大力弘扬社会主义核心价值观，以"自由、平等、公正、法治"为社会价值取向，倡导形成自由平等、民主协商、公平正义、合作互助、依法治理的县域治理文化。

一是弘扬社会主义核心价值观。县级政府面对信息时代多样化、复杂化的文化冲击，需要高度重视和充分发挥社会主义核心价值观的"文化引领"和"思想引导"作用[2]，通过基层宣传、自身示范、多方引导等方式积极主动弘扬社会主义核心价值观，倡导符合主流价值文化的社会舆论，提升社会主体的思想觉悟，提升公民道德责任感，增强对于社会主义核心价值观的自觉认同，"推动形成适应新时代要求的思想观念、精神面貌、文明风尚、行为规范"[3]。

二是加强主体道德建设。社会主义核心价值观的文化认同需要

---

[1] 《习近平在省部级主要领导干部学习贯彻十八届三中全会精神全面深化改革专题研讨班开班式上发表重要讲话》，人民网：http://pic.people.com.cn/n/2014/0218/c1016-24387045.html，2021年1月20日。

[2] 张宗峰、焦娅敏：《社会主义核心价值观培育的文化认同机制探究》，《思想理论教育》2017年第1期。

[3] 《中共中央关于制定国民经济和社会发展第十四个五年规划和二〇三五年远景目标的建议》，《人民日报》2020年11月4日第1版。

主体在亲身体验和感悟中获得。因此，一方面政府公务人员要以社会主义核心价值观为指引，坚定维护治理文化，在开展治理活动的过程中以法治为保障，切实加强县域内公民在各方面权益的机会公平、规则公平，营造良好的社会文化氛围；另一方面社会主体要自觉加强自身道德修养，将社会主义核心价值观融入日常的学习工作和生活中，政府也可以通过宣传标语、公益视频、平民榜样等形式加深公民对于社会主义核心价值观的认识，使其在思想深处认识到自身作为一名公民的社会责任感和使命感，并积极为参与公共事务治理创造条件，在实践中强化理念认识，做到"内化于心，外化于行"，最终形成对治理文化的认同。

二 坚持依法治理，树立组织权威

政府的权威对于赢得企业、社会组织、公民等其他治理主体的信任、顺利展开治理活动具有关键性作用，亦是体现政府治理能力强弱的一部分。鉴于我国"公众对政府的信任随着行政层级的降低而降低"[1]，县级政府公信力不高，必须切实采取措施强化县级政府权威，提升县级政府公信力，取得合作治理的基础。在全面推进依法治国的现实背景下，政府需要坚持依法行政、依法治理，实现法治现代化，构建合理合法性权威。

一是注重法治宣传教育。不仅普通民众需要学法知法守法，政府工作人员更需要懂法遵法用法，坚持秉公执法，共同营造良好的社会环境。县级政府应进一步加强法治宣传教育，协同法院、学校等单位的专业人员进社区、进农村开展普法宣讲、公益法律援助等工作，帮助各类治理主体养成法治思维和法制意识，提升其参与社会公共事务治理的能力。政府工作人员本身要坚守法律底线、坚持法律原则，维护自身形象，坚决杜绝任何违法乱纪行为的发生，在

---

[1] 刘雪华、辛璐璐：《公民参与视野下的政府信任差序化危机及应对》，《上海行政学院学报》2015年第2期。

民众心里树立起公正无私的政府公务人员形象，从而凝聚民心，增强政府向心力。

二是加强依法行政工作。县级政府应通过理念和行动两方面的结合，真正做到依法行政、依法治理，树立政府威信，营造风清气正的社会治理文化。这其中，县级政府要加快"建设职责明确、依法行政的政府治理体系"①，"深化行政执法体制改革，严格规范公正文明执法，规范执法自由裁量权"②，着力提高政府公务人员的依法行政的理念和水平，确保一切治理活动严格遵循法律原则和法律文本，符合道德要求，保证程序正当、公正合理；同时注意加强政府内部监督，引导发挥社会公众、大众媒体等外部监督作用，确保县级政府治理依法进行、公平公正。

三 转变沟通方式，营造合作氛围

治理理论强调政府管理方式由单向控制、强制命令转向多元协商、相互协作，治理主体之间不再是上下关系，而是平等的横向网络关系。这意味着政府需要转变与其他主体的沟通方式，不能再过度运用硬治理手段来达成治理目标。实践证明，强硬的行政手段容易激化干群关系，不利于合作治理格局的构建。县级政府治理能力现代化的一个重要维度在于如何以柔和的策略方式达成各主体对治理目标、治理手段、治理方式、治理理念的认同和共识，这需要县级政府从软治理方式入手，营造和谐的治理氛围。

一是摒弃传统政府统治观。治理能力的现代化离不开公民和社会组织的建言献策、合作参与和监督评议，政府不能单纯地将公民、社会组织视为被管理的对象，治理理论要求其他治理主体必须被平等对待，尊重和认可其参与政府治理活动的行为。因此，县级

---

① 《中共中央关于制定国民经济和社会发展第十四个五年规划和二〇三五年远景目标的建议》，《人民日报》2020年11月4日第1版。
② 《中华人民共和国国民经济和社会发展第十四个五年规划和2035年远景目标纲要》，《人民日报》2021年3月13日第1版。

政府应将其视为平等合作对象，在行使权力的过程中，以满足社会公众的合理合法性需求为出发点，将民主、平等、协商、合作的治理理念贯穿全过程，与其构建良好的互动关系。

二是建设开放型政府。长期以来，政府本身暴露的问题以及民众因信息不对称等原因而对政府部门的不甚了解，往往造成民众对政府产生很多误解和偏见，并形成了一定的认知惯性。近年来，在建设服务型政府过程中，各级政府及其部门都做出了不同程度的改变，且取得了良好的成效。但是，不少民众对于政府部门仍然存在不同程度的认知偏差，这就需要政府部门做出进一步的努力。尤其是直接面向民众的县级政府，本身民众对其信任度就相对不高，应通过加大信息公开力度等方式使社会民众能够更全面客观地了解政府，改变过去对于政府的负面评价，为沟通合作奠定信任基础。

第七节　改进治理工具

治理工具的科学合理使用有助于更完整、更高效地达成治理目标，而县级政府对传统的强制性治理工具的过度依赖严重阻碍了治理目标的实现。针对前述县级政府在治理工具方面存在的政策性工具效用不高、技术性工具利用不够、市场化工具运用不足等现实问题，着力改进治理工具，切实提高工具使用效能，是推进县级政府治理能力现代化的应然选择。

一　完善政策法规，注重执行落实

治理能力从广泛意义上来说是指对制度政策的执行力，因此，推动县级政府治理能力现代化需要创新运用政策性工具，将政策意图转化为政策执行，有效地联结政策目标与政策结果。当前，县级政府使用政策性工具存在政策制定科学前瞻性不足和政策执行落地效果有限双重制约因素，为此需要从制定和执行两方面入手来优化县级政府的政策性工具。

一是强化政策目标薄弱环节的供给。压力型体制下县级政府往往容易依据上级绩效考核内容采取治理行动,且长期以来过于关注经济发展速度等指标,而对于公共服务供给、农业农村发展、社会文化建构、生态环境保护等方面的政策制定有所欠缺,所以需要补足薄弱环节的政策供给。以公共服务供给为例,县级政府的一个主要职能在于为本县域内的民众提供公共产品和公共服务,目前县级政府普遍面临公共服务供给不足的状况,这就需要强化目标导向作用,通过完善公共服务履职方面的政策法规来督促县级政府补足治理短板;同时制定规范化的公共服务提供标准,加大资金投入,完善配套政策,通过政策工具的辅助和拉动作用来更好实现治理目标。

二是综合运用多种政策执行工具。县级政府在实现治理目标的过程中,大多采取自上而下的以政府部门为主的运作方式,暴露出了部门本位、效率不高、执行偏差等问题。为此,县级政府应创新政策执行方式,探索性地实践政府购买、分权授权、政府补贴等复合型政策工具,通过恰当的方式让市场和社会不同程度地介入政策项目,避免了强制性政策工具存在的弊端,同时增强专业性和灵活性,推动政策目标高效实现。

二　推动技术应用,促进信息共享

大数据时代的到来为政府治理能力现代化带来了新的契机,探索运用大数据等技术性治理工具可以有效应对因信息障碍而产生的治理难题。以2020年暴发的新冠肺炎疫情为例,大数据在疫情防控中的应用,大大降低了政府防控疫情的成本,也促进了疫情防控信息的交流共享。例如个人可以通过国家政务服务平台获取防疫健康码、大数据行程卡、核酸检测机构、密接自查、各地区疫情风险等级等信息,既加大了防控力度又稳定了社会秩序。因此,县级政府也应探索运用大数据、云计算和互联网等技术性治理工具,推进智慧治理,提升治理能力。具体来说:

一是探索大数据应用的管理方式。大数据技术的发展进步明显快于政府部门的变革程度,政府部门的管理方式需根据大数据等新兴技术的具体特征和适应模式进行调整,可通过建立数据管理机构、电子政务平台、智能化办公系统等硬件和软件基础设施方式统筹协调运用现代化技术进行数据的收集、整理、分析、使用和共享;同时将建设数字政府、智慧政府纳入县级政府发展规划中,以顶层设计带动任务推进,将大数据等技术性治理工具纳入政府治理体系和治理能力提升的关键环节和核心领域[1],"不断提升大数据等现代技术手段辅助治理能力"[2]。

二是健全数据监管和风险防控体系。大数据尽管加速了信息共享和交流,提升了行政效率,但也不可避免地存在信息泄露、侵犯个人隐私、数据保密性等问题。县级政府部门在运用大数据所带来的便利性的同时也需要健全监督管理制度对技术运用进行规范和约束,"加强重要领域数据资源、重要网络和信息系统安全保障"[3],明确数据管理者、使用者等多主体的职责和权限、明确自由和隐私的边界、明确道德和法律的底线,切实提升政府的风险防范和应对能力,保障国家数据安全。

三 创造良好环境,提升工具效能

县级政府在提供公共服务过程中常常面临着财力不足、质量不高、数量不足等问题。实践证明,仅仅依靠县级政府单个的力量难以有效满足县域内民众多样化、复杂化的公共服务需求。为了更好地履行政府职能,提升公共服务能力,县级政府应灵活运用市场化工具,发挥市场和社会的作用,促进政府治理改革。市场化工具是

---

[1] 陈之常:《应用大数据推进政府治理能力现代化——以北京市东城区为例》,《中国行政管理》2015年第2期。

[2] 《中华人民共和国国民经济和社会发展第十四个五年规划和2035年远景目标纲要》,《人民日报》2021年3月13日第1版。

[3] 《中华人民共和国国民经济和社会发展第十四个五年规划和2035年远景目标纲要》,《人民日报》2021年3月13日第1版。

明显具有市场特征的治理方式，诸如政府购买、PPP模式、用者付费、民营化、特许经营等。对于市场化工具的运用，县级政府需要注意以下两点，以保障和提升市场化工具效能。

一是深入推进"放管服"改革，创造良好的市场环境。县级政府应持续深入推进"放管服"改革，遵循中央顶层设计理念，结合自身实际和县域发展状况进行改革创新，做好市场主体的培育者和服务者；同时逐步调整政府权力和优化自身职能，创新市场监管方式，深化简政放权，推动网上一站式办公，更好地处理好政府与市场、社会之间的边界关系，促进资源共享和权力下沉，激发社会组织、公民团体的活力[①]。

二是综合运用多种市场化工具，提升工具效能。县级政府在坚持深化"放管服"改革以激发市场活力，培育具有承担能力和责任感的社会组织和公民团体的同时，也要综合运用市场化治理工具开展治理活动，降低治理成本，提升治理效能。这一过程中需要注意的是，在实践探索过程中单个工具的使用可能并不能使其效益最大化，综合使用多个市场化工具往往有助于克服单个治理工具的弊端，发挥治理合力。例如，在各地实践中常常将合同外包工具和绩效评估工具共同使用，绩效评估既能调动合同承包者的积极性，提升效率和质量，又能弥补由于服务外包而造成的监督缺位的不利情况。因此，综合灵活使用多个市场化工具应成为县级政府提升治理能力、破解治理难题的现实选择。

---

① 陈水生：《国家治理现代化视角下的"放管服"改革：动力机制、运作逻辑与未来展望》，《政治学研究》2020年第4期。

结　　语

县域治理历来是定国安邦之基础。"天下事莫不起于州县，州县理则天下无不理。"① 自秦创设郡县制以来，县一直是我国历史上最为稳定且相对独立的一级基层管理单元，在维护中央统治、国家统一、社会稳定和促进经济发展等方面发挥着不可替代的基础性作用②。在当代中国，县级政府作为承上启下的关键节点和连接城乡的重要桥梁，不仅是国家治理工作的前端窗口和神经末梢，也是社会主义现代化建设的关键场域和前沿阵地。而治理能力的提升历来是政府建设的重点内容。县级政府治理能力作为县域治理现代化的关键所在，更是直接关乎群众民生福祉、社会安定有序和国家长治久安，对满足人民群众美好生活向往、促进县域经济高质量发展具有重要作用。新时代，随着我国进入高质量发展阶段，新发展理念驱动下新发展格局加快构建，国家治理现代化蕴含"质量、结构、规模、速度、效益、安全相统一"③的新要求，县级政府要在切实履行贯彻落实方针政策、提供公共服务和公共产品、推动县域经济发展和维护社会稳定等职能的基础上，不断探索县域治理的新思路

---

① （清）徐栋：《牧令书》，载《官箴书集成》编纂委员会编《官箴书集成（第7册）》，黄山书社1997年版，第6页。

② 苗长虹、赵建吉等：《省直管县体制改革的探索与评价——以河南省为例》"前言"，科学出版社2020年版。

③ 《中共中央关于制定国民经济和社会发展第十四个五年规划和二〇三五年远景目标的建议》，《人民日报》2020年11月4日第1版。

和新目标,"不断提高贯彻新发展理念、构建新发展格局能力和水平"①,为实现县域高质量发展和人民高品质生活提供有力支撑。

作为政府治理能力现代化的底层设计和微观模块,夯实治国理政的重要根基、提升国家治理现代化的整体绩效必须加快推进县级政府治理能力现代化。而准确把握县级政府治理能力现代化的现实进展便是首要任务。因此,从过程状态层面梳理把脉县级政府治理能力现代化的总体进程和已有成就,从现实环境出发把握县级政府治理能力现代化进程中的制约因素和推进路径,显得十分必要。本研究在马克思主义指导下,立足推进国家治理现代化的现实背景,围绕"如何推进县级政府治理能力现代化"这一问题,系统梳理国内外相关研究文献,综合运用行政生态理论、治理理论等理论工具以及文献研究、案例研究等研究方法,着力阐释县级政府治理能力现代化的基本概念,描述县级政府治理能力现代化的实践进展,剖析县级政府治理能力现代化的制约因素,探讨县级政府治理能力现代化的推进路径,以期助推县级政府治理能力现代化。

研究发现:(1)县级政府治理能力是县级政府在一定的治理环境下,根据治理时代党和中央政府的价值导向,立足自身职能定位,作为治理核心协同县域其他公共事务治理主体,运用治理工具,整合治理资源,回应县域民众需求,推动县域高质量发展的能力。(2)县级政府治理能力现代化既是指县级政府治理能力具有现代性特征并符合现代社会治理要求的一种状态,也是指不断提升县级政府治理能力达至这一状态的一个过程,反映了治理时代下治理主体多元化、治理结构网络化、治理方式科学化、治理功能完备化等对县级政府这一对象主观条件的要求。(3)县级政府治理能力现代化既要关注县级政府所处的政治环境、经济环境、社会环境、文化环境等外部环境因素塑造的现实场域,又要重视县级政府治理理

---

① 《中共中央关于制定国民经济和社会发展第十四个五年规划和二〇三五年远景目标的建议》,《人民日报》2020年11月4日第1版。

念、治理结构、治理机制等内部要素形成的内在动力,而内外部因素往往相互作用,共同影响县级政府治理能力现代化进程。(4)我国是单一制国家,中央启动实施的省直管县改革、"放管服"改革、机构改革等一系列改革举措,一方面直接推动作为执行者的县级政府在贯彻落实中不断深化改革进而提升政府治理能力,另一方面也影响县级政府治理环境进而作用于县级政府治理能力建设。而广东顺德和江苏江阴作为县域改革和发展的两个典型代表,其以系统思维探索开展的改革创新实践对于推进县级政府治理能力现代化有重要启示。(5)从整体层面看,当前县级政府治理能力现代化面临一些内外部因素的制约。其中,外部政治环境、经济环境、社会环境、文化环境中的主要制约因素分别是:纵向层级压力传导,横向竞争压力凸显;县域经济发展失衡,经济下行压力较大;县域利益结构复杂,社会公众参与不足;县域文化多元交织,民众有限信任县级政府。内部制约因素主要包括:治理理念存在偏差、治理结构权责失衡、治理资源供给不足、治理机制不够健全、治理文化氛围欠缺以及治理工具效用不高。(6)立足现实环境约束条件持续加强县级政府治理能力建设,革新治理理念、优化治理结构、开发治理资源、壮大治理主体、完善治理机制、建构治理文化、改进治理工具是推进县级政府治理能力现代化的应然选择。

我国县域间发展差异较大,县级政府治理能力参差不齐、现代化进展和程度不尽相同,尽管革新治理理念、优化治理结构、开发治理资源、壮大治理主体、完善治理机制、建构治理文化、改进治理工具是推进县级政府治理能力现代化的应然选择,但具体到各县,其需要立足自身治理环境,相机选择推进县级政府治理能力现代化的具体策略。而立足行政生态理论揭示的行政系统与行政环境的互动关系,行政环境的变迁是常态,县级政府应立足并主动适应和应对行政环境变迁,坚持以人民为中心,着眼于更好满足人民群众对美好生活的向往,矢志不渝推进改革创新,着力推动治理能力朝着现代化的方向不断前进。

最后需要说明的是，本书基于现有研究薄弱项，将研究重点集中在"能力现代化"，置县级政府治理能力现代化于县级政府与县级政府治理环境的互动关系下进行考察，力图从过程角度和实践动作层面对县级政府治理能力现代化展开研究。虽然提出了一些观点、得出了一些结论，但是未必成熟、严谨。特别是受新冠肺炎疫情等客观因素影响，后期实地调研未能按计划展开，调查问卷的发放和相关数据的收集受阻，因而本书未对县级政府治理能力与其影响因素关系展开定量分析。这是研究的遗憾，也是不足，唯待后续研究进行改进和完善。

参考文献

一 中文文献

（一）著作

［法］皮埃尔·卡蓝默：《破碎的民主：试论治理的革命》，高凌瀚译，生活·读书·新知三联书店2005年版。

［美］B.盖伊·彼得斯：《政府未来的治理模式》，张成福等译，中国人民大学出版社2001年版。

［美］阿尔蒙德、鲍威尔：《比较政治学：体系、过程和政策》，曹沛霖等译，上海译文出版社1987年版。

［美］彼得·埃文斯、迪特里希·鲁施迈耶、西达·斯考切波编著：《找回国家》，方力维译，生活·读书·新知三联书店2009年版。

［美］戴维·伊斯顿：《政治生活的系统分析》，王浦劬译，华夏出版社1999年版。

［美］迈克尔·麦金尼斯：《多中心治道与发展》，毛寿龙译，上海三联书店2000年版。

［美］曼纽尔·卡斯特：《网络社会的崛起》，夏铸九等译，社会科学文献出版社2006年版。

［美］斯蒂芬·戈德史密斯、威廉·D.埃格斯：《网络化治理：公共部门的新形态》，孙迎春译，北京大学出版社2008年版。

［美］唐纳德·凯特：《有效政府——全球公共管理革命》，张怡译，上海交通大学出版社2005年版。

［美］詹姆斯·N. 罗西瑙主编：《没有政府的治理》，张胜军、刘小林等译，江西人民出版社2001年版。

陈振明：《政府改革与治理：基于地方实践的思考》，中国人民大学出版社2013年版。

邓小平：《邓小平文选（第二卷）》，人民出版社1994年版。

丁煌：《西方行政学说史》，武汉大学出版社1999年版。

樊红敏等：《模糊性治理：县域政府社会冲突治理运作逻辑》，中国社会科学出版社2019年版。

范逢春：《县级政府社会治理质量测度标准研究》，中国人民大学出版社2015年版。

付耀华：《县级政府公信力及其多元治理模式研究》，云南大学出版社2016年版。

耿国阶：《治理现代化背景下的县级政府政策转换》，经济管理出版社2020年版。

古洪能：《中国县域治理体系现代化研究》，中国社会科学出版社2020年版。

何水：《社会组织参与服务型政府建设：作用、条件与路径》，中国社会科学出版社2015年版。

何增科、陈雪莲主编：《政府治理》，中央编译出版社2015年版。

胡鞍钢：《中国国家治理现代化》，中国人民大学出版社2014年版。

霍海燕编著：《有效性：公共政策制定中的公民参与研究》，中国社会科学出版社2019年版。

李荣娟主编：《中国县域治理史（现代卷）》，长江出版社2020年版。

李晓园：《当代中国县级政府公共服务能力及其影响因素的实证研究——基于鄂赣两省的调查与分析》，中国社会科学出版社2010年版。

刘军宁等编：《市场逻辑与国家观念》，生活·读书·新知三联书店1995年版。

刘世军、刘建军等：《中国之治：国家治理体系与治理能力现代化》，上海人民出版社 2018 年版。

陆喜元、丁志刚：《西部地区县级政府治理能力现代化——以 H 县为例》，社会科学文献出版社 2020 年版。

吕承文：《政府治理现代化研究》，中国社会科学出版社 2018 年版。

罗宗毅主编：《国家治理现代化：实践探索与创新》，中共中央党校出版社 2018 年版。

马斌：《政府间关系：权力配置与地方治理——基于省、市、县政府间关系的研究》，浙江大学出版社 2009 年版。

苗长虹、赵建吉等：《省直管县体制改革的探索与评价——以河南省为例》，科学出版社 2020 年版。

潘治宏、贾存斗编著：《地方治理体系、治理能力现代化样本：地方改革创新实践案例研究》，中国经济出版社 2020 年版。

庞明礼：《省直管县改革：模式、过程与走向》，中国社会科学出版社 2020 年版。

彭文贤：《行政生态学》，三民书局 1988 年版。

施雪华：《政府权能理论》，浙江人民出版社 1998 年版。

汪永成：《经济全球化与中国政府能力现代化》，人民出版社 2006 年版。

王沪宁：《行政生态分析》，复旦大学出版社 1989 年版。

王敬尧：《地方财政与治理能力》，商务印书馆 2010 年版。

王浦劬：《国家治理现代化：理论与策论》，人民出版社 2016 年版。

王绍光、胡鞍钢：《中国国家能力报告》，辽宁人民出版社 1993 年版。

王勇：《政府治理现代化：国家与地方视角》，浙江工商大学出版社 2018 年版。

吴国光编：《国家、市场与社会》，牛津大学出版社 1994 年版。

习近平：《知之深　爱之切》，河北人民出版社 2015 年版。

习近平：《做焦裕禄式的县委书记》，中央文献出版社 2015 年版。

游祖勇:《中国县域经济:政府治理与创新发展》,清华大学出版社 2019 年版。

俞可平:《论国家治理现代化》,社会科学文献出版社 2014 年版。

俞可平主编:《治理与善治》,社会科学文献出版社 2000 年版。

虞崇胜、唐皇凤:《第五个现代化:国家治理体系和治理能力现代化》,湖北人民出版社 2015 年版。

郑永年、张培发:《顺德实践:中国县域发展范本》,中信出版社 2019 年版。

仲剑主编:《江阴县级集成改革发展报告(2019)——县域治理现代化探索》,社会科学文献出版社 2019 年版。

　　(二) 学位论文

刘潇阳:《县级政府社会治理能力评估研究——以 H 省 6 县为例》,博士学位论文,郑州大学,2018 年。

屠飞鹏:《西部贫困地区县级政府治理能力研究》,博士学位论文,吉林大学,2012 年。

王敬尧:《财政与庶政:县级政府治理能力研究——对中部 Y 县的实证分析》,博士学位论文,华中师范大学,2008 年。

印子:《县域政策执行偏差的治理——基于我国中西部 4 县调查的分析》,博士学位论文,华中科技大学,2017 年。

　　(三) 期刊论文

[德] 托马斯·海贝勒:《转型国家的战略集团与国家能力》,《经济社会体制比较》2004 年第 1 期。

[英] 鲍勃·杰索普:《治理的兴起及其失败的风险:以经济发展为例的论述》,漆燕译,《国际社会科学杂志》(中文版) 1999 年第 1 期。

[英] 格里·斯托克、游祥斌:《新地方主义、参与及网络化社区治理》,《国家行政学院学报》2006 年第 3 期。

[英] 杰瑞·斯托克:《地方治理研究:范式、理论与启示》,楼苏萍译,郁建兴校,《浙江大学学报》(人文社会科学版) 2007 年

第 2 期。

包心鉴:《国家治理现代化对执政党建设的新要求》,《中国浦东干部学院学报》2014 年第 5 期。

陈炳水:《政府能力初论》,《浙江社会科学》1998 年第 3 期。

陈国权:《论政府能力的有限性与政府机构改革》,《求索》1999 年第 4 期。

陈国权、毛瑞福、徐露辉:《论县级政府行政改革的战略选择》,《公共管理学报》2006 年第 4 期。

陈朋:《大数据时代政府治理何以转型》,《中共中央党校(国家行政学院)学报》2019 年第 6 期。

陈水生:《国家治理现代化视角下的"放管服"改革:动力机制、运作逻辑与未来展望》,《政治学研究》2020 年第 4 期。

陈文权:《政务微博的崛起对提升地方政府治理能力的影响与对策探讨》,《云南行政学院学报》2015 年第 1 期。

陈振明、薛澜:《中国公共管理理论研究的重点领域和主题》,《中国社会科学》2007 年第 3 期。

陈之常:《应用大数据推进政府治理能力现代化——以北京市东城区为例》,《中国行政管理》2015 年第 2 期。

程同顺、邢西敬:《从政治系统论认识国家治理现代化》,《行政论坛》2017 年第 3 期。

戴长征:《中国国家治理体系与治理能力建设初探》,《中国行政管理》2014 年第 1 期。

党秀云:《论合作治理中的政府能力要求及提升路径》,《中国行政管理》2017 年第 4 期。

邓集文:《政府嵌入与社会增能:包容性治理实现的双重路径》,《郑州大学学报》(哲学社会科学版)2020 年第 6 期。

丁志刚、陆喜元:《论县级政府治理能力现代化》,《甘肃社会科学》2016 年第 4 期。

丁志刚:《论国家治理能力及其现代化》,《上海行政学院学报》

2015 年第 3 期。

杜钢建:《政府能力建设与规制能力评估》,《政治学研究》2000 年第 2 期。

范柏乃、张鸣:《地方政府信用影响因素及影响机理研究——基于 116 个县级行政区域的调查》,《公共管理学报》2012 年第 2 期。

范逢春:《如何更好提升县域治理水平》,《国家治理》2020 年第 16 期。

高奇琦:《智能革命与国家治理现代化初探》,《中国社会科学》2020 年第 7 期。

郭蕊、麻宝斌:《全球化时代地方政府治理能力分析》,《长白学刊》2009 年第 4 期。

韩兆柱、单婷婷:《网络化治理、整体性治理和数字治理理论的比较研究》,《学习论坛》2015 年第 7 期。

韩兆柱、翟文康:《西方公共治理前沿理论述评》,《甘肃行政学院学报》2016 年第 4 期。

杭琍、赵连章:《城镇化进程中县级政府职能重构的对策建议》,《江淮论坛》2014 年第 2 期。

何水、郑晓莹:《国内政府治理研究热点与趋势可视化分析》,《行政论坛》2020 年第 2 期。

何文盛、王焱、蔡明君:《政府绩效评估结果偏差探析:基于一种三维视角》,《中国行政管理》2013 年第 1 期。

何翔舟、金潇:《公共治理理论的发展及其中国定位》,《学术月刊》2014 年第 8 期。

何增科:《国家治理现代化的维度与面向》,《人民论坛》2014 年第 18 期。

胡鞍钢、魏星:《治理能力与社会机会——基于世界治理指标的实证研究》,《河北学刊》2009 年第 1 期。

胡鞍钢:《中国国家治理现代化的特征与方向》,《国家行政学院学报》2014 年第 3 期。

胡伟:《如何推进我国的国家治理现代化》,《探索与争鸣》2014 年第 7 期。

黄江圳、谭力文:《从能力到动态能力:企业战略观的转变》,《经济管理》2002 年第 22 期。

霍春龙:《论政府治理机制的构成要素、涵义与体系》,《探索》2013 年第 1 期。

纪晓岚、曾莉:《城镇化进程中的县级政府能力建构:解读、困境与方向》,《经济社会体制比较》2014 年第 3 期。

季燕霞:《论当代中国制度治理的效能发挥》,《中州学刊》2020 年第 11 期。

姜晓萍:《国家治理现代化进程中的社会治理体制创新》,《中国行政管理》2014 年第 2 期。

姜晓萍、吴宝家:《国家治理中的地方机构改革——新时代地方机构改革的趋势、差异与逻辑归因》,《社会科学研究》2020 年第 2 期。

金太军:《政府职能与政府能力》,《中国行政管理》1998 年第 12 期。

寇丹:《整体性治理:政府治理的新趋向》,《东北大学学报》(社会科学版)2012 年第 3 期。

李建:《国家治理现代化内涵阐释与现实考量》,《重庆社会科学》2017 年第 1 期。

李景鹏:《关于推进国家治理体系和治理能力现代化——"四个现代化"之后的第五个"现代化"》,《天津社会科学》2014 年第 2 期。

李靖、李春生、董伟玮:《我国地方政府治理能力评估及其优化——基于吉林省的实证研究》,《吉林大学社会科学学报》2020 年第 4 期。

李抒望:《正确认识和把握国家治理现代化》,《学习论坛》2014 年第 2 期。

李文彬、陈晓运：《政府治理能力现代化的评估框架》，《中国行政管理》2015年第5期。

李文钊、毛寿龙：《中国政府改革：基本逻辑与发展趋势》，《管理世界》2010年第8期。

李晓园：《县级政府公共服务能力与其影响因素关系研究——基于江西、湖北两省的调查分析》，《公共管理学报》2010年第4期。

林阿妙：《政府绩效管理创新与治理能力提升的契合性——基于地方政府的视角》，《经济问题》2015年第11期。

林兴初：《地方政府治理能力现代化路径研究》，《行政与法》2015年第4期。

刘波、方奕华、盖小静：《社会治理创新对地方政府治理能力的新要求——基于困境儿童救助网络的实证研究》，《中国行政管理》2018年第6期。

刘建军：《体系与能力：国家治理现代化的二重维度》，《行政论坛》2020年第4期。

刘雪华、辛璐璐：《公民参与视野下的政府信任差序化危机及应对》，《上海行政学院学报》2015年第2期。

龙献忠、谢彦欣：《地方政府治理能力现代化：概念比较、要素定位与路径选择》，《河南社会科学》2015年第6期。

楼苏萍：《地方治理的能力挑战：治理能力的分析框架及其关键要素》，《中国行政管理》2010年第9期。

卢珂、刘丹、李国敏：《城市生态可持续发展中的政府治理能力提升研究》，《生态经济》2016年第10期。

栾大鹏、董惠敏、郭尧：《县域治理能力究竟取决于哪些因素？——对浙江省58个县（市）治理能力的测评及排名》，《国家治理》2014年第1期。

麻宝斌、李辉：《协同型政府：治理时代的政府形态》，《吉林大学社会科学学报》2010年第4期。

毛寿龙：《现代治道与治道变革》，《江苏行政学院学报》2003年第

2 期。

莫勇波、刘国刚：《地方政府执行力评价体系的构建及测度》，《四川大学学报》（哲学社会科学版）2009 年第 5 期。

欧阳静：《县级政府研究的路径分析》，《天津行政学院学报》2015 年第 3 期。

欧阳静：《治理体系中的能动者结构：县域的视角》，《文化纵横》2019 年第 2 期。

彭国甫、李春、刘期达：《基于完善科层制的县级政府管理体制创新》，《北京行政学院学报》2005 年第 2 期。

秦位强、秦海蓉：《民族地区县级政府能力建设刍议》，《前沿》2010 年第 17 期。

邱志强：《多元治理 + 机制创新：地方政府治理能力提升的路径选择》，《江海学刊》2015 年第 6 期。

沈荣华：《推进"放管服"改革：内涵、作用和走向》，《中国行政管理》2019 年第 7 期。

石佑启、杨治坤：《中国政府治理的法治路径》，《中国社会科学》2018 年第 1 期。

史云贵、刘晓燕：《县级政府绿色治理体系的构建及其运行论析》，《社会科学研究》2018 年第 1 期。

宋小宁、葛锐、苑德宇：《县级行政管理费增长与财政转移支付依赖》，《中国行政管理》2015 年第 1 期。

宋宇文、刘旺洪：《国家治理现代化进程中政府职能转移的本质、方式与路径》，《学术研究》2016 年第 2 期。

孙力：《城乡整合的历史阶段性和政府治理机制》，《探索与争鸣》2010 年第 9 期。

孙萍、王秋菊：《网络时代中国政府治理模式的新思考："参与—协商"型治理模式》，《求实》2012 年第 4 期。

孙肖远：《国家治理现代化的中国逻辑》，《江海学刊》2019 年第 4 期。

唐皇凤:《有效推进我国国家治理现代化的战略路径》,《苏州大学学报》(哲学社会科学版) 2016 年第 2 期。

唐天伟、曹清华、郑争文:《地方政府治理现代化的内涵、特征及其测度指标体系》,《中国行政管理》2014 年第 10 期。

田洋洋:《权力清单制度对政府治理能力现代化的功能研究》,《东南大学学报》(哲学社会科学版) 2017 年第 S1 期。

汪仕凯:《政治体制的能力、民主集中制与中国国家治理》,《探索》2018 年第 4 期。

汪永成:《中国现代化进程中的政府能力——国内学术界关于政府能力研究的现状与展望》,《政治学研究》2001 年第 4 期。

王德祥、李建军:《政府治理模式创新与县级机构改革》,《经济体制改革》2010 年第 6 期。

王佃利、吕俊平:《整体性政府与大部门体制:行政改革的理念辨析》,《中国行政管理》2010 年第 1 期。

王国红、瞿磊:《县域治理研究述评》,《湖南师范大学社会科学学报》2010 年第 6 期。

王敬尧:《县级治理能力的制度基础:一个分析框架的尝试》,《政治学研究》2009 年第 3 期。

王浦劬:《国家治理、政府治理和社会治理的含义及其相互关系》,《国家行政学院学报》2014 年第 3 期。

王浦劬:《全面准确深入把握全面深化改革的总目标》,《中国高校社会科学》2014 年第 1 期。

王清:《政府部门间为何合作:政绩共容体的分析框架》,《中国行政管理》2018 年第 7 期。

王骚、王达梅:《公共政策视角下的政府能力建设》,《政治学研究》2006 年第 4 期。

王雅君:《县级政府治理现代化与结构转型》,《求实》2017 年第 11 期。

王岩、魏崇辉:《协商治理的中国逻辑》,《中国社会科学》2016 年第 7 期。

魏红英:《公共产品视角下县级政府服务能力建设路径探析》,《广东社会科学》2006 年第 2 期。

魏治勋:《"善治"视野中的国家治理能力及其现代化》,《法学论坛》2014 年第 2 期。

文华:《行政生态学视角下的地方政府大部制改革困境及其破解之道》,《理论导刊》2015 年第 12 期。

翁士洪:《数字时代治理理论:西方政府治理的新回应及其启示》,《经济社会体制比较》2019 年第 4 期。

吴晓波、徐松屹、苗文斌:《西方动态能力理论述评》,《国外社会科学》2006 年第 2 期。

吴旭红:《制度、过程与结果:地方政府治理能力评估的三维坐标》,《理论探讨》2017 年第 1 期。

吴玉敏:《演进与深厚:从"四个现代化"到国家治理现代化》,《人民论坛》2014 年第 19 期。

习近平:《坚持和完善中国特色社会主义制度 推进国家治理体系和治理能力现代化》,《求是》2020 年第 1 期。

肖滨、郭明:《以"治权改革"创新地方治理模式——2009 年以来顺德综合改革的理论分析》,《公共行政评论》2013 年第 4 期。

辛向阳:《推进国家治理体系和治理能力现代化的三个基本问题》,《理论探讨》2014 年第 2 期。

徐邦友:《推进国家治理体系和治理能力现代化的中国方案——基于制度理性的视角》,《治理研究》2020 年第 5 期。

徐刚、杨雪非:《区(县)政府权责清单制度象征性执行的悖向逻辑分析:以 A 市 Y 区为例》,《公共行政评论》2017 年第 4 期。

徐国亮:《国家治理现代化的文化支撑》,《红旗文稿》2020 年第 2 期。

徐琳、谷世飞:《公民参与视角下的中国国家治理能力现代化》,《新疆师范大学学报》(哲学社会科学版)2014 年第 4 期。

徐勇：《GOVERNANCE：治理的阐释》，《政治学研究》1997 年第 1 期。

徐勇：《大数据视野下政府治理能力构建研究》，《中共天津市委党校学报》2019 年第 4 期。

轩传树：《互联网时代下的中国国家治理现代化：实质、条件与路径》，《当代世界与社会主义》2014 年第 3 期。

薛澜：《顶层设计与泥泞前行：中国国家治理现代化之路》，《公共管理学报》2014 年第 4 期。

薛澜、李宇环：《走向国家治理现代化的政府职能转变：系统思维与改革取向》，《政治学研究》2014 年第 5 期。

阎国文、阎若思：《县域治理是国家治理的基础和重点——学习习近平总书记关于县域治理的重要论述》，《廉政文化研究》2019 年第 4 期。

燕继荣：《中国国家治理现代化：理论建构与实践创新方向》，《国家治理》2017 年第 7 期。

杨茂林：《以公共服务为中心推进县政建设——从"省直管县"的视阈谈起》，《中国行政管理》2010 年第 5 期。

杨小森：《加强地方政府间横向合作与协调机制建设》，《黑龙江社会科学》2006 年第 1 期。

易承志：《国家治理体系现代化制度供给的理论基础与实践路径》，《南京师大学报》（社会科学版）2017 年第 1 期。

易学志：《善治视野下政府治理能力基本要素探析》，《辽宁行政学院学报》2009 年第 4 期。

尤光付：《我国县级政府行政监督体系存在的问题及改进措施》，《中国行政管理》2010 年第 3 期。

于建嵘：《县政运作的权力悖论及其改革探索》，《探索与争鸣》2011 年第 7 期。

于建嵘、张正州：《理念、体系、能力：当前县域治理的转型困境与发展方向》，《学术界》2019 年第 6 期。

余锋:《基层治理中的条块关系及其行动逻辑——基于云南省 M 县财政涉农资金整合的案例分析》,《云南行政学院学报》2020 年第 4 期。

俞可平:《关于国家治理评估的若干思考》,《华中科技大学学报》(社会科学版)2014 年第 2 期。

俞可平:《国家治理体系的内涵本质》,《理论导报》2014 年第 4 期。

俞可平:《推进国家治理体系和治理能力现代化》,《前线》2014 年第 1 期。

俞可平:《走向国家治理现代化——论中国改革开放后的国家、市场与社会关系》,《当代世界》2014 年第 10 期。

虞崇胜:《科学确立中国国家治理现代化的衡量标准》,《中州学刊》2014 年第 10 期。

张成福、李丹婷、李昊城:《政府架构与运行机制研究:经验与启示》,《中国行政管理》2010 年第 2 期。

张钢、徐贤春:《地方政府能力的评价与规划——以浙江省 11 个城市为例》,《政治学研究》2005 年第 2 期。

张钢、徐贤春、刘蕾:《长江三角洲 16 个城市政府能力的比较研究》,《管理世界》2004 年第 8 期。

张国忠:《解决好县域治理"最后一公里"问题的关键》,《人民论坛》2020 年第 16 期。

张弘、王有强:《政府治理能力与经济增长间关系的阶段性演变——基于不同收入阶段的跨国实证比较》,《经济社会体制比较》2013 年第 3 期。

张菊梅、吴克昌:《滞后与重构:社会转型冲击下的县级政府能力》,《广东行政学院学报》2011 年第 2 期。

张立国:《权力运行法治化:国家治理体系现代化的关键》,《吉首大学学报》(社会科学版)2015 年第 3 期。

张立荣:《当代中国政府治理范式变革探析——以麦肯锡 7—S 系统

思维模型为框架》,《中国行政管理》2006 年第 6 期。

张立荣、冷向明:《当代中国政府治理范式的变迁机理与革新进路》,《华中师范大学学报》(人文社会科学版)2007 年第 2 期。

张立荣、李晓园:《县级政府公共服务能力结构的理论建构、实证检测及政策建议——基于湖北、江西两省的问卷调查与分析》,《中国行政管理》2010 年第 5 期。

张立荣、刘毅:《整体性治理视角下县级政府社会管理创新研究》,《管理世界》2014 年第 11 期。

张立荣、田恒一、姜庆志:《新型城镇化战略实施中的政府治理模式革新研究——基于共生理论的一项探索》,《中国行政管理》2016 年第 2 期。

张鹏、郭金云:《跨县域公共服务合作治理的四重挑战与行动逻辑——以浙江"五水共治"为例》,《东北大学学报》(社会科学版)2017 年第 5 期。

张述存:《打造大数据施政平台　提升政府治理现代化水平》,《中国行政管理》2015 年第 10 期。

张帅、彭清萍:《论我国新型城镇化背景下发展型县级政府治理能力》,《青岛农业大学学报》(社会科学版)2014 年第 2 期。

张占斌:《省直管县改革新试点:省内单列与全面直管》,《中国行政管理》2013 年第 3 期。

张璋:《政府治理工具的选择与创新——新公共管理理论的主张及启示》,《新视野》2001 年第 5 期。

赵静、陈玲、薛澜:《地方政府的角色原型、利益选择和行为差异——一项基于政策过程研究的地方政府理论》,《管理世界》2013 年第 2 期。

赵云辉等:《大数据发展、制度环境与政府治理效率》,《管理世界》2019 年第 11 期。

郑言、李猛:《推进国家治理体系与国家治理能力现代化》,《吉林大学社会科学学报》2014 年第 2 期。

郑志龙、侯帅：《县级政府社会治理能力的测量模型建构》，《中国行政管理》2020年第8期。

郑志龙、刘潇阳：《县级政府社会治理能力的制约因素与提升路径——基于河南省四县的调查与思考》，《中州学刊》2018年第6期。

仲剑：《集成改革：让县域改革落地生根——江阴集成改革试点的实践探索及启示》，《群众》2019年第3期。

周俊、孙鹏、马浩：《城镇密集区跨县域协同发展的浙江实践与思考》，《城市规划》2020年第S1期。

周黎安：《中国地方官员的晋升锦标赛模式研究》，《经济研究》2007年第7期。

周平：《西部地区县级政府能力分析》，《思想战线》2002年第2期。

周平：《县级政府能力的构成和评估》，《云南行政学院学报》2002年第5期。

周平：《县级政府能力研究》，《云南行政学院学报》2007年第2期。

周伟、潘娅子：《整体性治理视阈下政府治理能力的逻辑结构解析》，《福建行政学院学报》2015年第5期。

朱光磊、周望：《在转变政府职能的过程中提高政府公信力》，《中国人民大学学报》2011年第3期。

朱亚鹏：《协商民主的制度化与地方治理体系创新：顺德决策咨询委员会制度的经验及其启示》，《公共行政评论》2014年第2期。

（四）报纸文献

《江苏省江阴市探索县域治理"1+5"总架构——城乡活力增强 企业群众获益（改革落实在基层）》，《人民日报》2019年10月18日第5版。

《中共中央关于坚持和完善中国特色社会主义制度、推进国家治理体系和治理能力现代化若干重大问题的决定》，《人民日报》2019年11月6日第1版。

《中共中央关于全面深化改革若干重大问题的决定》，《人民日报》

2013年11月16日第1版。

《中共中央关于深化党和国家机构改革的决定》，《人民日报》2018年3月5日第1版。

《中共中央关于制定国民经济和社会发展第十四个五年规划和二〇三五年远景目标的建议》，《人民日报》2020年11月4日第1版。

《中华人民共和国国民经济和社会发展第十三个五年规划纲要》，《人民日报》2016年3月18日第1版。

《中华人民共和国国民经济和社会发展第十四个五年规划和2035年远景目标纲要》，《人民日报》2021年3月13日第1版。

本报评论部：《把制度优势转化为治理效能——治理现代化的"中国智慧"》，《人民日报》2019年10月30日第5版。

陈金章、黄茂兴：《国家治理体系与治理能力现代化的现况与展望》，《中国社会科学报》2020年4月24日第3版。

胡薇：《理解地方治理现代化的五个维度》，《学习时报》2015年11月30日第5版。

李克强：《在全国深化"放管服"改革转变政府职能电视电话会议上的讲话》，《人民日报》2018年7月13日第2版。

欧阳康：《国家治理如何实现现代化》，《人民日报》2018年10月26日第7版。

任勇：《治理理论研究为治理现代化提供学理支撑》，《人民日报》2019年3月25日第10版。

习近平：《继续沿着党和人民开辟的正确道路前进 不断推进国家治理体系和治理能力现代化》，《人民日报》2019年9月25日第1版。

习近平：《坚持人民至上 不断造福人民 把以人民为中心的发展思想落实到各项决策部署和实际工作之中》，《人民日报》2020年5月23日第1版。

习近平：《决胜全面建成小康社会 夺取新时代中国特色社会主义

伟大胜利——在中国共产党第十九次全国代表大会上的报告》，《人民日报》2017年10月28日第1版。

习近平：《年轻干部要提高解决实际问题能力 想干事能干事干成事》，《人民日报》2020年10月11日第1版。

习近平：《在会见全国优秀县委书记时的讲话》，《人民日报》2015年9月1日第2版。

肖振南：《完善治理体系 提高地方政府治理能力》，《中国社会科学报》2020年4月23日第4版。

张国臣、贾宝先：《应重视发挥文化的治理功能》，《光明日报》2015年8月10日第11版。

张占斌：《江阴集成改革为改革开放再出发树立了时代标杆》，《学习时报》2017年10月28日第1版。

郑言：《"治理现代化"与改革创新体制机制》，《光明日报》2014年8月6日第13版。

钟翾：《改革促进发展 发展保障改革——顺德力推经济社会综合转型》，《人民日报》2014年1月28日第13版。

（五）网络文献

《财政部关于推进省直接管理县财政改革的意见》（财预〔2009〕78号），中国政府网：http://www.gov.cn/zwgk/2009-07/09/content_1360963.htm，2020年12月30日。

《国务院办公厅关于简化优化公共服务流程方便基层群众办事创业的通知》（国办发〔2015〕86号），中国政府网：http://www.gov.cn/zhengce/content/2015-11/30/content_10362.htm，2020年12月30日。

《国务院办公厅关于进一步做好"放管服"改革涉及的规章、规范性文件清理工作的通知》（国办发〔2017〕40号），中国政府网：http://www.gov.cn/zhengce/content/2018-04/24/content_5285532.htm，2020年12月30日。

《国务院办公厅关于印发全国深化"放管服"改革优化营商环境电

视电话会议重点任务分工方案的通知》（国办发〔2020〕43号），中国政府网：http://www.gov.cn/zhengce/content/2020-11/10/content_5560234.htm，2020年12月30日。

《李克强在全国深化简政放权放管结合优化服务改革电视电话会议上的讲话》，中国政府网：http://www.gov.cn/premier/2017-06/29/content_5206812.htm，2020年12月30日。

新华社：《让经济社会发展迸发出更为强大的活力——"放管服"改革述评》，中国政府网：http://www.gov.cn/xinwen/2018-11/30/content_5344860.htm，2020年12月30日。

二 外文文献

Innes, J. E. & Booher, D. E., *The Impact of Collaborative Planning on Governance Capacity*, Berkeley: University of California, Institute for Urban & Regional Development, 2003.

Patrick Dunleavy, *Digital Era Governance: It Corporations, the State, and E-Government*, Oxford University Press, 2006.

Perri 6, Diana Leat, Kimberly Seltzer and G. Stoker, *Towards Holistic Governance: The New Reform Agenda*, New York: Palgrave, 2002.

R. A. W. Rhodes, *Understanding Governance: Policy Networks, Governance, Reflexivity and Accountability*, Buckingham: Open University Press, 1997.

Amy L. Pablo, Trish Reay, James R. Dewald, Ann L. Casebeer, "Identifying, Enabling and Managing Dynamic Capabilities in the Public Sector", *Journal of management studies*, Vol. 44, No. 5, 2007, pp. 687-708.

Bas Arts & Henri Goverde, "The Governance Capacity of (new) Policy Arrangements: A Reflexive Approach", *Institutional Dynamics in Environmental Governance*, No. 47, 2006, pp. 69-92.

Burgess, P. M., "Capacity Building and the Elements of Public Management", *Public Administration Review*, Vol. 35, Special Issue, 1975, pp. 705 - 716.

Charles Polidano, "Measuring Public Sector Capacity", *World Development*, Vol. 28, No. 5, 2000, pp. 805 - 822.

Cohen, J. M., "Capacity Building in the Public Sector: A Focused Framework for Analysis and Action", *International Review of Administrative Science*, Vol. 61, No. 3, 1995, pp. 407 - 422.

Fred W. Riggs, "The Ecology and Context of Public Administration: A Comparative Perspective", *Public Administration Review*, Vol. 40, No. 2, 1980, pp. 107 - 115.

Gargan, J. J., "Consideration of Local Government Capacity", *Public Administration Review*, Vol. 41, No. 6, 1981, pp. 649 - 658.

Grindle, M. S. & Hilderbrand M. E., "Building Sustainable Capacity in the Public Sector: What Can be Done?", *Public Administration and Development*, Vol. 15, No. 5, 1995, pp. 441 - 463.

Honadle, B. W., "A Capacity-building Framework: A Search for Concept and Purpose", *Public Administration Review*, Vol. 41, No. 5, 1981, pp. 575 - 580.

后　记

交稿之际，思绪良久，感慨颇多。从最初动议至最终交稿，历时6年。究其原因，固然有国家留学基金资助出国访学一年、研究重点调整、新冠肺炎疫情影响后期调研等因素影响，但终归是自身惰性使然。一项早该完成的工作，到底是滞后了许久！即便如此，现在的这版书稿仍有颇多不尽如人意之处。付梓出版，实属抛砖引玉！

本书成稿，首谢郑志龙教授。我与郑志龙教授初识于2003年8月在都江堰举办的全国公共管理硕士（MPA）教育与培训会议。彼时我正在承办此次会议的四川大学公共管理学院攻读硕士学位，有幸作为会务组一员参与会议服务并因此得识郑志龙教授等诸多学界前辈。2004年7月，我到郑州大学公共管理学院参加工作，成为以郑志龙教授为带头人的郑州大学公共管理学科团队的一名新兵。此后，在郑志龙教授带领下，有幸协助高卫星教授做郑州大学公共管理一级学科硕士点、博士点、博士后科研流动站以及《行政管理学》国家精品课程、行政管理教育部高等学校特色专业建设点、行政管理国家级一流本科专业建设点申报和建设等学科专业工作，并见证郑州大学公共管理学科不断发展。其间，更是得偿所愿获郑志龙教授悉心指导开展博士后研究工作，并萌发写作本书的动议。实际上，过往十七年，为人、治学、处事，受教于郑志龙教授太多；工作、学习、生活，受益于高卫星教授太多。此间厚恩重情，非两三言语所能表达！

研究期间，设计申报的相关研究项目幸得评审专家支持，获国家社科基金、国家留学基金等资助，使我得以暂时避开研究经费之忧，感激不尽！项目调研，获相关领导支持，得调查对象配合，谨致谢忱！

本书写作，国内外诸多学者研究提供了重要参考和有益启示，谨此致谢！其中"引用"，尽可能一一做了注释。挂一漏万之处，恳请专家学者见谅！

我的同事李轲、我指导的博士生付家雨和硕士生高向波、姚志茹、马敏、金易航参与了本书部分章节的撰写，付家雨、高向波两位同学在定稿前做了大量文字校对、注释核查工作，一并致谢！

本书出版，中国社会科学出版社编辑姜阿平费心良多，特此致谢！

最后，感谢一路相伴的家人！

何　水

2021 年 4 月 8 日